受浙江大学文科高水平学术著作出版基金资助

"十三五"国家重点出版物出版规划

国家出版基金项目
NATIONAL PUBLICATION FOUNDATION

大国大转型
中国经济转型与创新发展丛书
中国(海南)改革发展研究院组织编著

双循环新发展格局下的

中国科技创新

CHINA'S SCIENTIFIC
AND
TECHNOLOGICAL
INNOVATION
UNDER THE NEW
DEVELOPMENT PATTERN
OF
DUAL CIRCULATION

陈 劲◎著

ZHEJIANG UNIVERSITY PRESS
浙江大学出版社

图书在版编目(CIP)数据

双循环新发展格局下的中国科技创新 / 陈劲著. —
杭州 ：浙江大学出版社，2021.6
 （大国大转型：中国经济转型与创新发展丛书）
 ISBN 978-7-308-21644-9

Ⅰ.①双… Ⅱ.①陈… Ⅲ.①技术革新—研究—中国
Ⅳ.①F124.3

中国版本图书馆 CIP 数据核字(2021)第 156629 号

双循环新发展格局下的中国科技创新
陈 劲 著

总 编 辑	袁亚春
策划编辑	张 琛 吴伟伟 陈佩钰
责任编辑	陈逸行
责任校对	马一萍 汪 潇
封面设计	雷建军
出版发行	浙江大学出版社
	（杭州市天目山路 148 号 邮政编码 310007）
	（网址：http://www.zjupress.com）
排 版	浙江时代出版服务有限公司
印 刷	浙江省邮电印刷股份有限公司
开 本	710mm×1000mm 1/16
印 张	20.25
字 数	268 千
版 印 次	2021 年 6 月第 1 版 2021 年 6 月第 1 次印刷
书 号	ISBN 978-7-308-21644-9
定 价	68.00 元

版权所有 翻印必究 印装差错 负责调换
浙江大学出版社市场运营中心联系方式 （0571)88925591；http://zjdxcbs.tmall.com

总　序

"十四五"：以高水平开放形成改革发展新布局

迟福林

当今世界正处于百年未有之大变局。经过 40 多年的改革开放，中国与世界的关系发生历史性变化。作为新型开放大国，中国如何看世界、如何与世界融合发展？处于调整变化的世界，如何看中国、如何共建开放型经济体系？这是国内外普遍关注的重大问题。作为经济转型大国，我国既迎来重要的战略机遇，也面临着前所未有的挑战。"十四五"时期，我国经济正处于转型变革的关键时期，经济转型升级仍有较大空间，并蕴藏着巨大的增长潜力，我国仍处于重要战略机遇期。

在这个大背景下，推进高水平开放成为牵动和影响"十四五"改革发展的关键因素。面对百年未有之大变局，中国以高水平开放推动形成改革发展新布局，不仅对自身中长期发展有着重大影响，而且将给世界经济增长和经济全球化进程带来重大利好。未来 5～10 年，中国以更高水平的开放引导国内全面深化改革将成为突出亮点。

以制度型开放形成深化市场化改革的新动力。 在内外环境明显变化的背景下，开放成为牵动和影响全局的关键因素，开放与改革直接融合、开放引导改革、开放是最大改革的时代特征十分突出。

"十四五"时期,适应经济全球化大趋势和我国全方位开放新要求,需要把握住推进高水平开放的重要机遇,以制度型开放加快市场化改革,并在国内国际基本经贸规则的对接融合中优化制度性、结构性安排。由此产生全面深化改革的新动力,推进深层次的体制机制变革,建立高标准的市场经济体制,进一步提升我国经济的国际竞争力。

以高水平开放促进经济转型升级。"过去 40 年中国经济发展是在开放条件下取得的,未来中国经济实现高质量发展也必须在更加开放条件下进行。"从经济转型升级蕴藏着的内需潜力看,未来 5 年,我国保持 6% 左右的经济增长率仍有条件、有可能。有效释放巨大的内需潜力,关键是推动扩大开放与经济转型升级直接融合,并且在这个融合中不断激发市场活力和增长潜力。由此,不仅将为我国高质量发展奠定重要基础,而且将对全球经济增长产生重要影响。

以高水平开放为主线布局"十四五"。无论内外部的发展环境如何变化,"十四五"时期,只要我们把握主动、扩大开放,坚持"开放的大门越开越大",坚持在开放中完善自身体制机制,就能在适应经济全球化新形势中有效应对各类风险挑战,就能化"危"为"机",实现由大国向强国的转变。这就需要适应全球经贸规则由"边境上开放"向"边境后开放"大趋势,优化制度性、结构性安排,促进高水平开放,对标国际规则,建立并完善以公开市场、公平竞争为主要标志的开放型经济体系。由此,不仅将推动我国逐步由全球经贸规则制定的参与国向主导国转变,而且将在维护经济全球化大局、反对单边主义与贸易保护主义中赢得更大主动。

2015 年,中国(海南)改革发展研究院与浙江大学出版社联合策划出版"大国大转型——中国经济转型与创新发展丛书",在社会各界中产生了积极反响,也通过国际出版合作"走出去"进一步提升了国际影响力。今年,在新的形势和背景下,在丛书第一辑的基础上,又集结各位专家的研究力量,围绕"十四五"以及更长时期内我国经济转型面临的重大问题继续深入研究分析,提出政策思路和解决之道。

在原有基础上,丛书第二辑吸纳了各个领域一批知名专家学者,使得丛书的选题视角进一步丰富提升。作为丛书编委会主任,对丛书出版付出艰辛努力的学术顾问、编委会成员、各位作者,对浙江大学出版社的编辑团队表示衷心的感谢!

本套丛书涵盖多个领域,仅代表作者本人的学术研究观点。丛书不追求学术观点的一致性,欢迎读者朋友批评指正!

2019 年 11 月

序　言

2021 年 1 月 11 日,习近平总书记在省部级主要领导干部学习贯彻党的十九届五中全会精神专题研讨班开班式上发表重要讲话强调,进入新发展阶段、贯彻新发展理念、构建新发展格局,是由我国经济社会发展的理论逻辑、历史逻辑、现实逻辑决定的。[①] 从发展目标来看,改革开放 40 多年来,我国已经建立了雄厚的物质基础,经济建设取得了举世瞩目的重大成就,经济增长总量和经济增长速度位居世界前列。我国已成为世界第一制造大国和第一大出口国,逐步推动我国社会主义从初级阶段向更高阶段迈进。但是,从既有的发展环境看,我国经济社会发展正面临百年未有之大变局,"逆全球化"、单边主义思潮涌动,整个国际经济和政治环境的不稳定性和不确定性加大。特别是新冠肺炎疫情给全球经济与社会正常运转带来巨大冲击。正是在新发展阶段的新发展环境下,2020 年 4 月 10 日,习近平总书记在中央财经委员会第七次会议上首次提出"构建以国内大循环为主体、国内国际双循环相互促进的新发展格局"[②],此后多次强调加快构建新发展格局,形成了习近平新时代中国特色社会主义经济思想的又一

[①]　新华社.习近平:深入学习坚决贯彻党的十九届五中全会精神 确保全面建设社会主义现代化国家开好局[EB/OL].(2021-01-11)[2021-03-01]. http://www. gov. cn/xinwen/2021－01/11/content_5578954. htm.

[②]　习近平.国家中长期经济社会发展战略若干重大问题[EB/OL].(2020-10-31)[2021-03-01]. http://www. qstheory. cn/dukan/qs/2020－10/31/c_1126680390. htm.

重大创新成果,丰富和发展了中国特色社会主义经济发展理论。

双循环新发展格局下,中国重在提高国民经济循环的畅通性和自主性以及内外循环的互促性。从需求侧看,我国已形成广袤的消费市场,拥有14亿的人口规模和4亿以上中等收入群体,人均储蓄率和人均国内生产总值均处于稳定提升状态。广阔的消费市场为企业开展和深化产品创新提供了市场,形成对国外优质资源要素的"虹吸效应"。从供给侧看,我国构建了完备的现代产业体系,是全球产业配套较为完善的后发工业大国。同时,从产业集聚效应看,我国拥有世界领先的基础设施和集聚度较高的产业集群,有海量数据与丰富的应用场景等。以人工智能、量子信息、移动通信、物联网、区块链等技术为代表的新一轮科技革命和产业革命的蓬勃兴起,为我国稳固内循环的主体地位、畅通内外循环注入了强劲动能。但是,从科技创新的角度看,双循环新发展格局下我国不仅在"量"上要求经济循环主要依托国内市场,而且要求依靠科技创新提升经济循环的"质",对社会再生产各环节有较强的自主性和主导权。在这个意义上,提升社会生产与再生产的循环性与畅通性的必由之路在于科技创新,基于全面自主创新战略实现高水平的自立自强,逐步破解我国产业链嵌入全球价值链的低端锁定问题,以及部分关键核心产业与关键核心技术的"卡脖子"问题。相应地,大力提升自主创新能力是破解技术对外依存度偏高难题、促进产业升级和维护产业链与供应链安全的关键,是构建新发展格局的关键战略支撑。

本书立足于双循环新发展格局,对中国科技创新战略、科技创新支撑体系以及科技创新政策体系进行全方位解构,从制度与政策、产业科技创新、区域科技创新等方面,阐释、解构双循环新发展格局下中国科技创新战略的核心要义、支撑体系以及微观落地实现形式。双循环新发展格局下我国科技创新政策的重点在于,提高全社会研发投入比重,更好地平衡调整基础研究与应用研究的投入比例关系,加快提升产业链关键核心技术水平和共性技术支撑能力,将可能窒息经济循环、危及国家安全的"卡脖子"技术列入自主创新重点清单,充分发挥新型举国体制优势,强化国家战略科技力量,加大对基础研究与原始创新的投入,推广"揭榜挂帅""赛马"等机制,激发人才创新活力,着力推进大中小企业融通创新发展新范式,实现内循环主导下我国各类企业创新的平台融合效应与价值共享效应,真正意义上造就一批创新能力完备的创新型领军企业和世界一流企业。

本书的价值在于系统总结了双循环新发展格局下中国科技创新战略的基本思想、基本理论与实践进展,系统呈现了双循环新发展格局下我国科技创新体系转型的理论框架,为新时代我国迈向世界科技强国、实现高水平科技自立自强提供理论与实践参考,具有较大的理论与现实意义。

在本书的完稿过程中,我得到了教育部人文社会科学重点研究基地——清华大学技术创新研究中心师生的大力支持,其中有阳镇、杨智慧、朱子钦、李振东、刘畅、王伟楠、曲冠楠、王璐瑶、范昭瑞、李佳雪、郭梦溪、韩令晖、国容毓、张月遥等。他们在资料收集与整理、部分文稿写作讨论等方面做出了贡献,致以感谢!

陈　劲

2021 年 3 月

目　　录

战略演进篇

战略演进篇

作为转型中的后发国家，区别于发达国家的制度变革和政策引领是中国牵引科技创新战略变革的重要前因。中国科技创新制度变革的历程，本质上是新中国成立以来逐步探索与构建社会主义市场经济体制下的科技创新体制机制，逐步厘清政府与市场在科技创新资源配置中的功能定位和作用边界的过程。新发展阶段科技创新政策的优化需要立足于双循环新发展格局，系统构建以国内大循环为主体的科技创新资源配置链、人才链和产业链，并系统借鉴发达国家的科技创新战略，实现科技创新制度与政策的系统优化。

第一章　双循环新发展格局下的中国科技创新战略

当前我国正处于面向"十四五"时期建设社会主义现代化强国、步入创新型国家前列的开局关键机遇期,系统厘清当前我国迈向创新型国家面临的突出问题有助于在"十四五"时期系统性地予以解决,推动我国整体产业与微观企业走上真正意义上的创新驱动发展与高质量发展之路。自我国确立创新驱动发展"三步走"战略以来,我国科技创新体系不断优化,并取得了一系列重大原创性科技创新成果,在世界科技强国中的影响力日益凸显,尤其是部分关键技术领域实现了"从 0 到 1"的突破,涌现出了一大批颠覆性的技术创新成果。自党的十八大以来,创新驱动发展成为我国迈向高质量发展的重要战略导向,我国政府持续加强科技创新投入,从 2016 年的 15500 亿元上升到 2019 年的 21737 亿元,其中基础研究经费为 1209 亿元,年均增长率保持在 10% 以上。在高强度的科技创新投入体系下,我国整体创新能力不断攀升。根据世界知识产权组织发布的《2019 年全球创新指数报告》,中国创新水平位居世界第 14 位,较十年前提高了 29 位次,位居中等收入经济体以及新兴经济体中的第 1 位。从创新产出的视角来看,不管是专利授权规模还是国际论文发表量,中国都处于世界前列。在专利申请中,我国自 2013 年以来专利申请量一直保持世界第一。根据世界知识产权组织的数据,2019 年全球通过 PCT(Patent Cooperation

Treaty,专利合作条约)途径提交的国际专利申请量达 26.58 万件,年增长率为 5.2%。其中,2019 年中国在该组织 PCT 框架下提交了 58990 件专利申请,超过美国提交的 57840 件,成为提交国际专利申请量最多的国家。尤其是在 5G 专利上,专利剖析组织 IPlytics 的数据显示,我国的 5G 专利申请数量占据全球市场首位,紧随其后的为韩国、美国等国家。在国际论文发表量与被引量方面,2009—2019 年中国国际论文发表总量和被引次数均排名世界第 2 位。

但是,近年来,随着中美在全球科技竞争中的新战略格局的急剧变化,美国以遏制中国全面转型升级为目标,对中国的重要战略性新兴产业发展过程中的产业链、供应链乃至创新链进行全面的封锁与遏制,在部分核心关键技术领域列出负面清单,导致我国近年关键核心技术的"卡脖子"问题凸显,其背后依然反映出我国创新质量不够高,部分关键产业发展的关键核心技术依然受制于人。我国关键零部件、元器件和关键材料自给率仅为1/3,不利于我国企业在全球价值链中向中高端迈进。从我国科技创新整体发展来看,我国原创性、重大基础性研究投入力度仍然不足,远低于发达国家,且基础研究与应用研究的整体协同度不足,关键产业、大型企业关键核心技术的技术创新能力亟待进一步提升,关键核心技术的对外依存度依然偏高,整体上存在大而不强的"虚胖"问题。面对国际科技竞争新形势以及国内创新驱动发展环境的新问题,2020 年 5 月 14 日,党中央在中央政治局常务委员会会议上首次提出,我国要深化供给侧结构性改革,充分发挥我国超大规模市场优势和内需潜力,构建国内国际双循环相互促进的新发展格局。2020 年 8 月 24 日,习近平总书记在经济社会领域专家座谈会上指出,"要推动形成以国内大循环为主体、国内国际双循环相互促进的新发展格局。这个新发展格局是根据我国发展阶段、环境、条件变化提出来的,是重塑我国国际合作和竞争新优势的战略抉择"①。基于此,在双循环新发展格局下,优化当前科技创新的体制机制,构建以国内大循环为主体的双循环互相促进新发展格局下的产业链、价值链、供应链与创新链,培育微观层面的创新型企业与世界一流企业成为实现我国高质量发展目标的重大任务,也成为实现 2035 年跻身创新型国家前列目标的必然选择。

一、从科技创新战略层面理解双循环新发展格局的深刻要义

从科技创新战略层面来看,要深刻理解双循环新发展格局的重要意义,必须首先了解我国在各个不同历史时期所采取的科技创新战略及其演变的内外部条件。在新中国成立初期,面对国际国内的严峻形势,为迅速改变长期帝国主义侵略下工农业生产体系受到严重破坏与技术全面落后的局面,在借鉴苏联工业化经验的基础上,党中央提出了"要来一个技术革命"②的战略思想,即通过科学技术的发展在工业和农业上实现大规模生产,以提高社会生产力,满足人民的基本生活需要,为迅速实现工业化确立了以重工业为主导的技术创新发展战略体系,在科学体系方面先后成立了国家科学规划委员会和中国科学院。我国科研系统按照"集中力量,形成拳头,进行突破"的原则形成了中国科学院、高等院校、国家产业部门科研机构、地方研究机构、国防科研机构等"五路大军",确立了"为国家建设服务,为人民服务"的科技发展战略总方针,力求实现学术研究与实际需要紧密配合,使科学研究真正服务于新中国的农业、工业建设和人民生活(戴显红,侯强,2019)。在当时内外交困的环境下,虽然我国在第一个五年计划

---

① 习近平在经济社会领域专家座谈会上的讲话[N].人民日报,2020-08-25(2).

② 毛泽东.工作方法六十条(草案)[M]// 中共中央文献研究室.毛泽东文集:第七卷.北京:人民出版社,1999:349.

中受到苏联大量的工程项目的援助,但是总体依然处于西方发达国家全面技术封锁的紧张局势之中,我国总体上依然基于"自力更生,奋发图强"的主线建立面向内循环的工业技术支撑体系,积极吸收、引进海外的先进设备和先进技术,建立起了相对完备的工业技术支撑体系(贺俊,陶思宇,2019)。尤其是在国家经济建设中迫切需要解决的一批科技问题产出了一系列的突破性成果,"两弹一星"、人工合成胰岛素等重大突破性集体联合攻关成果为我国科技事业发展奠定了基础。

改革开放后,我国政府持续重视科技创新体系建设,在20世纪90年代提出"科教兴国",在战略层面,确立了科技在国家发展中的关键地位。尤其是随着社会主义市场经济制度的不断优化,对政府与市场关系的认识也在逐步深化。在国际关系层面,中美建交后我国的国际关系环境逐步从全面的封锁孤立转变为多国家、多区域的经济合作,中国科技创新环境也逐步从依赖苏联下的集体攻关转向基于社会主义市场经济体制的外资"引进与模仿吸收期"。这一时期中国科技创新的总体思路是通过积极引进发达国家的先进企业、先进技术,实现我国国内企业对先进管理经验与先进技术的学习、吸收、模仿与消化,以中国广阔的新兴经济体市场大力推进改革开放吸引外资,实现"以市场换技术与经验"的创新策略,最终通过组织的学习与吸收能力提高本土企业的研发创新能力(程磊,2019)。外资投资领域也从传统的轻工业逐步放宽到第二、三产业协同并重。而在这一外资引进主导的经济发展思路下,我国本土企业逐渐成为国外先进企业的代工厂,即通过加工贸易实现全球价值链嵌入,融入全球生产网络,我国自主品牌与技术优势也难以得到培育,所处的全球价值链位置相对低端(张杰,2020)。尤其是在2001年加入世界贸易组织(WTO)后,我国对外开放的深度与广度得到前所未有的加强,本土企业嵌入全球价值链的深度逐步加深,对外开放的领域进一步扩大,对外贸易出口规模进一步增大,外贸依存度从2001年的38.05%上升到2006年的63.97%,进一步巩固了外循环主导下企业的开放式创新模式,即企业通过与外部创新主体深度合作,在创新过程中通过授权许可、开源合作、技术外部转让等方式实现企业创新研发(R&D)项目的外部化,导致企业的核心创新能力难以得到较大的提升(郭晴,2020)。尤其是对于一些具有"超长周期"性质的研发项目,在外循环主导模式下企业难以做出具有高风险性质的巨额研发决策,而且通过外部获取的方式实现短期的技术使用权或者共享相应的关键核心技术许可权,导致的后果是长期外部化的开放式创新模式使得企业忽视自身的研发创新体系内生能力建设,在部分关键产业与关键核心技术领域缺乏积累能力。长此以往,企业在嵌入全球价值链的过程中陷入"低端锁定"的困境。

自 2008 年全球金融危机以来,世界主要经济体开启了缓慢的经济复苏进程,与这一进程相伴随的是"逆全球化"与单边主义的暗流涌动。全球贸易增长速度持续走低,并低于全球的 GDP 增速,地缘政治风险不断加大,中国在全球化进程中的国内国际关系也更加复杂(迟福林,2021)。自党的十八大以来,随着我国综合国力的不断增强,中国成为世界第二大经济体,欧美发达国家与我国在科技、经济与政治等领域的大国博弈不断强化,且我国在部分领域构成了对部分发达国家的"差距安全"的挑战,尤其是中美关系的不确定性不断加深,贸易与科技摩擦成为大国竞争与博弈的新阵地。2018 年以来的国际经济环境深刻反映出中国长期以出口导向与加工贸易为主的经济发展模式的弊端,国内企业核心技术过分依赖进口及国际市场的合作伙伴,基于传统开放式创新主导的创新模式逐步使得国内企业丧失内生的研发创新动力,在基础研究与应用研究结合程度高、产学研协同程度要求高、创新资源投入周期长与风险程度高的研发活动中缺乏足够动力,导致在基于外循环的国际市场低迷与战略性打压的背景下,我国产业发展与微观企业的科技创新面临前所未有的系统性风险,严重威胁到我国整体产业链、供应链与价值链乃至创新链的安全与稳定畅通。因此,构建以国内大循环为主体、国内国际双循环相互促进的新发展格局是应对当前新的国际科技竞争形势的重大战略性部署与战略调整,基于总体安全观的理念充分挖掘当前我国国内的巨大内需潜力与市场规模,利用国内丰富的资源优势建设统一的国内大市场,培育集中性与分散性相结合的产业链、供应链、价值链与创新链,形成以内循环引领外循环的全新开放发展新格局。

构建以国内大循环为主体的新发展格局是立足于我国改革开放 40 余年所积累的突出显著资源优势与技术基础,主要反映在以下几个方面。

从经济总量与经济增长速度来看,1979—2019 年我国经济实现年均 9.4％的增速,GDP 占全球份额逐步扩大,其中 2018 年中国经济总量占全球经济总量的 15.8％,中国经济在世界经济中的影响力与日俱增(沈坤荣,赵倩,2020)。

从我国的产业发展体系来看,经过改革开放 40 余年的高速发展,我国已经整体上步入工业化后期阶段,制造业与服务业的融合趋势进一步增强,且我国的制造业规模居全球首位,200 多种工业产品产量位居世界第一,并建立了世界上最完整的现代工业体系,拥有 39 个工业大类、191 个中类、525 个小类,成为全世界唯一一个拥有联合国产业分类中全部工业门类的国家(黄群慧,2020)。产业链的全覆盖与强大的配套能力能够保证中国制造业即使在外循环受阻的情况下依然拥有足够的回旋余地与生产韧性。随着新一轮工业革命席卷全球,移动互联网、区块链、大数据、人工智能等数智技术驱动的新技术革命,尤其是智能化驱动的人工智能与大数据技术,为大规模个性化定制提供了广泛的契机,重塑了传统制造行业的生产效率。技术驱动下数智技术的高度扩散性与渗透性,使得传统产业的劳动生产率与资本有机构成不断提高,数智技术不同于前两次工业革命的高度"赋能效应",传统的生产产品的过程(从原材料到中间产品再到最终产品)将被数字化下的协同生产网络与数字化产业组织所颠覆,尤其是机

械制造领域的数字化研发、生产与销售的网络一体化成为可能。同时,与
数字信息技术相伴随的数字信息产业也加速发展,平台经济与共享经济成
为数字化时代引领新经济形态不断向前演化的重要力量。埃森哲与国家
工业信息安全发展研究中心合作发布的《2019 中国企业数字转型指数研
究》显示,2018 年中国数字经济规模达 31.3 万亿元,已占中国 GDP 的
1/3。① 且一大批数字化企业,如腾讯、京东等正引领着中国企业向世界一
流创新型企业大步迈进。从技术基础来看,在长期高投入的政府主导型的
科技创新研发体系下,我国研发投入比例不断攀升,研发投入结构不断优
化,2019 年研发支出占 GDP 比重为 2.19%,成为全球第二大研发经费投
入国家。在科技产出中实现了部分关键核心技术"从 0 到 1"的重大突破,
包括量子科学、铁基超导等基础研究,以及具有重大工程导向的高铁技术、
北斗导航卫星系统、第三代核电以及特高压输电等原始性、集成性技术创
新成就举世瞩目。

　　总之,从科技创新的"双循环"发展模式的历史阶段来看,新中国成立
以来,我国逐步从内循环主导向外循环主导转变,并最终转向基于国内大
循环为主体、国内国际双循环相互促进的全新发展格局。科技创新战略层
面的意义在于以下三个方面。

　　第一,在微观企业层面,充分注重国内企业的全面自主创新能力建设,
基于微观层面的企业高质量发展为战略导向,注重企业自身的研发体系与
创新管理体系建设,牢固树立"关键核心技术是'要不来'与'卖不长久'的"
战略理念,在微观企业层面上逐步摆脱过度依赖外循环主导发展模式下的
外向型开放式创新模式,基于全面自主创新战略逐步掌握关键核心技术。

　　第二,在产业层面,进一步提升产业链与供应链以及价值链的安全性,
尤其是在后疫情时代,全球产业链将呈现进一步缩短的趋势,造成我国传

---

① 埃森哲. 2019 中国企业数字转型指数研究[EB/OL]. (2019-09-10)[2020-10-01]. https://www. accenture. cn/cn-zh/insights/digital/digital-transformation-index-2019.

统外循环主导发展模式下的产业链与供应链断裂的风险逐步加大,未来我国面临发达国家上游企业向本国回流、中下游企业向新兴经济体国家分流的双重压力(郭晴,2020;伍山林,2020)。在双循环新发展格局下要进一步将产业链的韧性提升摆在突出位置,强化产业发展的共性技术研发体系与研发能力建设,依托创新链建设突破产业链发展的技术瓶颈,在关键产业尤其是战略性新兴产业上逐步实现国产化替代,提升产业链与供应链的安全性与稳定性。

第三,在宏观政府制度层面,进一步厘清双循环新发展格局下政府与市场对科技创新体系建设作用的边界,明确在未来较长一段时期内政府各项制度改革需紧紧围绕培育和提升企业全面自主创新能力这一创新战略目标开展各项工作布局,尤其是在基础研究领域,需要进一步强化政府在基础研究资源配置过程中的主导权,基于政府"看得见的手"明确基础研究在整个R&D经费支出中的门槛值,强化政府在基础研究、共性技术应用研究与颠覆性技术等方面的创新资源配置主导地位,并进一步发挥市场在资源配置中的决定性作用,构建面向国有企业与民营企业的以竞争中性为原则导向的创新政策体系。

二、双循环新发展格局下我国科技创新体系面临的突出问题

(一)创新政策体系:创新政策体系的集成度和联动性不足

目前我国面向"卡脖子"技术创新的制度设计与政策供给仍然存在较大的碎片化问题,难以形成面向关键核心技术突破和科技创新链完善的整体性、系统性、协同性与联动性的制度政策供给。在"逆全球化"背景下,关键核心技术长期依赖出口的弱势被放大,导致我国关键产业(高新技术产

业、战略性新兴产业与未来产业）发展面临较大的困境。双循环新发展格局下的创新政策需要统筹国内国际两个市场,畅通以国内循环为主导的创新政策供给集成度与联动性。目前在以国内大循环为主体的发展战略下,面向关键核心技术突破的制度政策供给存在三大问题。

第一,当前新一轮工业革命方兴未艾,旧产业中的"卡脖子"技术与新兴产业中"卡脖子"技术的政策供给的集成度与联动性不足。我国面对新一轮科技革命的世界潮流,尚未有针对不同类型产业"卡脖子"问题的甄别与分析思路。实际上,新一轮技术革命下的数智产业与传统产业的技术创新路径存在颠覆性的差别,需要基于新旧产业的创新路径的异质性与潜在创新价值的异质性分类设计推动传统产业与新兴产业的"卡脖子"技术突破的分类制度与政策供给。

第二,面对制度与政策供给的政策类型的集成度与联动性不足。协同创新政策可分为四个方面:供给面政策、需求面政策、环境面政策和连接面政策。目前面向核心关键技术突破与"卡脖子"技术突破的集体攻关与协同创新涉及创新政策的供给面与需求面的各方面,尤其是由于关键核心技术的技术路径复杂度更高、不确定性更大,其创新的风险较一般性的技术创新活动更大,单纯依靠供给侧或需求侧的创新政策不能有效激励和促进各类创新主体突破双循环背景下的关键核心技术"卡脖子"问题。

第三,在我国特殊的央地分权治理关系下,中央与地方的制度政策供给的联动性与集成度不足。从政策主体的视角看,推动核心关键技术"卡脖子"问题得到解决的政策主要包括顶层制度设计、宏观配套性与支撑型制度政策设计,其中顶层制度设计的政策主体主要是党中央与国务院以及国家各部委,而宏观配套性与支撑型的制度设计尤其是执行层面的政策主体主要是地方各级政府,因此在政策主体层面如何发挥中央顶层设计能力的优势,又同时促进地方发挥比较优势以及有效识别本地产业发展与企业创新过程中面临的"卡脖子"技术问题,成为央地分权关系下需要解决的突出问题。

（二）区域创新体系：区域创新要素整合程度低，区域创新质量不平衡问题凸显

党的十八大以来，党中央提出了京津冀协同发展、长江经济带发展、粤港澳大湾区建设、长三角一体化发展以及黄河流域高质量发展等新的区域创新驱动发展战略。在全新的区域创新战略引领下，"十三五"时期我国区域创新体系建设取得了突破性进展，包括京津冀、长三角、珠三角等重点城市群的区域协同创新体系进一步优化，主导城市与其他城市之间的创新协同效应得到提升，逐步构建出以关键城市网络节点为引擎的多层级与网络化创新体系，形成区域之间的创新要素互补、资源协同与创新人才集聚效应。尤其是近年来粤港澳大湾区建设的持续推进进一步增强了区域之间的创新协同与合作效应，成为形成新的区域经济增长极的创新引擎。但是，目前我国的区域创新体系依然存在三大问题。

第一，区域创新质量不平衡问题凸显，南北区域创新能力呈现出分化趋势。东部地区的创新能力领跑全国，中西部地区的创新能力依然有待增强，尤其是东北地区的区域创新体系建设进展迟缓，长期制约东北地区产业转型升级与创新驱动发展的人才要素没有得到根本性的解决，东北地区的研发人员数量在"十三五"时期的降幅超过10%，创新思维僵化与创新体系固化成为制约东北地区区域创新能力提升的关键障碍（中国社会科学院工业经济研究所课题组，2020）。从南北创新专利产出来看，根据相关统计，南北地区发明专利占总专利申请的比重以及研发人员比重的差距进一步扩大，发明专利之比由 2015 年的 0.66∶0.34 上升至 2018 年的 0.72∶0.28，研发人员数量之比由 2015 年的 0.64∶0.36 上升至 2018 年的 0.7∶0.3。

第二，区域城市群内不同城市之间的创新质量不平衡问题凸显，城市

群内不同城市之间的创新协同效应有待进一步增强。在京津冀、长三角与珠三角城市群中,发展动能的分化趋势进一步加剧,主要表现为北京、上海、广州和深圳等特大城市的创新驱动发展优势进一步增强,创新要素向区域特大城市集聚的趋势不断增强。以长三角城市群为例,谢守红、甘晨和于海影(2017)对长三角城市群 26 个城市的创新能力进行评价,发现城市群创新能力差异显著。根据包海波和林纯静(2019)对长三角各地级市2007—2017 年专利申请量的区位基尼系数和集中度指数测算,发现长三角城市群的创新能力在空间上呈不断扩散的趋势,且专利产出在空间上集聚在少数几个城市,已经开始出现极化效应。

第三,区域创新要素整合程度低,区域创新平台效应有待增强。目前尽管已形成以城市群为核心的区域协同发展战略,但是受制于各地方政府对于创新的认知程度差异与地方政府的利益考量,区域内以创新"项目制"的方式实现区域创新能力提升与创新体系高质量发展依然面临条块分割的巨大障碍(郑世林,2016)。主要表现为各个地区依然基于不同标准与不同的政策环境制定产业政策与创新政策,在政策执行过程中呈现出各自为政甚至争夺创新要素的现象。如在各大城市开展"人才争夺战"的背景下,2018 年清华大学、上海科技政策研究所、领英联合发布的《长三角地区数字经济与人才发展研究报告》显示,在长三角地区的各大城市中,人才吸引力最强的城市是上海,人才流入/流出比达到 1.41,其次为杭州,而南京、苏州、合肥、宁波、常州、无锡、金华都在向其他地区流失人才。

(三)企业创新模式:开放式创新下核心关键技术"卡脖子"问题严重

开放式创新是企业以提升技术创新能力为目标,通过有目的的有效管理与治理,组织内外部的知识要素与创新资源,实现企业研发到商业化的一系列过程(Chesbrough,2003;2006)。开放式创新理论吸收、整合与发展了用户创新、合作创新、吸收能力、创新网络等理论与方法,是开放经济与动态竞争环境下的一种全新的创新范式。但是在长期外向型经济中以外循环为主导的发展格局下,我国企业在开放式创新过程中逐步转向了外向型开放式创新模式而非内向型开放式创新模式。内向型开放式创新是企业以明确的创新目标,通过持续识别、系统筛选与构建自身的外部创新网络以及创新生态系统,实现基于特定目标的知识识别、知识引进以及知识利用的一系列活动(Van et al.,2009)。而外向型开放式创新不仅将内部未能完成的商业化技术项目对外部伙伴进行转让实现外包,同时也将内部冗余的创新成果快速进行商业化,通过内部创新成果的外部利用带来经济收益,直接为企业带来竞争优势(张振刚,李云健,陈志明,2014)。外向型开放式创新具体通过授权许可、开源合作、技术外部转让等方式实现,将公司未能完成或中途停止的研发项目进行外部化,使得外部组织将这些研发项目进行商业化。因此,外向型开放式创新主要是利用外部创新网络中的创新主体实现外部商业技术信息的捕获与创新,最终为内向型开放式创新的搜寻、获取、学习等探索式创新活动指明方向。

因此,相比于外向型开放式创新,内向型开放式创新范式下企业创新过程更加侧重内部既定创新目标下的外部创新合作,而非外向型创新模式下创新资源与创新主动权受制于人等创新陷阱。在当前中美贸易摩擦的背景下,企业以开放式创新作为主导创新范式选择下的创新能力陷阱被彻底放大,导致企业长期忽视自身的内生创新能力建设,面向关键核心技术的企业自主创新能力不足依然是制约我国迈向科技创新强国的巨大障碍。具体在制造业领域,工信部发布的制造业发展报告显示,我国 11 个先进制造业领域中,共有 287 项核心零部件、268 项关键基础原材料、81 项先进基础工艺、46 项行业技术基础领域有待技术突破。部分科技型企业研发创新能力不足,对于高端部件与产品缺乏必要的产业创新生态,在嵌入全球价值链扩展商业版图的过程中创新链与价值链不匹配,关键核心技术严重受制于人,成为参与国际市场竞争中的"卡脖子"技术,甚至威胁国家经济安全的"命门"。

三、双循环新发展格局下创新引领战略导向与实现路径

(一)基于"底线开放思维+全面自主创新"的创新引领战略新转向

在长期外循环主导的发展战略模式下,我国企业的核心技术对外依存度过高,在创新驱动经济发展过程中对外部创新主体的供给制度环境的依赖性强,一旦外部创新主体的供给环境恶化,就会出现大量产品、核心零部件、关键技术的进出口短期内无法实现,成为制约产业链发展的"卡脖子"技术,严重影响到一国的产业链与供应链的安全性。在当前"逆全球化"以及地区极端主义等外部政策因素严重不确定的环境下,依赖发达国家主导的国际市场外循环的外向型经济发展与开放式创新模式使我国企业与产业创新发展的潜在系统性风险进一步加大,对我国企业维持全球价值链地位以及攀登全球价值链高位呈现双端挤压的趋势。因此,在当前世界经济形势与新的国际关系背景下,加快实现从单一外循环主导向双循环新发展格局转变的战略紧迫性更为突出,这也成为我国提升微观企业的自主创新能力,提升产业的整体安全性与稳定性(韧性),迈向世界科技创新强国、建设创新型国家的必然战略选择。

在双循环新发展格局下,外循环依然是重要组成部分,但传统的外循环不再是主导,而是成为促进内循环的重要补充。在当前"逆全球化"的背景下,依然需要坚持对外开放的基本国策,基于高质量发展目标全面提高新时期的对外开放水平,建设更高水平的开放型经济体系。在这一经济体

系之下,外循环发展格局强调的全面对外开放需要转变为基于底线开放思维的对外开放战略。实质上,底线思维意味着"防微虑远,趋利避害,一定要牢牢把握发展的主动权"的科学认知,也是一种"从最坏处着眼,做最充分的准备,朝好的方向努力,争取最好的结果"的思想方法和工作方法(习近平,2017)。底线开放思维主要体现在对外开放的安全底线方面,面向双循环新发展格局的重大战略导向便是基于"安全畅通"的全新战略理念,健全涉及重大危机,如技术封锁与经济打压等发生后的科研攻关等方面的评估、指挥与保障体系,提高产业链、供应链在全球竞争中化解系统性风险的能力,实现产业链、供应链与价值链乃至产品链的安全性与畅通性(金碚,2020),基于新一轮数字革命下的数字技术实现科技攻关指挥与保障体系的数字化赋能,不断提升应对嵌入全球价值链以及对外开放式创新过程中的科技安全风险的预测、识别、响应与处理能力,在我国各类市场主体参与国际市场竞争过程中确保科技安全底线。

更为关键的是,在外循环主导的开放战略下,中国本土企业长期依靠外向型开放式创新体系下的"开放式"技术创新联盟,造成内循环体系下的内在自主创新能力缺失,制约了我国在战略性新兴产业与面向科技强国建设的未来产业的关键技术、关键设备、关键零部件以及核心材料与工艺等方面自主创新能力的突破。因此,在双循环新发展格局下,面向国家创新体系建设以及微观企业的创新战略抉择是将全面自主创新战略摆在各类创新战略视野全局中的核心位置。一方面,政府需以面向各产业的关键核心技术与"卡脖子"技术联合攻关的国家创新体系建设支持关键核心技术与"卡脖子"技术的基础研究知识与共性技术供给,并构建有效激励和促进各类所有制企业实施全面自主创新的外部制度环境(杨思莹,2020)。另一方面,微观市场主体需要摆脱过去长期技术能力外生培养与建构式的创新战略,以内生自主创新能力提升为内核的全面自主创新战略为创新战略引领,实现在参与市场竞争尤其是国际市场竞争的过程中关键核心技术自主可控(自主性)与全球价值链嵌入参与程度(开放性)的动态平衡。

(二)双循环新发展格局下创新引领新战略转向的实现路径

1. 体制引领:新型举国体制引领重大原创性科技成果攻关

从制度经济学的视角来看,制度是产生大国之间科技创新体系差异的决定性因素,大国之间的科技创新竞争本质上依然是制度体系的竞争。新中国成立70余年来,中国特色社会主义制度显示出集中力量办大事的巨大优势。从国家利益的视角来看,举国体制是充分以国家最高利益或者主导性利益为目标,基于全国资源的集中配置实现统一管理的新型国家体制(曾宪奎,2020b)。实质上,举国体制的核心便是充分发挥社会主义集中力量办大事的制度优势,基于国家能力与国家目标充分调动、配置、优化与治理各领域的经济性与社会性资源,最终实现既定的国家战略目标。早在新中国成立初期,面对西方国家的全面经济与技术封锁以及国内百废待兴与"一穷二白"的现实发展基础,在党的统一领导下,基于社会主义制度的五年计划充分调动全国各类生产要素与创新要素的集聚与协同。在当时国家极为贫困的状况下,通过发动工人、党政干部、农民与知识分子共同投入工业化进程的伟大实践,并组建了一系列面向重工业重大工程技术创新的"国家队",在人造卫星、原子弹、氢弹以及人工合成胰岛素等方面取得了重大科技创新成就,成功地打破了西方国家的核讹诈与核威胁。改革开放后,基于社会主义市场经济体制的举国体制依然在驱动重大工程领域的科技创新中发挥着关键作用。如在航天领域,中国自20世纪90年代启动载人航天工程以来,历经10年左右的时间便完成了"从0到1"的关键性技术突破,成功实现了"神舟五号"的空间载人技术的突破性进展,2003年首次载人飞行的"神舟五号"飞船返回地面。

党的十八大以来,党和政府的各项改革已经步入深水区与攻坚区,传统的举国体制在新的时代背景与新的国际经济形势下被赋予了全新的内涵。传统的举国体制仅仅是面向重大的科技创新研究专项或者国家重大的工程项目,基于社会主义制度集中力量办大事,在党的统一领导下集聚全国之力,最大限度地调动各类创新要素与生产要素的积极性,实现重大科技专项的集中性突破。但是,新中国成立70余年来,我国在关键产业与关键技术领域中的被动局面并没有彻底改变,尤其是在中美科技与贸易摩擦高度白热化的现实背景下,依然需要发挥举国体制的制度力量短时间内集中突破长期以来被发达国家制约的"卡脖子"技术问题。党的十九届四中全会首次明确提出"构建社会主义市场经济条件下关键核心技术攻关新型举国体制",即坚持在社会主义市场经济条件下,通过发挥有为政府与有效市场的双重力量,在面向核心关键技术领域的重大科技攻关过程中坚持"全国一盘棋",坚持科学统筹、集中力量、优化机制、协同攻关的制度安排。因此,在双循环发展格局下,基于新型举国体制的科技创新体系的核心问题便是处理好有为政府与有效市场的关系,避免在关键技术领域过度依靠市场的力量导致核心关键技术对外依存度过大。在基于新型举国体制开展重大科技项目、核心关键技术以及"卡脖子"技术的联合攻关的过程中,既要发挥市场在资源配置中的决定性作用,切实尊重与激发市场创新主体(企业)的技术创新活力与潜能,又要优化市场环境与营商环境,尤其是加强知识产权保护制度建设,通过功能性产业政策逐步实现对市场创新主体的创新环境的系统性优化,实现政策资源与市场主体创新能力的系统性整合。尤其是针对产业共性技术体系,需要以新型研发机构与国家实验室为研发组织支撑,建立梯次接续的"国家队",实现关键核心技术与"卡脖子"技术突破等原创性重大科技成果的联合攻关系统布局。

2. 产业引领:未来产业构建产业发展新生态

当前,新一轮工业革命下的数字信息技术正加速突破,移动互联网、大数据、云计算与人工智能等数字智能技术正对经济社会各个领域产生显著的渗透效应。尤其是全球受到新冠肺炎疫情冲击,传统产业的供应链受到了前所未有的冲击,但也进一步触发了基于数字智能技术驱动的未来产业的发展。在双循环新发展格局下,我国依然处于新旧动能转换的全面转型期(刘畅,王蒲生,2020)。在这一全面转型期,传统产业的转型升级压力进一步加大,而新兴产业发展与科技革命之间的联系日益紧密,产业之间的融合程度进一步增强。在以内循环为主体、国内国际双循环相互促进的新发展格局下,产业的转型升级必须紧紧依靠培育和发展面向未来的战略性新兴产业,提升产业链的现代化水平(余东华,2020)。从创新的视角来看,未来产业必须具备几大特征:一是从创新投入的视角来看,未来产业的关键核心技术研发周期长,投入强度高,具备知识密集型与成长潜力大的高新技术产业特征。二是从创新的价值链视角来看,未来产业的产业链深刻嵌套于具备复杂性的创新链之中,产业的演化发展紧紧依靠高端人才的集聚、高度协同的产学研创新平台以及高效的科技成果转换,具备产业的高附加值、高技术性与先进性,产业处于全球价值链的中高端位置。三是从技术创新类型来看,未来产业的技术创新类型主要表现为颠覆性技术主导而非渐进式技术创新主导。颠覆性技术创新意味着引领未来产业发展的关键核心技术对传统产业具备极强的颠覆性与替代性,其技术路线图相对复杂,具有情境模糊属性,且技术创新过程具备群涌性与集群性。因此,从市场需求来看,未来产业在市场版图扩张方面具有先动优势,后发者、追随者和模仿者难以在短期内超越,具备获取高额利润的市场领导地位。在当前新工业革命不断向前演化的背景下,"十四五"期间,国家将聚焦多领域的重大颠覆性创新领域,即生命科学和精准医疗,分布式能源与储能技术,新一代互联网、云计算与区块链等数字智能技术,智能装备制造与增材制造等先进制造技术,人工智能与类脑科技等脑神经技术,航天航空技术,深海探测与勘探技术,虚拟现实技术等。

在双循环新发展格局下,需要紧紧依靠基于未来产业引领的全新产业生态,培育基于内循环主导的产业主动先发优势,营造全新的面向未来产业的创新生态系统。在这一过程中,重点是把握好选择性产业政策与功能性产业政策的平衡性问题。选择性产业政策强调经过产业发展前景的甄选与技术预见,以政府直接性的财政补贴与扶持实现某一产业的培育与发展,基于政府有为的干预手段实现产业发展的短期突破,营造基于政府主导的产业创新生态系统;而功能性产业政策强调塑造一个竞争中性的产业发展政策环境,致力于通过强化产业发展的共性技术供给环境,完善市场的知识产权保护等法律法规制度建设,营造一个公平竞争与普惠的市场环境。针对未来产业发展的技术路线清晰性、市场不确定性程度以及产业关联与带动效应的异质性,政府需要基于选择性产业政策与功能性产业政策的配套性政策支撑未来产业的培育与发展。具体而言,便是针对市场资源配置无效的未来产业,如航天航空领域,需要基于政府选择性产业政策的主导思路,辅之以功能性产业政策引导和扶持其发展;而对于那些具备市场的高度竞争性产业,如智能装备制造、新材料、数字信息技术等,需要充分发挥市场在资源配置中的决定性作用,政府以功能性产业政策为主导,辅之以选择性产业政策实现未来产业的竞争效应,基于产业政策分类整合的思维培育未来产业发展的新生态。更为关键的是,未来产业的培育与发展离不开底层研发组织的支撑,未来产业发展需要以产业共性技术为核心,加快培育产业共性技术创新中心、产业创新中心、工程(技术)研究中心和重点实验室等一批重大产业创新平台,提升面向共性技术供给的研发基础设施水平;同时针对高度竞争性与市场需求较为确定的未来产业,需要着力于培育企业技术创新中心、新型研发机构以及基于企业主导的重点实验室,作为未来产业的底层研发基础设施。

3. 企业转型:迈向整合式创新战略下的世界一流企业

从微观层面来看,驱动双循环新发展格局下的科技创新体系建设最终的落脚点依然是微观企业的创新能力,即切实发挥企业作为市场创新与技术创新主体的作用。不管是建设世界科技强国,还是建设现代化经济体系,都离不开以企业为主体的价值创造能力的有效支撑。改革开放40余年来,在外循环主导的对外开放体系中,我国大量的企业通过国际化实现国际市场扩张,深度嵌入全球的产业链与价值链之中,涌现出了一大批诸如阿里巴巴、华为、腾讯等民营企业,以及国家电网、中国石油和中国石化等具备全球影响力的国有企业。但是,在基于外循环主导的国际化的浪潮中,这些大企业是否真正具备完备的知识产权体系以及自主创新能力,具备世界一流企业的特征,尚存在疑问。党的十九大报告提出"培育具有全球竞争力的世界一流企业",培育与建设世界一流企业成为新时代推动企业全面转型升级、实现高质量发展的重要战略导向。从世界一流企业的成长特征来看,世界一流企业必定具备市场影响力与行业领导地位,在引领行业发展的过程中具备制定标准的话语权,在企业价值创造维度上呈现出经济、社会与环境的综合价值创造能力。更为关键的是,世界一流企业在长期导向上具备可持续的竞争能力,主要表现为具备全面的自主创新能力,基于长期导向的可持续思维实现其组织运营管理与技术创新的不断变革,保持其长期的可持续创新能力(黄群慧,余菁,王涛,2017;黄速建,肖红军,王欣,2018)。

在双循环新发展格局下,推动微观企业加快培育自主创新能力、培育世界一流企业成为企业创新驱动转型发展的重要实现路径。区别于外循环主导的单一外向型开放式创新主导范式,中国企业迈向世界一流企业的重要战略基点在于融合东方智慧与西方开放思维的整合式创新战略,整合式创新是战略创新、协同创新、全面创新和开放式创新的综合体,在开放式创新的环境下通过统筹自主创新能力与引进吸收外部知识的双元平衡的整合式战略新视野,实现企业各个部门主体与利益相关者的协同与开放式创新的有效整合(陈劲,尹西明,梅亮,2017)。具体而言,整合式创新范式强调在科技强国使命和国际国内市场统筹发展的顶层战略视野下,在微观创新主体层面实现中央企业、地方国有企业、民营企业等大中小企业之间创新要素的融通整合(陈劲,吴欣桐,2020)。强调企业主要通过构建全面自主创新模式实现企业内部的全要素、全时空以及全员创新,基于内向型开放式创新与外向型开放式系统整合的思路,推动企业内的创新要素与外部创新主体如科研机构、高校与其他市场知识组织之间的创新资源整合协同(陈劲,吴欣桐,2020),构建企业内部自主创新能力建设与外部跨界合作的安全观、开放观和协同整合观,持续提升企业的自主创新能力。

第二章　新中国成立以来科技创新战略的演进

新中国成立以来,我国在逆境中与时俱进,不断调整和实施与不同发展阶段相适应的科技创新战略,在科技创新方面取得了万众瞩目的成就,持续提升国际影响力,实现了从奠基、调整、布局、追赶到跃迁的稳步前进。

一、计划经济时代的奠基(1949—1978 年):举国体制引领

新中国成立时百废待兴,科技人才匮乏、经费拮据、机构残缺,现代科技基础几乎为零。以毛泽东同志为核心的党的第一代中央领导集体审时度势,确立了由政府全面规划科技活动并集中举国科技资源解决关键问题的思想。1949 年 11 月,中央整合全国的科研机构,在北京成立了中国科学院,建立了以科学院为核心的科学技术体系,短时间内在特定的科技领域取得了重大突破。1956 年,我国基本确立了社会主义制度,加快恢复和发展国民经济成为核心任务,对我国加强科技工作提出了迫切要求。在全国知识分子问题会议上,毛泽东发出"向科学进军"的号召,科技创新政策重点聚焦初步确立科学技术指导思想并建立科技体制。1956 年 3 月 14 日,国务院成立科学规划委员会,组织 600 多位覆盖各学科门类的科学家

以及 16 位苏联科学家,共同着手制定全国自然科学和社会科学 12 年长期规划,以及新中国第一个长期科技发展规划——《1956—1967 年科学技术发展远景规划》(以下简称"十二年科技规划")。同年 12 月 22 日,《关于征求〈一九五六——一九六七年科学技术发展远景规划纲要(修正草案)〉意见的报告》得到中共中央和国务院的批准执行。到 1958 年,我国基本构建了以国家科学规划委员会、中国科学院为主干的科技管理体制和科技创新体系,我国科技事业进入了国家计划和举国体制引领下的现代发展时期。

这次规划的成果集中体现在《1956—1967 年科学技术发展规划纲要》《国家重要科学任务说明书和中心问题说明书》《基础科学学科规划说明书》《1956 年紧急措施和 1957 年研究计划要点》《任务和中心问题名称一览》等文件上,确定了"重点发展,迎头赶上"的总体方针,对 1956—1967 年国家重要科学技术任务、任务的重点部分、基础科学的发展方向、科学研究工作的体制、科学研究机构的设置、科学技术干部的使用和培养、国际合作等方面内容做出了规定,并提出了 57 项重大科学技术任务、616 个中心问题、12 个重点任务以及 4 项紧急措施。整套规划文件很好地兼顾了短期与长期的关系、纵向与横向的关系,为我国科技政策制定的范式以及科技发展的路线图提供了范本。时至今日,我国各项科技政策与战略规划的制定模式仍然在很大程度上延续了这种结构,体现了其对我国科技事业发展的深远影响。

为了扭转 1958 年后科技领域组织机构急剧膨胀、人员迅速增多、浮夸冒进之风盛行的局面,1961 年 7 月 19 日,中共中央批准执行《关于自然科学研究机构当前工作的十四条意见(草案)》(简称"科研十四条"),对科研机构的基本任务、科学研究工作开展的工作制度、工作原则、工作秩序以及工作方法等方面做出具体规定。"十二年科技规划"和"科研十四条"的相继出台,对于改进研究机构工作作风、团结广大科技工作者人员、提高科研水平具有决定性的推动作用,其中"科研十四条"被誉为"科学宪法"。

在党中央的正确领导下,在全国人民的共同努力下,我国于 1962 年提前完成了"十二年科技规划"拟定的全部任务,进而又制定了涵盖科技发展规划、建立教育体系和科学技术体系、设立科技主管机构等各方面内容的更加丰富的《1963—1972年科学技术规划纲要》(简称"十年科技规划")。在"十年科技规划"的有力推动下,我国很快在尖端科技、民生技术等领域取得重大突破,涌现出了"两弹一星"等一系列重大科技成果,形成了一批学科更为齐全、设备更加优良的科研机构,更培养出了一支凝聚力极强的高水平科研队伍。1964年12月,我国首次在国务院《政府工作报告》中正式提出四个现代化的战略目标,并指出今后发展国民经济的主要任务,"就是要在不太长的历史时期内,把我国建设成为一个具有现代农业、现代工业、现代国防和现代科学技术的社会主义强国,赶上和超过世界先进水平"[1],并强调实现四个现代化的"关键在于实现科学技术的现代化",而实现科学技术现代化的主要要求是"实事求是,循序前进,相互促进,迎头赶上"[2]。1975年1月,周恩来在中华人民共和国第四届全国人民代表大会上再次重申了"四个现代化"的宏伟目标。[3]自此,中国科技创新政策步入了新的正轨。

总体来看,中国共产党第一代领导集体制定实施的科学发展规划和"科研十四条"有力推动了科技事业发展、中国现代化乃至自立自强的进程,是这一时期党所取得的重要政策成果。新中国成立之初,我国基础科学和技术科学方面普遍落后,甚至某些学科还存在缺门。然而在党和国家强有力的科技政策指引、制度保障以及广大科技工作者无私无畏的艰苦奋斗下,我国科技事业在短时间内取得了改变格局的重大成就,为国家未来的建设和发展奠定了坚实的基础。20世纪60年代初,我国试制成功了世

① 新华社.四个现代化宏伟目标的提出[EB/OL].(2009-09-16)[2020-10-01].http://www.gov.cn/jrzg/2009-09/16/content_1418909.htm.
② 中共中央文献研究室.建国以来重要文献选编(第十六册)[M].北京:中央文献出版社,1997:160.
③ 周恩来.建成社会主义强国关键在于实现科学技术现代化[J].新湘评论,2018(3):59-60.

界上第一台红宝石激光器;1964年,我国第一颗原子弹爆炸成功,小规模集成电路试制成功;1965年,我国第一台大型通用晶体管计算机,人工合成胰岛素研制成功;1966年,载有原子弹头的导弹成功发射,由中国自主设计制造的能够装载原子弹头的"东风二号甲"中近程导弹研制成功,中国跻身于核大国行列;1967年,第一颗氢弹爆炸成功;1968年,中国空间技术研究院成立;1970年,"长征一号"运载火箭将"东方红一号"人造地球卫星成功发射。这一系列重大科研成就的取得不仅代表我国科技实力的快速提高,同时也昭示着我国已经在科学研究各领域形成了具有一定数量和质量的科技人才队伍以及相对成熟的科学研究条件和资源。我国已经为科技事业的进一步发展奠定了重要的组织和物质基础,具备了在尖端领域进一步深入发展的巨大潜力。其中,"向科学进军"的提出,国家科学规划委员会、中国科学院的成立,"十二年科技规划""科研十四条""十年科技规划"等一系列科技政策的制定和执行,都是我国能在国民经济恢复和发展时期快速攻克重大科研任务的关键。它们对确立和完善我国科技发展的整体布局、科技管理的体制和方法、科技人才培养的方向和方式等问题均提供了根本性指引,奠定了我国科技事业的长远发展基础,对我国未来科技事业的发展战略和推进路径产生了重大而深远的影响。

二、改革开放前期的调整(1978—1995 年):面向四个现代化

在经历了一段时间的探索后,邓小平提出,"我们要实现现代化,关键是科学技术要能上去","发展科学技术,不抓教育不行",因此必须"尊重知识、尊重人才",[1]并在全国科学大会上提出"科学技术是第一生产力"的重

---

[1] 广安日报. 邓小平:科学技术人才的培养,基础在教育[EB/OL]. (2019-06-20)[2020-10-01]. http://cpc. people. com. cn/n1/2019/0620/c69113-31170694. html.

要论断,重申"四个现代化,关键是科学技术的现代化"①,为推动科技发展回归正轨并迈向更高水平扫清了障碍。经过 10 余年的探索和创造,以邓小平同志为核心的党的第二代中央领导集体提出了一系列科技政策,对我国改革开放后科技事业乃至其他各项事业的迅猛发展起到了根本性推动作用。总的来看,相关政策主要集中在以下四个方面。

(一)确立"科学技术是第一生产力"的指导思想

邓小平基于对我国社会主义现代化建设经验的深刻洞见,结合国际新形势和时代新特点,从国家战略的高度提出了"科学技术是第一生产力"这一重要论断,为加快提升我国综合实力、推进现代化发展进程提供了战略思想和基本原则,对于我国建设富强、民主、文明的社会主义现代化国家具有重大而深远的指导意义。1995 年 5 月 6 日,中共中央、国务院做出《关于加速科学技术进步的决定》,全面贯彻落实这一科技思想,并将其确定为我国新时期科技工作的指导思想。时至今日,邓小平的科学技术思想和理论精髓仍然是我国社会主义现代化发展的重要指导思想和战略出发点:只有充分依靠科学技术和科技人才,才能实现经济建设的高速可持续发展,不断迎接产业变革和科技革命的挑战。

党的十一届三中全会以后,我国的科技方针政策开始面向四个现代化和经济建设调整。国家科学技术委员会的重建和《1978—1985 年全国科学技术发展规划纲要(草案)》等一系列政策文件的审议通过昭示着中国创新发展迎来了春天。1980 年,国家科学技术委员会召开全国科技工作会议,形成了《关于我国科学技术发展方针的汇报提纲》,将今后一个时期科学技术发展的方针概括为以下五点:"科学技术与经济、社会应当协调发展,并把促进经济发展作为首要任务","着重加强生产技术的研究,正确选

---

① 四个现代化,关键是科学技术的现代化[EB/OL]. (2013-08-19)[2020-10-01]. http://cpc. people. com. cn/n/2013/0819/c69710-22616462. html.

择技术,形成合理的技术结构","必须加强厂矿企业的技术开发和推广工作","保证基础研究在稳定的基础上逐步发展","把学习、消化、吸收国外科技成就作为发展我国科学技术的重要途径",①并于1981年获得党中央、国务院批准。1982年,党的十二大报告首次把发展科学技术确立为国家经济发展的战略重点,在同年10月召开的全国科技奖励大会上,进一步提出"科学技术工作必须面向经济建设,经济建设必须依靠科学技术"的指导方针,并在随后批准的《关于编制十五年(1986—2000年)科技发展规划的报告》中从形势与现状、战略方针与基本任务、计划要点、主要措施等方面细化了科技与经济相结合的实施方案。1985年,《中共中央关于科技体制改革的决定》明确要求科技体制改革与拨款制度、组织结构、人事制度等各方面改革同步。此后,我国设立了国家自然科学基金,并陆续出台了国家高技术研究发展计划("863计划")、"火炬计划"、"星火计划",分层次、分领域为科技创新活动提供方向引导与项目支撑。1992年,邓小平在南方谈话中再次强调"科学技术是第一生产力"。政府相继出台了一系列法规条例,通过建立和完善合同研究和技术市场机制,推动实施了一大批国家项目、重点工程,国家工业化、信息化进程不断加速。

(二)树立"尊重知识、尊重人才"的理念

按照邓小平同志在1978年全国科学大会上提出的关于造就世界一流科技队伍的指示精神,我国相继出台了一系列加强科技队伍建设的科技政策,"尊重知识、尊重人才"的理念在全国上下深入人心,为中国科技事业的发展提供了重要的推动力量。在我国1978年以后科技领域相关的重要政策文件中,几乎都涵盖了有关建设科技队伍的具体问题和相关措施。1985年3月,《中共中央关于科学技术体制改革的决定》提出了改革科技人才管

---

① 中共中央、国务院转发国家科委《关于我国科学技术发展方针的汇报提纲》的通知[Z].中华人民共和国国务院公报,1981(10).

理制度,改善科技人员工作、生活条件和待遇,创造人才辈出、人尽其才的良好环境等具体措施;《国务院关于"九五"期间深化科学技术体制改革的决定》强调,要建立人尽其才、优秀人才脱颖而出的人才评价和培养使用机制,健全和完善专业技术职务聘任制和激励机制,改革科技人员的收入分配制度,加速培养中青年科技带头人等。

在邓小平同志"尊重知识、尊重人才"理念的指引下,科研人员的社会地位空前提高,积极性得到了充分调动,科技队伍规模显著壮大,有力推动了我国科技事业不断向前发展,科技工作取得了一系列重要成就。在"八五"攻关计划期间,我国在航空遥感实时传输系统、5毫米薄带连铸连轧技术、陶瓷刀具批量生产技术、离子束生物工程应用技术、地勘期间煤田瓦斯预测技术等方面的诸多科技攻关项目成果已经达到了世界领先水平。这些都离不开"尊重知识、尊重人才"人才战略思想激励下10万多名科技人员的拼搏努力。

(三)高度重视"科技与教育"的有机结合

改革开放前期的科技政策重心还覆盖了"科技与教育"有机结合方面。邓小平在1977年召开的科学和教育工作座谈会及1978年召开的全国科学大会上明确指出,"我们国家要赶上世界先进水平,从何着手呢? 我想,要从科学和教育着手"[1]。他认为,"科学技术人才的培养,基础在教育"[2],"教育事业,决不只是教育部门的事,各级党委要认真地作为大事来抓。各行各业都要来支持教育事业,大力兴办教育事业。人民教师是培养革命后代的园丁,他们的创造性劳动,应该受到党和人民的尊重"[3]。在邓小平

---

[1] 邓小平.关于科学和教育工作的几点意见(1977年8月8日)[M]//邓小平文选:第2卷.北京:人民出版社,1994:48.
[2] 邓小平.在全国科学大会开幕式上的讲话(1978年3月18日)[M]//邓小平文选:第2卷.北京:人民出版社,1994:95.
[3] 邓小平.在全国科学大会开幕式上的讲话(1978年3月18日)[M]//邓小平文选:第2卷.北京:人民出版社,1994:95.

"抓科技必须同时抓教育"科技思想的指导下,我国高度重视并全面阐述了科技与教育的密切关系,不断推进科技与教育的有机结合,使"敬师重教、尊知爱才"的良好社会风气和环境得以快速形成,并成为我国科学技术队伍不断发展壮大、优秀科技成果不断涌现的重要保证。

改革开放初期,党中央、国务院及时做出把发展生产力同科技和教育有机地结合起来的战略决策,将教育作为立国之本,坚持科技教育相统一,努力实现科技、教育、生产一体化,把经济建设真正转到依靠科技进步和提高劳动者素质的轨道上来,完全符合我国推进四个现代化建设的战略需求,为整体提升国民科技意识、壮大国家科技力量、加快追赶世界先进科技水平、实现可持续发展打下了坚实的基础。

(四)以高科技带动产业竞争能力提升

随着高科技在世界经济发展中显示出越来越大的威力,党中央敏锐地洞察到人类社会很快将进入知识经济时代。1986—1992年,邓小平反复强调,"下一个世纪是高科技发展的世纪","中国必须发展自己的高科技,在世界高科技领域占有一席之地",①"高科技领域的一个突破,带动一批产业的发展"②。在邓小平"发展高科技,实现产业化"科技思想的指引下,我国高度重视向世界先进科学技术学习,以发展高科技全面带动产业竞争能力提升,出台了《中共中央、国务院关于加强技术创新,发展高科技,实现产业化的决定》,在深入分析当时国际形势和国内环境的基础上,明确深化体制改革,营造有利于技术创新和发展高科技、实现产业化的政策环境,加强技术创新、发展高科技、促进技术创新和高新技术成果商品化、产业化等多方面举措,为提高科技创新对提升产业竞争力的贡献指明了工作方向和

---

① 邓小平.中国必须在世界高科技领域占有一席之地(1988年10月24日)[M]//邓小平文选:第3卷.北京:人民出版社,2001:183-184.

② 邓小平.在武昌、深圳、珠海、上海等地的谈话要点(1992年1月18日—2月21日)[M]//邓小平文选:第3卷.北京:人民出版社,2001:377-378.

重点,也推动形成一系列举世瞩目的成果。"八五"期间,我国建立了 52 个国家高新技术产业开发区,累计实现总产值 2961 亿元,利税 402.3 亿元,出口创汇 53 亿美元,并连年保持高速度增长。利税总额和出口创汇额都实现了连年翻番。到"九五"计划收官之时,我国高新技术开发区已经实现工业总收入 11928 亿元,工业总产值 10117 亿元,出口创汇 227 亿美元,上述指标分别是十年前的 137 倍、142 倍、164 倍和 126 倍,充分显示了高新技术开发区通过高科技发展全面带动了我国国际竞争能力的提升,也充分显现出《中共中央、国务院关于加强技术创新,发展高科技,实现产业化的决定》等一系列科技产业政策对我国推进四个现代化建设的强大推动力。

三、面向 21 世纪的布局(1995—2006 年):实施科教兴国战略

党的十三届四中全会以来,以江泽民同志为核心的第三代中央领导集体在领导我国改革开放和社会主义现代化建设进程中逐步形成了"三个代表"重要思想,为我国科技事业发展提供了进一步指引。1994 年 3 月,国务院第十六次常务会议审议通过了《中国 21 世纪议程》,明确提出我国实施可持续发展总体战略与政策,其中教育与可持续发展能力建设和科学技术支持能力建设是重要组成部分。1995 年,中共中央、国务院颁布了《关于加速科学技术进步的决定》(以下简称《决定》),首次提出在全国实施科教兴国战略,这是继 1956 年党中央提出"向科学进军"、1978 年召开全国科学大会之后,我国科技创新政策的又一重要里程碑。随后召开的全国科学技术大会对《决定》精神进行了全面贯彻,在《中华人民共和国国民经济和社会发展"九五"计划和 2010 年远景目标纲要》中再次强调,将"科教兴国"列为国家发展战略。面向 21 世纪的科技创新政策主要有以下两个方面的特点。

（一）以"三个代表"重要思想为指引

在 20 世纪末 21 世纪初的历史交汇时期，为适应国外环境变化和国内发展需求，提高党的执政能力和领导水平，"三个代表"重要思想应运而生。2000 年 2 月，江泽民在广东考察时指出："总结我们党 70 多年的历史，可以看出一个重要的结论。这就是，我们党之所以赢得人民的拥护，是因为我们党是工人阶级先锋队，在革命建设和改革的各个时期，总是代表着中国先进社会生产力的发展要求，代表着中国先进文化的前进方向，代表着中国最广大人民的根本利益，并通过制定正确的路线方针政策，为实现国家和人民的根本利益而不懈奋斗。"此后，"三个代表"重要思想的时代背景、实践基础、科学内涵、精神实质、历史地位和根本要求等相关内容得到不断深化，为我国 21 世纪发展科技事业提供了原则和指引。

在"三个代表"重要思想的指引下，以江泽民同志为核心的第三代中央领导集体进一步把科技创新提升到关乎国家和民族兴衰成败的战略高度，由此我国科技政策进入了新发展阶段。早在 1992 年 10 月党的十四大报告中，江泽民就重点提及了"创新"问题，并在此后的多次讲话中强调了科技创新的重要性。1995 年 5 月，江泽民在全国科学技术大会上发表了题为《努力实施科教兴国的战略》的重要讲话，进一步强调"创新是一个民族进步的灵魂，是一个国家兴旺发达的不竭动力……要把建立技术创新机制作为建立社会主义市场经济体制的一个重要目标，特别要把建立健全企业的技术创新体系作为建立现代企业制度的重要内容和搞好国有大中型企业的关键环节"①。在 1999 年 8 月召开的全国技术创新大会上，江泽民指出，"21 世纪科技创新将进一步成为经济和社会发展的主导力量，科技与经济和社会发展的结合将更加紧密"，"当今世界各国综合国力竞争的核心，是知识创新、技

---

① 江泽民.江泽民文选：第一卷[M].北京：人民出版社，2006：430.

术创新和高新技术产业化。我们要在未来激烈的国际竞争和复杂的国际斗争中取得主动，要维护我们的国家主权和安全，必须大力发展我国的科技事业，大力增强我国的科技实力"，"全面实施科教兴国战略，大力推动科技进步，加强科技创新，是事关祖国富强和民族振兴的大事"，"全面实施科教兴国战略，加速全社会的科技进步，关键是要加强和不断推进知识创新、技术创新"，[①]并在大会上正式确立了"科技创新是国家民族兴旺发达的不竭动力"这一科学论断。在 2000 年召开的两院院士大会上，江泽民深刻指出，"科学的本质就是创新，要不断有所发现、有所发明。面对世界科技进步日新月异的挑战，面对我国现代化建设提出的巨大科技需求，我们必须开阔眼界，紧跟世界潮流，抓住那些对我国经济、科技、国防、社会发展具有战略性、基础性、关键性作用的重大科技课题，抓紧攻关，自主创新"[②]。"如果自主创新能力上不去，一味靠技术引进，就永远难以摆脱技术落后的局面。一个没有创新能力的民族，难以屹立于世界先进民族之林。"[③]"要迎接科学技术突飞猛进和知识经济迅速兴起的挑战，最重要的是坚持创新。"[④]"科技创新是国家民族兴旺发达的不竭动力"的科学论断为新时代我国实施创新驱动发展战略，建设世界科技强国打下了坚实的政策基础。

（二）全面实施可持续发展战略和科教兴国战略

继《关于加速科学技术进步的决定》提出在全国实施科教兴国战略后，国务院于 1996 年发布了《关于"九五"期间深化科学技术体制改革的决定》，并由国家经贸委组织编制了《"九五"全国技术创新纲要》，正式提出产

---

① 全国技术创新大会在京开幕 江泽民发表重要讲话 朱镕基主持 李鹏李瑞环胡锦涛尉健行李岚清出席[N].人民日报,1999-08-24(1).

② 江泽民.在中国科学院第十次、中国工程院第五次院士大会上的讲话[EB/OL].(2000-06-05)[2020-06-15].http://www.gov.cn/gongbao/content/2000/content_60244.htm.

③ 江泽民.在全国科学技术大会上的讲话[EB/OL].(1995-05-26)[2020-06-15].http://m.jyb.cn/zyk/jyzcfg/200604/t20060407_56030_wap.html.

④ 江泽民.在新西伯利亚科学城的演讲(1998 年 11 月 24 日)[M]//江泽民文选:第二卷.北京:人民出版社,2006:237.

学研合作模式以及以企业为主体的自主创新战略,为加快构建国家创新体系提供了政策指引和实施路径。1997年,党的十五大报告进一步指出,科技进步是经济发展的决定性条件,要把加速科技进步放在经济社会发展的关键地位,并把可持续发展战略和科教兴国战略作为新阶段的国家发展战略。1998年,中国科学院在《关于开展"知识创新工程"试点的汇报提纲》中提出,"建设国家创新体系,提高国家创新能力,大力发展高新技术产业"是我国实施科教兴国战略和可持续发展战略的重大举措,获得了党中央、国务院的高度重视和认可。自此,我国正式着手实施知识创新工程,拉开了以基础性研究为基点、以提高新知识和新科学的原创能力为目标、以高效运行的国家知识创新系统及运行机制为载体的国家创新体系建设的序幕。鼓励大型国有企业建立研发中心,并成立科技型中小企业技术创新基金,不断强化企业的技术创新主体地位。同时,将高等院校确立为国家创新体系的重要组成部分,实施了"985"工程等以建设若干所具有世界先进水平的大学为目标的重点工程。在1999年召开的全国技术创新大会上,江泽民指出,全党同志和全国各族人民都要牢记,全面实施科教兴国战略,大力推动科技进步,加强科技创新,是事关祖国富强和民族振兴的大事。进入21世纪,我国开始重视制定中长期科学技术发展规划。党的十六大从全面建设小康社会、加快推进社会主义现代化建设的全局出发,要求制定国家科学和技术长远发展规划,提出要以深化经济体制、科技体制、教育体制的配套性、联动性改革为动力,推进国家创新体系建设,并强调研究开发面向市场的应用性和适用性技术,全面建设国家创新体系。为了给国家创新体系建设提供全面支撑,党中央、国务院高度重视并着手建构包括科技创新要素、主体、产品等在内的科技发展战略支撑体系。要素方面,主要包括人力、财力、物力、设备;主体方面,包括政府科研机构、企业研发机构、高等院校及其研究机构、非营利研究机构、民营研究机构、科技中介服务机构等;产品方面,包括以各种形式存在的科学理论和技术,如论文、专著、专利技术、生产设备、新产品样品、数据库、信息库等。2002年9月,江泽民在北京师范大学百年校庆大会上指出,"各国之间的竞争,说到底,是人才的竞争,是民族创新能力的竞争","教育创新,与理论创新、制度创新和科技创新一样,是非常重要的",[①]为加快形成涵盖技术创新、知识创新、理论创新、高科技创新和教育创新等方面的体系性战略支撑指明了方向。在可持续发展战略和科教兴国战略的有力推动下,我国国家创新体系的布局和建设工作也由此步入了快车道。

四、全球化进程中的追赶(2006—2013年):建设创新型国家

建设创新型国家是全面落实科学发展观、开创社会主义现代化建设新局面的重大战略举措,有利于提升我国自主创新能力和增强国家核心竞争力,改变关键技术依赖于人、受制于人的局面,有利于转变发展观念、创新发展模式、提高发展质量,加快推进新型工业化的步伐。2005年10月,胡锦涛在党的十六届五中全会上明确提出建设创新型国家的重大战略思想。2006年,中共中央、国务院召开全国科学技术大会,出台了《关于实施科技规划纲要增强自主创新能力的决定》,并发布了《国家中长期科学和技术发展规划纲要(2006—2020年)》(以下简称《规划纲要》),确立了"自主创新、重点跨越、支撑发展、引领未来"的指导方针,并提出在2020年进入创新型国家行列的目标定位。这是我国进入21世纪以来对科技发展所做的首次全面规划,也是在社会主义市场经济条件下制定的首个中长期科技发展规划。2006年1月,胡锦涛在全国科学技术大会上明确指出,要坚持走中国特色自主创新道路,用15年左右的时间把我国建设成为创新型国家,强调

---

① 江泽民.在庆祝北京师范大学建校一百周年大会上的讲话[EB/OL].(2002-09-08)[2020-06-15].http://www.moe.gov.cn/jyb_xxgk/gk_gbgg/moe_0/moe_8/moe_28/tnull_522.html.

将科技创新作为国家的基本战略,通过提升创新能力形成国家竞争优势。随后,国务院印发了《实施〈国家中长期科学和技术发展规划纲要(2006—2020 年)〉的若干配套政策》,从科技投入、税收激励、金融支持、政府采购、引进消化吸收再创新、创造和保护知识产权、人才队伍、教育与科普、科技创新基地与平台、加强统筹协调等十个方面推动创新型国家建设。2007年,党的十七大报告提出"提高自主创新能力、建设创新型国家,是国家发展的战略核心,是提高综合国力的关键"。同年 12 月,第十届全国人民代表大会常务委员会第三十一次会议修订通过了《中华人民共和国科学技术进步法》,从法律上明确了新时期国家发展科学技术的目标、方针、战略、激励和保障措施,为《规划纲要》的全面落实提供了法律保障。2010 年底,国务院同意支持中关村实施"1+6"系列先行先试政策,其中"1"是指搭建中关村创新平台,"6"是指在科技成果处置权和收益权、股权激励、税收、科研项目经费管理、高新技术企业认定、建设统一监管下的全国性场外交易市场等方面实施 6 项新政策,为推进自主示范区建设提供了巨大的政策红利。为充分发挥高等学校在国家创新体系中的重要作用,教育部开启了高等学校创新能力提升计划(也称"2011 计划"),它是继"211 工程""985 工程"之后,高等教育系统又一项体现国家意志的重大战略举措,旨在推动基础研究、知识创新、技术创新、区域创新的战略融合,对我国创新体系和创新型国家建设意义重大。2012 年,全国科学技术大会发布了《关于深化科技体制改革加快国家创新体系建设的决定》,指出科技体制改革要紧密围绕国家创新体系建设这一宏伟目标。中国共产党第十八次代表大会明确提出,科技创新是提高综合国力的战略支撑,必须摆在国家发展全局的核心位置。同年,中共中央、国务院印发了《关于深化科技体制改革加快国家创新体系建设的意见》,从"强化企业技术创新主体地位,促进科技与经济紧密结合;加强统筹部署和协同创新,提高创新体系整体效能;改革科技管理体制,促进管理科学化和资源高效利用;完善人才发展机制,激发科技人员积极性创造性；营造良好环境，为科技创新提供有力保障"等方面明确了具体措施，为深化科技体制改革、加快国家创新体系建设指明了方向。

五、新时代的全面跃迁（2013 年至今）：建设世界科技强国

　　党的十八大以来，习近平总书记把创新摆在国家发展全局的核心位置，高度重视科技创新，提出一系列新思想、新论断、新要求。2016 年 5 月，习近平总书记在两院院士大会上提出"建设世界科技强国"的战略目标。《国家创新驱动发展战略纲要》明确，我国科技事业发展的目标是，到 2020 年时使我国进入创新型国家行列，到 2030 年时使我国进入创新型国家前列，到新中国成立 100 年时使我国成为世界科技强国。[①] 建设世界科技强国，是以习近平同志为核心的党中央立足当下、面向未来的历史性宣示，契合了我国社会主义现代化建设的理论逻辑和历史逻辑。

　　习近平总书记关于科技创新的重要论述，是习近平新时代中国特色社会主义思想的重要组成部分，是马克思主义基本原理与我国科技创新实践相结合的最新理论成果，具有鲜明的继承性、时代性和引领性，开辟了走中国特色自主创新道路的新境界，开辟了新时代创新发展的新境界。习近平总书记关于科技创新的重要论述具有鲜明特色，主要表现在：把创新摆在五大发展理念之首，强调创新是引领发展的第一动力；强调创新对于推进改革开放的极端重要性，即创新是改革开放的生命；强调科技创新在国家发展全局中的战略核心地位，即科技创新是提高社会生产力和综合国力的战略支撑；明确了新时代我国科技事业发展的目标，吹响了建设世界科技强国的号角，在战略定位上实现了从追赶思维到引领思维的历史跃迁。

---

　　① 习近平.为建设世界科技强国而奋斗：在全国科技创新大会、两院院士大会、中国科协第九次全国代表大会上的讲话[M].北京：人民出版社，2016：3.

(一)加强基础研究,加快实现关键核心技术自主可控

基础研究是科技创新之源,直接影响我国源头创新能力和国际科技竞争力的提升,决定着世界科技强国建设进程。党的十八大以来,习近平总书记高度重视基础研究,多次强调要着力推进基础研究与应用基础研究,打好基础,储备长远,瞄准世界科技前沿,强化基础研究。2018年以来,国际形势复杂多变,再一次深刻地警醒我们,必须放弃所有不切实际的幻想,树立底线思维,防范化解大变局时代的政治风险。要坚持走自力更生、自主创新的道路,加快实现从科技大国向科技强国的转型。党的十九届五中全会提出,坚持创新在我国现代化建设全局中的核心地位,把科技自立自强作为国家发展的战略支撑。加快建设科技强国,只有提升基础研究和原始创新能力,才能赢得发展的主动权。在这一新形势下,需要加快完善强化基础研究的战略思路。对此,习近平总书记在科学家座谈会上强调"持之以恒加强基础研究",提出"要明确我国基础研究领域方向和发展目标,久久为功,持续不断坚持下去",[①]"基础研究是创新的源头活水",要"鼓励长期坚持和大胆探索,为建设科技强国夯实基础"。[②] 并从加大投入力度、创造良好生态、健全评价体系、加强平台建设等方面做出了具体指示。对于人才培养问题,习近平总书记强调,"人才是第一资源"[③],"要把教育摆在更加重要位置,全面提高教育质量,注重培养学生创新意识和创新能力。要加强数学、物理、化学、生物等基础学科建设,鼓励具备条件的高校积极设置基础研究、交叉学科相关学科专业……要加强基础学科拔尖学生培养,在数理化生等学科建设一批基地,吸引最优秀的学生投身基础研究。要加强高校基础研究,布局建设前沿科学中心,发展新型研究型大学。要

---

① 习近平.在科学家座谈会上的讲话[M].北京:人民出版社,2020:7.
② 习近平.在经济社会领域专家座谈会上的讲话[M].北京:人民出版社,2020:6.
③ 习近平会见清华大学经管学院顾问委员会海外委员[N].人民日报,2013-10-24(1).

尊重人才成长规律和科研活动自身规律,培养造就一批具有国际水平的战略科技人才、科技领军人才、创新团队"①。

习近平总书记深刻指出,"我国基础研究虽然取得显著进步,但同国际先进水平的差距还是明显的。我国面临的很多'卡脖子'技术问题,根子是基础理论研究跟不上,源头和底层的东西没有搞清楚"②。为了打通基础研究和技术创新之间的链条,提升创新整体效益,加快实现关键核心技术自主可控,服务经济社会高质量发展,我国高度重视科技体制改革工作,把科技创新作为提高社会生产力和综合国力的战略支撑,深入实施创新驱动发展战略。2014年和2016年,国务院先后印发了《关于改进加强中央财政科研项目和资金管理的若干意见》《关于进一步完善中央财政科研项目资金管理等政策的若干意见》,从优化整合中央各部门管理的科技计划(专项、基金等)、改进中央财政科研项目资金管理、完善中央高校、科研院所差旅会议管理、科研仪器设备采购管理、基本建设项目管理等方面提升资金的科研支撑服务水平。同时期出台的《国务院印发关于深化中央财政科技计划(专项、基金等)管理改革方案的通知》建立起了目标明确和绩效导向的科技计划(专项、基金等)管理体制。为了进一步完善科技成果转移转化机制,国家推动修订《中华人民共和国促进科技成果转化法》,并出台了《实施〈中华人民共和国促进科技成果转化法〉若干规定》,制定了《促进科技成果转移转化行动方案》。

2015年9月,中共中央办公厅、国务院办公厅印发了《深化科技体制改革实施方案》,从建立技术创新市场导向机制,构建更加高效的科研体系,改革人才培养、评价和激励机制,健全促进科技成果转化的机制,建立健全科技和金融结合机制,推动形成深度融合的开放创新局面,营造激励创新的良好生态,推动区域创新改革等10个方面提出了143条政策措施,

---

① 习近平.在科学家座谈会上的讲话[M].北京:人民出版社,2020:8-9.
② 习近平.在科学家座谈会上的讲话[M].北京:人民出版社,2020:7.

为形成系统、全面、可持续的改革部署和工作格局，打通科技创新与经济社会发展通道，最大限度地激发科技第一生产力、创新第一动力的巨大潜能提供了强大的改革推力。2016 年 5 月，中共中央、国务院发布了《国家创新驱动发展战略纲要》，提出"到 2050 年建成世界科技创新强国，成为世界主要科学中心和创新高地，为我国建成富强民主文明和谐的社会主义现代化国家、实现中华民族伟大复兴的中国梦提供强大支撑"①的发展目标。2016 年 8 月，国务院印发了《"十三五"国家科技创新规划》的通知，明确了"十三五"时期科技创新的总体思路、发展目标、主要任务和重大举措。表2-1 列示了近年来我国为加快实现关键核心技术自主可控而颁布的相关支持政策。

表 2-1 近年来为加快实现关键核心技术自主可控颁布的相关支持政策

政策类型	主要政策制定与执行主体	关键核心技术自主可控的相关政策供给
科技政策	国务院、科技部以及各省市的科技厅与科技局	科技部印发《关于推进国家技术创新中心建设的总体方案(暂行)》的通知(国科发区〔2020〕70 号)
		国务院知识产权战略实施工作部际联席会议办公室关于印发《2020 年深入实施国家知识产权战略加快建设知识产权强国推进计划》的通知
		中共中央 国务院关于印发《国家创新驱动发展战略纲要》的通知(中发〔2016〕4 号)
		中共中央办公厅、国务院办公厅印发《深化科技体制改革实施方案》(中办发〔2015〕46 号)
人才政策	中央办公厅、国务院、教育部、人力资源和社会保障部、国资委、科技部、财政部	中共中央印发《关于深化人才发展体制机制改革的意见》(中发〔2016〕9 号)
		中共中央办公厅、国务院办公厅印发《关于深化职称制度改革的意见》
		人力资源和社会保障部《关于支持和鼓励事业单位专业技术人员创新创业的指导意见》(人社部规〔2017〕4 号)
		财政部、科技部、国资委关于印发《国有科技型企业股权和分红激励暂行办法》的通知(财资〔2016〕4 号)

---

① 新华社.《国家创新驱动发展战略纲要》印发 提出 2050 年建成世界科技创新强国[EB/OL].(2016-05-20)[2020-10-15]. http://www.gov.cn/xinwen/2016-05/20/content_5074905.htm.

政策类型	主要政策制定与执行主体	关键核心技术自主可控的相关政策供给
产业政策	国务院、国家发展改革委、国资委、工信部以及地方政府	工信部关于印发《制造业单项冠军企业培育提升专项行动实施方案》的通知(工信部产业〔2016〕105 号) 《中国制造 2025》 《中华人民共和国国民经济和社会发展第十三个五年规划纲要》 国务院印发《新一代人工智能发展规划的通知》(国发〔2017〕35 号) 国家发展改革委等 15 部门联合印发《关于推动先进制造业和现代服务业深度融合发展的实施意见》(发改产业〔2019〕1762 号)
财政税收政策	财政部、教育部、人力资源和社会保障部、国家税务总局	财政部、科技部、国资委印发《国有科技型企业股权和分红激励暂行办法》(国发〔2016〕4 号) 财政部、科技部、教育部、发展改革委印发《关于进一步做好中央财政科研项目资金管理等政策贯彻落实工作的通知》(财科教〔2017〕6 号)
金融政策	中国人民银行,财政部,商业性金融机构,政策性金融机构,银监会、证监会等金融监管机构	中国人民银行、科技部、银监会、证监会、保监会、知识产权局印发《关于大力推进体制机制创新 扎实做好科技金融服务的意见》(银发〔2014〕9 号) 北京中关村 2018 年出台《关于进一步支持中关村国家自主创新示范区科技型企业融资发展的若干措施》 国家发展改革委办公厅、财政部办公厅印发《关于做好国家新兴产业创业投资引导基金参股基金推荐工作的通知》(发改办高技〔2016〕1509 号)

(二)打造国家战略科技力量,建设世界科学中心和创新高地

在 2020 年 12 月召开的中央经济工作会议上,强化国家战略科技力量被列为首要重点任务,强调要充分发挥国家作为重大科技创新组织者的作用,坚持战略性需求导向,确定科技创新方向和重点,着力解决制约国家发展和安全的重大难题。要发挥新型举国体制优势,发挥好重点院所高校国家队作用,推动科研力量优化配置和资源共享;要抓紧制定实施基础研究十年行动方案,重点布局一批基础学科研究中心,支持有条件的地方建设

国际和区域科技创新中心;要发挥企业在科技创新中的主体作用,支持领军企业组建创新联合体,带动中小企业创新活动;要加强国际科技交流合作;要加快国内人才培养,使更多青年优秀人才脱颖而出;要完善激励机制和科技评价机制,落实好攻关任务"揭榜挂帅"等机制;要规范科技伦理,树立良好学风和作风,引导科研人员专心致志、扎实进取。

系统性培育国家战略科技力量是新形势下应对国际挑战、服务双循环新发展格局、加快建设世界科技强国的重要抓手。2013年7月,习近平总书记在视察中国科学院时指出,"我们要建成创新型国家,要为世界科技事业发展作出贡献,必须有一支能打硬仗、打大仗、打胜仗的战略科技力量,必须有一批国际一流水平的科研机构"①。2014年8月,习近平总书记进一步提出"面向世界科技前沿,面向国家重大需求,面向国民经济主战场"②的"三个面向"要求,明确了中国科学院作为国家战略科技力量在新时代的历史使命。2016年5月,《国家创新驱动发展战略纲要》发布,提出到2020年进入创新型国家行列、到2030年跻身创新型国家前列、到2050年建成世界科技强国的"三步走"战略目标,形成了创新驱动发展战略的顶层设计。2016年7月,国务院印发《"十三五"国家科技创新规划》,提出"加大持续稳定支持强度,开展具有重大引领作用的跨学科、大协同的创新攻关,打造体现国家意志、具有世界一流水平、引领发展的重要战略科技力量"③。这是"战略科技力量"的提法首次出现在政府文件中。2017年10月,党的十九大报告强调,"加强国家创新体系建设,强化战略科技力量"④,标志着国家战略科技力量建设上升为党和国家的意志。2018年5

① 人民网.回顾十八大以来习近平关于科技创新的精彩话语[EB/OL].(2016-05-31)[2020-10-15].http://jhsjk.people.cn/article/28398570.

② 中共中央文献研究室.习近平关于科技创新论述摘编[M].北京:中央文献出版社,2016:64-65.

③ 国务院关于印发"十三五"国家科技创新规划的通知(国发〔2016〕43号)[EB/OL].(2016-08-08)[2020-06-15].http://www.gov.cn/zhengce/content/2016-08/08/content_5098072.htm.

④ 习近平:决胜全面建成小康社会 夺取新时代中国特色社会主义伟大胜利——在中国共产党第十九次全国代表大会上的报告[EB/OL].(2017-10-18)[2020-11-15].http://www.12371.cn/2017/10/27/ARTI1509103656574313.shtml.

月,习近平总书记在两院院士大会上强调,"要坚持科技创新和制度创新'双轮驱动',以问题为导向,以需求为牵引,在实践载体、制度安排、政策保障、环境营造上下功夫,在创新主体、创新基础、创新资源、创新环境等方面持续用力,强化国家战略科技力量,提升国家创新体系整体效能。要优化和强化技术创新体系顶层设计,明确企业、高校、科研院所创新主体在创新链不同环节的功能定位,激发各类主体创新激情和活力"①,首次强调了要明确创新主体在国家战略科技力量中的功能定位。2019年10月,党的十九届四中全会提出要"强化国家战略科技力量,健全国家实验室体系,构建社会主义市场经济条件下关键核心技术攻关新型举国体制"②,特别指出了新型举国体制与强化国家战略科技力量的重要联系。

2020年9月,习近平总书记在科学家座谈会上强调,"要发挥高校在科研中的重要作用,调动各类科研院所的积极性,发挥人才济济、组织有序的优势,形成战略力量"③。为高校和科研院所如何在打造国家战略科技力量中发挥作用指明了方向。2020年10月,党的十九届五中全会通过《中共中央关于制定国民经济和社会发展第十四个五年规划和二〇三五年远景目标的建议》(以下简称《建议》),指出:"强化国家战略科技力量。制定科技强国行动纲要,健全社会主义市场经济条件下新型举国体制,打好关键核心技术攻坚战,提高创新链整体效能。加强基础研究、注重原始创新,优化学科布局和研发布局,推进学科交叉融合,完善共性基础技术供给体系。瞄准人工智能、量子信息、集成电路、生命健康、脑科学、生物育种、空天科技、深地深海等前沿领域,实施一批具有前瞻性、战略性的国家重大科技项目。制定实施战略性科学计划和科学工程,推进科研院所、高校、企业科研力量优化配置和资源共享。推进国家实验室建设,重组国家重点实

---

① 习近平:在中国科学院第十九次院士大会、中国工程院第十四次院士大会上的讲话[EB/OL].(2018-05-28)[2020-12-02].http://jhsjk.people.cn/article/30019215.
② 中国共产党第十八届中央委员会第四次全体会议文件汇编[M].北京:人民出版社,2019:41.
③ 习近平.在科学家座谈会上的讲话[M].北京:人民出版社,2020:6-7.

验室体系。布局建设综合性国家科学中心和区域性创新高地,支持北京、上海、粤港澳大湾区形成国际科技创新中心。构建国家科研论文和科技信息高端交流平台。"①这是首次从任务、领域、目标和举措等方面具体论述如何强化国家战略科技力量。《建议》还指出:"当前和今后一个时期,我国发展仍然处于重要战略机遇期,但机遇和挑战都有新的发展变化。当今世界正经历百年未有之大变局,新一轮科技革命和产业变革深入发展,国际力量对比深刻调整,和平与发展仍然是时代主题,人类命运共同体理念深入人心,同时国际环境日趋复杂,不稳定性不确定性明显增加,新冠肺炎疫情影响广泛深远,经济全球化遭遇逆流,世界进入动荡变革期,单边主义、保护主义、霸权主义对世界和平与发展构成威胁。"②在此背景下,根据世界科技发展态势,保持战略定力和战略眼光,发挥新型举国体制优势,通过科技风险研判和预测与清晰的顶层设计和规划布局,优化资源配置和创新要素布局,集中有限的资源放在优先发展的关键科技领域,突出竞争性优势,塑造更多依靠创新驱动、更多发挥先发优势的引领型创新,是新形势下建设和强化国家战略科技力量的关键。

---

① 中共中央关于制定国民经济和社会发展第十四个五年规划和二〇三五年远景目标的建议[EB/OL].(2020-11-03)[2020-12-05]. http://www.gov.cn/zhengce/2020-11/03/content_5556991. htm.

② 中共中央关于制定国民经济和社会发展第十四个五年规划和二〇三五年远景目标的建议[EB/OL].(2020-11-03)[2020-12-05]. http://www.gov.cn/zhengce/2020-11/03/content_5556991. htm.

第三章　典型国家科技创新战略演进的特征与启示

　　历史经验告诉我们,人类的每次世界危机都会催生一批新兴产业,也会重塑一次世界格局。1857年开始的世界经济危机催生了人类的第二次工业革命,使得英国、德国、美国、日本等资本主义国家走上世界舞台中央。1929年始发于美国的全球经济危机催生了电子革命,推动人类社会由电气时代转入电子时代。2008年美国次贷危机引发的全球金融危机影响还未完全消解,2020年伊始又暴发了新冠肺炎疫情。按照世界经济格局演变与科技创新发展规律,未来十年将是重塑世界格局、实现中华民族伟大复兴的关键期,而中国的科技创新强国之路将成为左右变局的胜负手。当前国际贸易环境日趋恶化,贸易争端裹挟着技术壁垒,地缘政治禁锢着技术转移,市场竞争倒逼着技术创新。我国的技术创新之路实施较晚,整体实力与美国、日本、欧洲等国家和地区还存在一定程度的差距。本章通过全面梳理美国、英国、德国、法国和日本的科技创新战略演变和政策焦点,并分析各国相较中国科技创新战略的独特之处,为中国制定科技创新战略提供启示。

一、美国:创新能力长期引领

(一)美国科技创新战略演进与政策焦点

美国是当今世界头号经济与科技强国,拥有世界上规模最大、最优秀的科技人才队伍,是全世界科技论文发表量最高和发明专利最多的国家,也是诺贝尔奖设立以来获奖最多的国家,在信息通信、能源、生物技术等多个领域处于世界领先地位。虽然建国至今只有 200 多年的历史,但二战后美国迅速发展成为世界头号经济与科技强国,这与其政府适时转变且非常有力的科技战略密不可分。20 世纪 90 年代初,为了推动美国科学技术迅猛发展,美国政府实施更加积极有为的科技政策,不同部门先后发布战略报告对高新技术的发展进行干预,这些战略规划对美国经济发展影响重大,并成为提高美国产业竞争力和综合国力的策略手段之一。从二战开始,美国政府更加重视科学技术发展,科研经费大幅度增加,到了 20 世纪 80 年代,美国科研经费投入几乎等同于另外 9 个发达国家(日本、德国、法国、英国、意大利、加拿大、荷兰、瑞典和瑞士)的科研经费总额。1995—2001 年,以 1995 年购买力平价的美元计算,美国的研究与开发投入量突破 1.5 万亿美元,日本为 0.6 万亿美元,德国为 0.3 万亿美元。美国研发投入的年平均增长率为 5.4%,是当时 5 个工业发达国家(美国、日本、德国、法国和英国)中最高的(OECD,2003)。美国政府深刻地意识到,基础研究对于科技的长远发展和科技的革命性进展具有深层作用。他们在制定和实施科技政策时对基础研究给予了特殊的倾斜与重视,尤其是在联邦政府重视的基础科学研究领域,以确保美国在世界科学范围内的领军地位。同时,包括美国在内的发达国家日益加强科技政策研究的科学化与规范化。2007 年,美国国家科学基金(NSF)设立科学创新政策项目,为科技政策学研究提供方法基础和相关资助,探索有效地分析科技机构的管理数据,以及发展数据挖掘和展示工具等。

　　进入 21 世纪以来,美国的创新能力长期位居世界前列,在世界知识产权组织(WIPO)等 2017 年发布的全球创新指数中,美国排名第 4 位。美国奥巴马政府继 2009 年、2011 年发布《美国创新战略》后,于 2015 年 10 月再次发布《美国创新战略》,对创新表现出极大的关注。《美国创新战略》(2015)共计六个部分内容,提出政府要在培育三大创新要素方面发挥更大作用,包括激发私营部门创新活力、投资创新基础要素和培养更多创新型人才。为实现上述目标,美国采取三大战略举措,包括推动突破国家优先领域、创造高质量的就业岗位和实现持续经济增长、建设创新型政府。当时的奥巴马政府高度重视制造业创新中心的建设,实施"美国制造业创新网络计划"(NNMI)加速本国高端制造业回流,至 2017 年 1 月,美国已经建成 14 个制造创新机构。2016 年 10 月 13 日,"白宫前沿大会"在美国宾夕法尼亚州匹兹堡召开。会议主要就美国科研从个人、地区、国家、全球以及太空索第五个科技前沿角度,对未来 50 年面临的挑战,以及科学、技术和创新的可能性进行了探讨。会议目的是推动科技发展,保持美国"最具创新性的国家"的地位。与会各方以《美国创新战略》(2015)为基准,详细论述了未来美国在科技创新方面的新战略。

　　总体而言,2015 年《美国创新战略》聚焦六大关键要素:投资创新基础要素、激发私营部门创新、营造一个创新者的国家、创造高质量就业岗位和持续经济增长、推动国家优先领域突破及建设创新型政府服务大众。战略重点关注先进制造、精准医学、大脑计划、先进汽车、智慧城市、清洁能源和节能技术、教育技术、太空探索和计算机新领域等九大科技创新重点领域。在此基础上,美国政府会根据最新科技发展趋势做出细分方向的补充和调整,2020 年美国最新的科技创新战略重点发展领域为未来工业中的人工智能、量子信息科学、先进计算生态系统和通信网络、先进制造、智能驾驶和生物技术。

(二)美国科技创新战略的独特之处

1.强化政府在科技创新发展中的服务角色

美国政府具有完善的科技管理体系,设置了国家科学技术委员会和国家科学基金会负责美国科研机构的资金划拨和管理工作,但是美国政府不对具体的科研内容和计划做统一安排,既不干涉科研机构的具体活动,也不对全国科技事业实行统筹管理,而只是扮演科研活动投资人和服务者的角色。美国的联邦科技管理体系实行的是"分散管理、整合协同"的管理模式,通过顶层科技政策与资金预算指导各相关部门的活动,驱动它们按照各自职责和职权对各个研究机构和单位进行研发资助和服务指导。美国科技管理体系具体如图 3-1 所示。

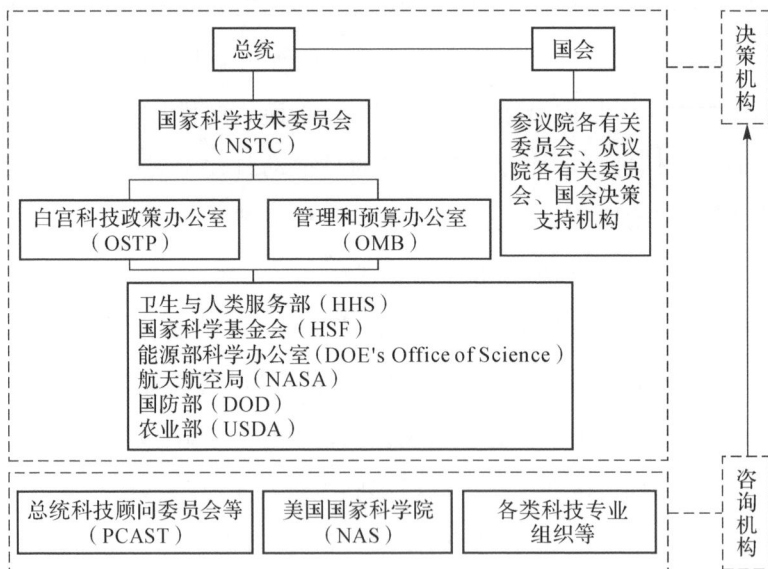

图 3-1　美国政府科技计划和预算决策的组织结构

2. 持续激发私营中小企业的创新积极性

《美国创新战略》(2015)显示,美国政府对于私营中小企业的资助力度持续加大,并通过对其科技研发阶段和成果商业化转化阶段的持续性支持,提升其创新积极性。例如,将其信贷替代率由 14% 提升为 18%,并对其进行研发税收抵免,以进一步激发私营企业参与科技创新的热情。政策还鼓励了私营中小企业建立创新研发团队,2016 年美国政府专门增加了 3000 万美元用于鼓励创新研发团队的建设。

在信息社会中,数据对于企业的发展至关重要,也成为企业获得进一步发展的核心要素。但对于私营中小企业来讲,要想在更高程度上获取数据则存在技术和法律双重难度。对此,美国出台了《政府信息公开和机器可读行政命令》和《美国开放数据行动计划》,并通过增加政府相关部门如商务部、专利商标局等机构的信息发布和数据共享机会,满足私营企业创新活动需要,进一步缩小了私营中小企业与大企业间的数字鸿沟,为私营中小企业在信息数字时代下的创新注入了活力。

由于没有政府背书,借贷风险相对较高,私营中小企业在融资筹资方面存在一定困难。美国政府对此创新信贷和风险投资工具,为私营企业提供了更多的筹融资选择,如"各州小企业信贷计划""小企业技术转移计划"等。并且,政府还通过建立互动网络平台,帮助私营中小企业通过网络进行融资活动,也便于信贷机构对于这些融资申请进行审核,加快了私营中小企业的融资速度。

3. 不断完善优化创新创业软硬环境,激发全民创新潜能

为了进一步挖掘创新潜能,美国提出了"建设包容性经济",计划将创新主体由政府、企业和科研机构扩大到全社会,通过提供包容性教育、打造创客空间和创业激励制度以构建全面创新的生态环境,使更多的美国个体参与到创新活动中,既是创新的受益人,又是贡献人。此外还提出了支持区域创新发展的生态系统观,希望通过在一定区域内提供满足创新的全面要素,建立创新高地,进一步形成辐射效应,激发全社会和企业的科技创新热情。

4. 以制造业为科技创新发展的基础,以未来产业作为持续占据科技高地的保障

2008 年金融危机爆发后,美国逐渐意识到制造业对于自身全产业链发展的重要性,希望通过重塑制造业繁荣刺激经济发展和加快创新。为此美国出台了一系列旨在"刺激制造业回流本土"的产业政策。2011 年,美国发布《确保美国在先进制造业的领导地位》报告,并推出了"先进制造业伙伴计划"和"振兴美国制造业和创新法案",在此基础上提出了"美国制造业创新网络计划",旨在聚合大学、研究机构和政府等主体,完善创新生态体系,共同提升制造业的创新和竞争能力。一系列政策措施使得美国制造成本越来越低廉,商品平均成本只比中国高 5%(根据波士顿咨询公司于2015 年发布的《全球制造业的经济大挪移》报告),制造规模也在 2009—2017 年保持增长。

为了配合制造业回流计划,美国还制定了咄咄逼人的贸易政策、减税降负的税收政策、加息缩表共振的货币政策和直接的投资刺激计划等。但由于人工成本、技术工人储备等因素,制造业复兴效果始终未达到预期。近几年,工业互联网、人工智能、云计算与服务等数字技术的快速发展给美国的制造业带来了新的机会。为此,美国的科技发展政策密集出台了一系列刺激数字时代下制造业发展的措施。

对于科技创新要求更高的未来产业,美国更是紧抓不放,相应的科技发展政策也始终走在产业前。如《美国创新战略》(2001)提出了将纳米技术、空间技术、生物技术、先进制造等的相关技术和教育纳为重点发展领域。《美国创新战略》(2015)将精准医学、大脑计划、智慧城市等新兴技术补充为科技重点发展领域,使得美国的科技发展战略始终走在科技前沿。

5.内培外引,扩大人才规模并持续发力基础科技

美国十分重视以科学技术为基础的原始创新,积极吸引并培育高新技术人才,强化和扩大美国在基础研究中的人才储备,大力投资基础性研究、建设世界领先的科研硬件设施,这使得美国不断强化在世界的科学技术领导者地位。首先,长期以来,领先的高等教育水平和丰沃的教育资源使得美国长居全球吸引国际学生国家排行榜的首位,甚至远远超过移民门槛较低、更加宜居的澳大利亚、加拿大等国。其次,美国对科学研究的高投资和重视是美国吸引顶尖科研人才的关键,也是美国原始创新的源泉。最后,美国联邦政府十分重视对基础研究的投入和支持,一直在不断调整对科技创新的支持方式,并逐渐加大对基础研究的关注程度,确立了自身在国家创新体系中所应承担的角色。这些人才和政策优势使得美国具备更加高效的、世界领先的科研产出能力,这样的能力储备同时也为美国的原始创新提供着源源不断的动力。

(三)美国科技创新战略对中国科技创新战略的启示

1.继续完善配套体系,打造适配中国特色的创新生态体系

科技创新活动是一项系统工程,全面科技创新能力的提升更是一项复杂系统工程,需要从构建适配科技创新的土壤开始,打通形成长久创新、持续创新的每个环节,才能从根本上提升我国的整体科技创新能力。形成完善的国家创新生态体系是打造创新型国家、创新型社会的基础保障。美国最先在 2004 年提出了"创新生态系统"的概念,并逐渐将其提升到国家战略层面,为美国的科技创新活动持续赋能。2012 年和 2013 年美国出台的《崛起的挑战:美国应对全球经济的创新政策》和《国家与区域创新系统的最佳实践:21 世纪的竞争》,都强调了创新政策的制定应围绕打造更具活力的创新生态体系。《美国创新战略》(2015)也补充认为建设服务型政府、加大创新基础要素的投入都应以构建创新生态体系为目标。反观中国科技创新战略,政策更多地聚焦于具体产业和项目领域的创新引导,对于体系化创新生态的建设关注力度还不够。根据 2017 年的《全球创新指数报告》,我国的创新指数排名跃升至第 22 位,但与主要发达国家相比,我国还不能称为创新强国,主要制约因素便是缺乏健全的创新生态体系。因此,构建更加完善的创新生态体系成为我国由创新大国跨入创新强国的重要保障。

美国的创新生态体系战略给中国带来的启示包括:一是健全科技创新活动相关的法律法规制度和政策体系。根据 2017 年的《全球创新指数报告》,中国在创新环境一项的排名为世界第 78 位,其中包括法制法规在内的创新监管环境排名为第 107 位,这表明中国在创新环境相关的法律法规方面还亟须进一步补充完善。二是促进创新相关的多种形式平台的建设。应鼓励研发机构间的协同互动,促进创新平台的功能化、专业化、规范化发展,形成良好的鼓励分享的创新文化。三是建立健全创新投融资体系。应加快构建多层次资本市场体系,重点完善天使投资、风险投资及新三板、中小板等股权交易平台的融资流程和规范,帮助解决高新技术新创企业的融资问题,降低它们的融资难度,增加它们通过这些平台获得直接融资的比重。四是完善创新的社会投入机制。放宽中央和地方的社保基金、各类养老基金的投资限制,增加股权投资基金的融资来源;研究制定针对性的财税政策,以更好地发挥天使投资、风险投资对创新的推动作用。五是建立能够有效降低创新创业门槛和成本的机制。减少审批流程,清理和规范各项面向新创企业的收费;制定有利于新企业成长、新兴产业发展的市场规则,建立维护市场公平竞争的规章制度。

2.重视基础人才培养与引进,大力培育原始创新

美国在科技创新舞台上一直独步世界,常年保持基础创新投入规模第一位,并保持持续增加态势。2017 年,美国研发投入经费增加至 1183 亿美元,比 2016 年的 1150 亿美元增长了 2.9%;其中基础研究经费达到 323 亿美元,应用研究经费降为 342 亿美元,降幅为 0.8%。同期根据《中国统计年鉴 2017》,我国 2016 年的研发投入中,基础研究经费只有 822.9 亿元,应用研究经费为 1610.5 亿元。而在基础研究投入占总投入的比重方面,美国的基础投入占比约为 15%,中国则常年徘徊在 5% 左右。总体来看,与美国相比,我国在基础研发经费的投入占比上有较大差距,这也直接导致我国企业对于引领科技和产品发展方向的科技知识的储备厚度不够,科学领域的研究项目始终在跟踪发达国家研究方向,造成了孕育突破性原始创新的相关技术土壤的贫瘠。因此,中国的科技创新战略应该进一步重视基础创新,依靠研究机构抢占新兴产业高地,增强高校等研究机构的独立性、自由性,鼓励研究人员在法律法规规定的范围内参与一定程度的技术商业化、产业化工作;专项支持研究机构深入开展与高端装备制造、环境治理、新能源开发、人工智能等重要新兴趋势领域相关的前沿研究。

美国在原始创新方面的成功一方面来自持续的对基础研究的高投入,另一方面源自其对基础科技人才的培养和吸引。《美国创新战略》(2015)中关于人才引进的策略,进一步为高级人才的留美扫清了障碍,同时通过积极的软环境改善持续吸引着更多跨文化、种族的人才留美从事基础研究工作。反观基础研究较为薄弱的中国的情况,虽然近年来我国留学生规模不断扩大,但同时有更大一批优秀人才外流他国。例如,在留美博士学位获得者中,虽然中国的留学生人数最多,但中国滞留美国的博士生比重也是最高的。这一方面源自美国对留学人才的优厚吸引力,其他国家的赴美留学生也存在类似问题;另一方面也显示出中国对海外留学博士的吸引能力和吸引措施准备还不足,大部分东亚国家(如韩国、日本)以及其他发展中国家(如印度、巴西、墨西哥)的留美博士毕业 5 年滞美率都明显低于中国。所以,中国应该进一步完善创新人才(特别是高水平留学人才)的培养和激励机制,吸引更多海外留学人才回国创业或加入国家各项创新项目。

3. 制造业创新能力的提升为基，以资源集聚促进优先领域和重大项目的齐振共鸣

制造业的不断发展是一个国家经济持续增长和创新能力提升的重要驱动力，因此金融危机后美国出台了众多科技发展政策以期引导制造业的复兴。中国虽然已经成为制造业大国，但是制造业的技术含量和创新能力还不够强。以人工智能、物联网、大数据及云计算为代表的新一代数字技术引爆了第四次工业革命，也给制造业的发展带来全新机会。中国应该积极参与到先进制造业的创新过程中，诸如"无人工厂"、"黑灯工厂"、工业互联网等新一代的制造技术和制造流程的革命性创新都应该有中国企业的参与。虽然，我们注意到中国近几年在数字制造领域取得了显著成绩，但是更多的是技术的应用层面的创新，如何深度参与到数字制造技术的创新活动中，还需进一步的政策引导。

借鉴美国在制造业复兴和新兴技术产业促进方面的政策，结合中国国情，中国在制造业发展、优先产业和关键项目突破方面的政策应包括：一是发挥我国的举国体制，集中优势资源攻关一批战略性科技创新项目。围绕"卡脖子"技术，发挥国家的集中调控、统筹指挥优势，跨地区、跨领域调度创新人才、资源等，形成对那些扼制中国未来技术进一步发展的关键节点技术集中攻关，以此为相关产业的深度创新活动持续赋能赋新。二是利用我国市场规模优势，抓住先进数字制造产业先行先试的发展机会。我国数字制造技术的应用已经走在了世界前列，还应抓住市场规模优势和前期基础，继续深挖数字制造技术的应用场景和创新空间，通过数字制造技术的创新和应用持续为失去劳动力红利的我国制造业赋能赋新。三是做好数字时代冲击下的企业管理制度、生产流程、政府运营和服务模式的数字化适配改造。随着各种新兴技术的成熟与应用，企业的管理流程和生产模式都会产生极大变革，应提前谋划对管理人员和员工的相应培训。而对于政府的管理方式、流程和政策，政府也应围绕数字时代进行变革，以真正服务

数字时代下的先进制造技术和未来产业的发展。

二、英国：高度开放的创新文化

（一）英国科技创新战略演进与政策焦点

英国是一个以世界一流大学为先导，以基础科学为核心的老牌资本主义创新强国，在欧洲国家属于创新领跑者。综合各种统计数据和世界范围内的各种排名，英国创新在世界范围内的排名属于持续稳定、居于高位型。各种排名因为测量指标不同，各有侧重，所以得出来的结论不完全相同，但是从总体来看，英国的创新绩效、竞争力、产业与科技的发展在各个方面都具有比较优势。

面对信息技术的突破式迅猛发展，英国自2010年以来相继出台了《促进增长的创新和研究战略》(2011)《英国产业战略：行业分析报告》(2012)《我们的增长计划：科学和创新》(2014)。在2015年7月10日，"创新英国会议"提出利用新技术标准促进创新发展的建议。"创新英国会议"同英国标准协会合作，对外公布了英国四个新兴技术领域的新标准。"创新英国会议"提出快速采用这些技术新标准能够促进相应领域的技术发展，也会使早期采用新标准的英国企业从中受益。新标准包括四个领域：合成生物学、社会自立生活、细胞治疗技术、海洋上的可再生能源。2017年1月，英国政府发布了发展现代科技产业的《产业振兴战略》(*Building our Industrial Strategy：Green Paper*)绿皮书，把科技创新融入产业发展政策中。2020年"脱欧"后，英国政府发布了《研究与开发路线图》，将寻求全球性人才、废除繁文缛节作为创新环境的优化重点，以巩固其在后欧盟时代的科学大国地位，并进一步促进开创性研究工作。20世纪90年代以来英国主要科技创新战略与规划如表3-1所示。

表 3-1　20 世纪 90 年代以来英国主要科技创新战略与规划

年份	战略与规划
1992	《实现我们的潜能——科学、工程与技术战略》
1998	《我们竞争的未来:建造知识驱动的经济》
2000	《卓越与机遇:21 世纪科学与创新政策》
2001	《企业、技能与创新》《科学与创新战略》
2003	《在全球经济下竞争:创新挑战》
2004	《英国科学与创新 10 年投资框架计划》(2004—2014)
2008	《创新国家》
2010	《技术与创新中心报告》
2011	《促进增长的创新和研究战略》
2012	《英国产业战略:行业分析报告》
2014	《我们的增长计划:科学和创新》
2017	《产业振兴战略》《我们工业发展战略的绿皮书》
2019	《国际研究和创新战略》
2020	《研究与开发路线图》

　　英国技术战略委员会承诺 2014—2015 年在 12 个优先领域投入总额将超过 5.35 亿英镑,用于促进涉及大学、企业等的技术创新项目。份额最大的能源领域将投入 8200 万英镑,健康与医疗领域紧随其后,投入达 8000 万英镑。其他投入较多的领域包括高端制造业 7200 万英镑,运输业 7000 万英镑,都市居住业 6300 万英镑,农业与食品业 4600 万英镑,数字化经济产业 4200 万英镑,太空应用领域投入 2000 万英镑,居住环境和资源效益各投入 1300 万英镑。此外,包括先进材料、生物科学、电子学、传感器、光子学以及信息技术在内的赋能技术领域的投入也达到了 2000 万英镑。2017 年 1 月,英国政府发布《产业振兴战略》绿皮书,提出发展现代产业的十大举措,其中九个举措涉及科技创新政策,把科技创新政策融入产业政策之中。另外提出了重点发展的机器人与人工智能、先进制造与材

料、新型数字技术、量子技术等领域产业,如表 3-2 所示。

表 3-2　英国近年科技战略与科技政策重点支持的八大技术领域

《我们的增长计划:科学和创新》	《产业振兴战略》(2017)
能量及其存储	智能与清洁能源
机器人及自动化系统	机器人和人工智能
卫星与航天技术商业化应用	卫星和空间技术
再生医学	前沿医疗及医药产业
先进材料及纳米技术	新制造工艺与新材料
合成生物学	生物和合成生物学量子
大数据和高能效计算机	新型数字技术,包括超级计算机、5G 技术
农业科技	量子技术

(二)英国科技创新战略的独特之处

1. 注重科研基础投资,进一步巩固世界科技强国地位

科技创新是长期科技投入与培养累积后的质变,而好的科技基础设施
是培育科技创新的温床,也是持续取得突破性创新成果的基础保障。英国
十分重视在科研基础设施方面的投入,对孕育科技创新的基础设施保持着
持续高投入。目前英国全境有 400 多个研究基础设施正在运行,并提供着
科研服务和产出。而这些研究基础设施可能以单个的大型实验装置形式
存在(如全环境模拟器和欧共体联合聚变中心),也可能以多个站点联合运
行的形式存在(如国家离子束中心),也可能以试验装备综合实验室形式存
在(如设备先进又齐全的剑桥大学卡文迪什实验室等)。这些科技基础设
施主要应用于物理科学与工程、生物科学、卫生和粮食、能源、生态系统与
地球科学等研究领域。

英国基于多年的科技投资形成了较为全面的科技基础设施,保障了英
国未来继续在基础科学领域做出突破性贡献的可能。另外,根据 2018 年

发布的《英国研究基础设施一览》报告,英国 84% 的基础设施目前或者曾经从欧盟获取经费资助,但英国的"脱欧"使得原来接收欧盟资助的基础科研设施项目面临着新的资金压力。对此英国也提出了雄心勃勃的科研基础建设投资计划,计划在 2016—2021 年投入 59 亿英镑用于科研基础建设。其中,29 亿英镑用于重大项目,如计划向阵列射电望远镜、极地科考船建设等项目投资 1.13 亿英镑,向欧洲航天局项目投资 0.95 亿英镑等。另外 30 亿英镑用于其他单项项目和综合实验室的建设以及对国际科研设施使用的资助。具体的,英国近几年对科研基础设施的投入如表 3-3 所示。

表 3-3 英国 2016—2021 年计划对科技创新相关基础设施项目的投资

单位:亿英镑

资助项目		投资额度
重大科学项目	先进材料研究院	2.35
	超级计算中心大数据研究	1.13
	欧洲航天局计划项目	0.95
	国家核用户设施	0.60
	老龄化创新中心项目	0.20
	极地科考船项目和阵列射电望远镜	10.00
	其他重大科研基础设施	13.77
其他科研项目		30.00
综合实验室项目		
合计		59.00

一系列科技基础的投资进一步巩固了英国的世界科技强国地位。2019 年,英国商业、创新与产业战略部(BEIS)发布的《2018 年英国科研基础国际比较报告》显示,通过对爱思唯尔(Elsevier)的论文、图书等的数量、质量和应用量的综合分析,英国在领域权重引用影响方面比欧盟高 30%,

比美国高 11％,也比中国高 44％,持续了 2007 年以来的世界第一排位。在文献贡献方面,英国 2018 年产出了 21 万篇文献,只低于美国的 68 万篇和中国的 60 万篇。在高引论文数量方面,英国占比达到 14％,也只低于美国的 37％ 和中国的 20％。

2.积极创造更加友好的创新环境,打造社会创新氛围

(1)减税降费,简化流程制度。英国政府对于税收改革的近期目标是成为 G20 国家中税收政策最具竞争力的国家。英国从 2011 年起掀起了一轮降税、鼓励研发创新的税收改革,小企业利润税率由原来的 21％ 降为20％,主税率由原来的 28％ 降为 24％。同时通过研发投入抵税的方式吸引企业加大研发投资,如规定中小企业按研发投入额的 150％ 抵扣税收,大企业按研发投入的 125％ 抵扣税收,而在之后英国进一步将中小企业的研发投入抵税额提高到研发投入的 200％。2020 年英国出台的《研究与开发路线图》明确提出要简化行政手续,这也使税收制度能够对创新型企业更加友好,提高他们在面对政府机关和办理相关行政业务时的工作效率,大大提升了中小企业的创新友好度。

(2)完善技术创新相关法规体系,保障法规的动态性和精简性。虽然健全的、丰富的创新相关法律法规对于规范创新活动、明确创新界限和利益十分重要,但是也不应将本就压力较大的创新企业的时间和精力耗费在行政规章制度的应付活动中。为此英国出台了"一进一出"制度,但凡出台一部新的创新法规,那么就应该删除或合并精简一部旧的法规。为了保障实施效果,英国引入了"日落条款"来确保那些旧的、不适应当前情境的法律法规能够及时地被淘汰掉,以免成为掣肘企业创新的障碍。另外,由于过于严苛的健康、环保等法规,很多小微创新企业不堪重负、过早夭折,英国也适时地出台了针对中小企业的负担减轻计划,以保障小微企业能够有与大企业同场竞技的机会。

(3)构建科技评估体系,支撑科技管理活动。英国政府十分重视科技活动及科研成果的经济与社会效益评估,将科技评估嵌入科研和创新管理的全过程。其中,三类评估最具特色。第一类是由政府主导的对国家科技政策或计划的评价。评估机构包括议会科技办公室、下议院科学技术委员会、政府科学技术委员会、审计署等,目的是为科技政策和计划的推进与调整提供依据。第二类是双重资助体系下由高等教育拨款机构和研究理事会开展的科研评估。其中,研究理事会则以同行评议为主,形成了严格的评审系统,为科研资助的公平公正和择优支持提供了保障。第三类是独立的评估机构或评估公司受政府委托开展重大科技计划、项目或机构的第三方评估,这些机构为政府提供了高水平、客观的评估结果和政策建议,有力地支撑了科技管理活动。

(4)多种财政扶持手段综合运用,助力中小企业创新活动开展。一是创设创新投资基金,扶持科技型中小企业的创新活动。英国从 2000 年开始尝试了多种鼓励中小企业创新的投融资计划项目,包括区域风险资本基金项目、企业资本基金项目、企业早期成长基金及高技术基金等计划项目。2009 年,英国重点创设了创新投资基金,旨在寻找并帮扶那些志在更大创新突破的潜力型科技创新企业。二是发行中小企业创新券,支持中小企业的创新项目。从 2008 年开始,英国政府开始发行面向中小企业的创新券,申请参加创新券项目的中小企业可以获得价值 3000~7000 英镑的创新券,用于他们与其他研究机构的合作。创新券的目的是鼓励中小企业与外部创新机构,如高校研究院、专职研究院和其他形式的研究机构开展合作。这一方面促进了中小企业创新活动的成功性,另一方面也使中小企业创新需求书面化,便于其他研究机构发现市场商机,开展有商业价值的创新攻关。

3. 重视设计在制造产业中的作用,推进设计与创意领域优势的产业化

英国浓郁的人文氛围和历史色彩,使得其在服装设计、包装设计、会展设计、珠宝设计、产品与服务设计等领域都具有较强的人才等基础优势,目前英国的设计产业达到了 200 多亿英镑规模。为了确保英国在设计产业领域的持续强大优势,英国政府采取了一系列政策措施:一是强调设计与高新技术的融合,促进设计在高新技术产业中的地位提高。二是通过确定重点支持的几个行业,带动设计产业的发展,如高端制造业、数字创意业、服务业等都是英国政府优先支持发展的行业,而这些行业对于设计工艺的要求都很高,这反过来助推了设计行业在英国的发展。三是注重对于知识产权的保护,强化设计原创性的价值。英国专门成立了知识产权小组,用以提高知识产权的保护意识,增加民众对于相关知识产权的认识。同时成立了"创意伦敦"知识产权保护中心,为企业提供知识产权方面的交易和咨询服务,大大保护了设计产业从业者和企业的合法权益,提高了其设计热情。

创意产业领跑经济发展。英国在全球最早提出了"创意产业"的概念,也是世界上第一个政策性推动创意产业发展的国家,创意产业对英国 GDP 的贡献率超过金融服务业。2009 年,创意产业产值 363 亿英镑,占当年 GDP 增加值(GVA)的 2.89%。从建筑、音乐、计算机游戏到电影等领域,英国创新、发达、多元化的创意产业已发展成为英国的支柱产业,创意企业总数约占全英在册企业总数的 6%。创意产业也是英国经济中增长速度最快的一个产业,对英国的就业具有很大贡献。《金融时报》2014 年 1 月 15 日报道,据英国文体部的数据,英国创意产业就业岗位 2012 年达 168 万个,同比增加 8.6%,占英国全部就业岗位的比重为 5.6%。而同期全英国就业岗位总体增加 0.7%,因此英国制定多项政策支持其创意产业持续增长,包括在组织管理、人才培养、资金支持等方面加强机制建设,对文化产品的研发、制作、经销、出口等实施系统性扶持,逐步建立完整的创意产业财务支持系统,包括将奖励投资、成立风险投资基金、提供贷款及区域财务论坛等作为对创意产业的财务支持。

4. 不断探索有利创新的机制突破,全力服务创新活动

(1)建立"弹射"创新中心。为了通过科技创新实现英国的发展,2012年英国政府决定建立一批世界级的创新中心,这些创新被英国称为"弹射"中心(Catapult Centres)。2014年《我们的增长计划:科学和创新》报告显示,"弹射"中心项目已经给英国带来了大量创新项目,吸引了大批社会资本注入。截至2018年,英国已经建成了11个"弹射"中心,遍布英国各地,在提升国家创新水平、实现科技复苏经济的目标中起到了关键作用。一般而言,"弹射"中心实行公司化运作,政府(约出资1/3)、企业(约出资1/3)和其他机构(约出资1/3,通常为研究理事会和欧盟方)派代表组成董事会,董事会任命总经理全权负责中心的日常运作与管理活动。"弹射"中心是一个非营利组织,但可以向被服务的企业收取相关费用,然后将利润盈余投入中心的运营和发展中。这样一种公司化运作的非营利公共服务机构模式,能够很好地刺激中心的运作效率,并为企业提供更好的服务。

(2)探索新型产学研合作模型。2013年,英国成立航天技术研究院,通过政府与企业合资注入20亿英镑的方式,促进社会企业参与到英国航天技术的研发活动中。图3-2描述了英国航天技术研究院的组织结构关系,包含由大企业、小企业和政府各机构构成的董事会,通过商业及创新与产业战略局、创新署、各研究理事会及大企业共同出资形成资金池,对中小企业和大学科研项目进行收购(实际上形成了技术池)和进一步研发,以解决市场需求和已有研究成果的成熟度不匹配问题。

英国航天技术研究院模式,很好地解决了资金碎片化问题,解决了以往各自投资各自管理造成的资金项目分散问题,这更有利于集中资金攻关诸如航天技术等耗费大量资金的重大技术项目。并且,通过收购中小企业和高校科研机构掌握的不成熟技术,一方面为进一步开发与深化技术打下了基础,另一方面也使中小企业获得直接受益,此外,还能通过技术深化解决技术与市场需求不匹配问题,是一种多方共同获益的产学研合作新模式。

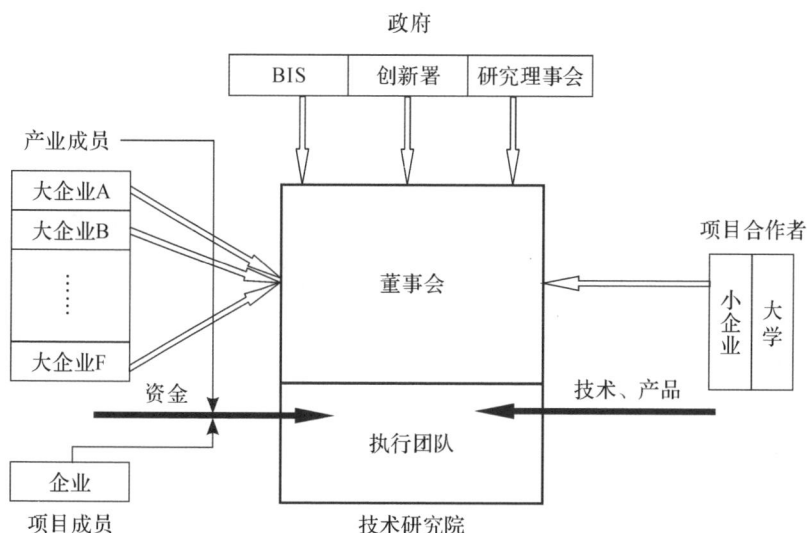

图 3-2　英国航天技术研究院组织结构关系

(三)英国科技创新战略对中国科技创新战略的启示

1. 通过向科研基础与基础科研进行投资,促进科技创新的全面发展

英国有着非常完备的科研基础设施,同时也十分注重对基础科学研究的投资和培育,如前述的英国对于全境 400 多项科研基础设施的持续投入,使得英国具备了开展基础研究的硬件基础。同时,英国对于科研机构、高校和其他从事基础科学研究的单位的资助力度也持续居于高位,另外在首相府设置"人才办公室"等人才措施吸引和支持了最顶尖科学家,使他们可以在优秀的科研环境下做出高质量的突破性研究。在教育培养方面,鼓励科学、技术、工程和数学等课程的从小培养,以科学课为例,英国小学每周的学习时长为 1 小时 24 分钟,42% 的学校的科学课程学习时间在 2 个小时以上,这就从源头上为英国基础科研培养了更多可选人才。这些政策也都大大促进了基础科研和科研基础设施对实现英国科技创新战略目标做出重要贡献。历史证明,国家创新发展"长周期"依赖于繁荣的基础研究

催生出的重大科学发现和重大技术创新。经济社会发展到一定的"瓶颈"时期，会对某些领域的基础研究提出强烈需求。在成熟的市场机制和严格的知识产权保护环境下，这些基础性、前瞻性研究需求往往会吸引科学家和企业家关注，导致社会投资显著增加，进而带动广泛领域的科学技术进步。我国可从以下着力点完善基础研究创新体系和创新治理体系。

（1）健全科技决策咨询机制。发挥好科学家、企业家在科技决策咨询体系中的作用，更好地选准优先方向。全面布局基础研究和技术研究，动态部署前沿探索、颠覆性创新等重大研究，突出科学、技术、产业交叉融合。依托战略科技力量，聚集国内外一流人才，稳定支持一批基础性、挑战性强的攻坚任务。

（2）夯实基础研究实力储备。建立相对稳定的学科布局和灵活柔性的调节机制，在重点、前沿、新兴、交叉、边缘、薄弱等学科上，多渠道提高投入，促进优势学科、潜力学科、短板学科和新兴学科协调发展。健全科研基础设施和仪器设备研发供给等支撑体系，培养造就一大批卓越的科学家和工程师。

（3）构建高效的知识生产和应用体系。优化知识生产和应用的基础结构，增进科学、技术与创新的"双向互动"关系，有针对性地促进知识生产与转化应用形成良性循环。密切知识生产供需对接，促进以民生等为标志的重大项目和重大工程匹配定向基础研究任务，强化知识的"累积效应"和"组合效应"。

（4）保证基础研究人才队伍源头供给。着力推进科教融合、产教融合，促进基础研究教育与科学、技术、创新实践相结合。扩大理工科教师和学生规模，提高本科生培养质量。改革研究生培养机制，改进博士后制度，切实提高研究生和博士后培养质量。加强各层次青年科学人才的培养使用。

（5）建设尊崇科学的先进文化。先进生产力产生于公众理解和支持科学的社会文化氛围中。伟大的科学家影响一个时代，要更多地宣扬科学家热爱祖国、献身科学、追求真理、淡泊名利的科学精神,引导学风转变。加强科学教育,促进全民提升科学素质、养成科学兴趣,形成热爱科学、尊崇科学的社会文化风尚。

2. 探索科技创新的模式突破,形成中国特色的创新模式

(1)公私合作共同投资,摊薄企业风险,促进创新积极性。英国的"弹射"中心、航天技术研究院的新型产学研合作模式,都是公私共同出资的合作模式。由政府各机构、企业及科研机构等公私部门联合出资形成公司化运作组织,由政府为企业背书,这极大地刺激了企业参与创新研发的热情。中国也应探索公私合作经营创新项目的更多可能形式,以政府的信誉作为担保,以政府信息获取为渠道,必要时政府牵头促进产学研多方的合作,保障多方合作下的科技创新活动顺利开展。

(2)探索更多种运作模式,提高创新资金的使用效率。英国的新型产学研合作模式开始向公司运作模式转化,像英国政府主导下的航天技术研究院模式便是典型的例子,研究院以公司化运作,对外收购技术,并与其他科研机构联合深化开发技术,并对外提供技术许可或其他技术相关服务,形成收益。中国当前的科研院所和大学研究院由于存在"谁投资谁拥有"的固有思维,并担心国有资产流失,因此很多技术成果的转化和转移工作做得还不够深入。英国的国家创新中心和新型产学研模式等的探索,给中国的科技创新带来了一定的启示。

首先,应打破"谁投资谁拥有"的固有思维,探索通过对外授权或者权利占比换市场转化等方式,尝试对科技成果的最大化开发。其次,探索以高校为主体成立科技公司的产权问题。中国现在以高校为主体成立的科技公司较多,但这类公司的产权划分还存在一些问题,这也是诸如北大方正、清华紫光相继陷入债务危机的一方面原因。如何既保障国有资产不流失,又能充分激活企业活力、刺激企业经营者的企业家精神和创新积极性,是解决这类企业产权问题的关键。最后,多方监管制度保障创新资金使用效率。英国的科技创新资金在使用中受到了多重监控,在创新资金申请时便会受到议会、在野党等的多重审视。并且,无论是贷款还是直接投资,政府都要求受资助方一定期限内自己还付,否则计入诚信档案影响未来经营活动,这也避免了科技企业骗贷骗补情况的发生。中国探索创新资金的使用效率,首先应该改革监控环节,避免一些企业追风口、钻政策空子、骗取技术补贴,尤其像半导体、新能源技术等新兴科技行业。

3. 深化体制改革,培育有利创新的软环境

(1)转变政府职能,加快第三方评估机构建设。目前中国科技评估的机构大多隶属于政府的各级科技部门,其评估活动经费主要来源于政府财政支持。由于缺乏独立的第三方,科技评估活动必然受到政府行政干预的影响,致使评估结果的客观性和公正性难以保证。这一方面会直接影响到国家科技资源的配置效率,另一方面也使公共利益和其他社会组织诉求难以体现。要想摆脱这种局面,就必须加快第三方评估机构的建设,将科技评估的具体活动从政府职能中剥离出来,交给独立的第三方,以保证评估结果的客观性和公正性。鼓励私营评估机构的建立发展和市场化运作,使中国科技评估活动走向社会化。

(2)打造创新文化,服务科技创新全过程。英国的国家科技创新服务体系主要由政府、私有部门和公共机构三个方面构成,其功能主要是对于零散创新的集成,化零为整、抱团取暖,有点像孵化园、科技创新中心的存在形式,通过将创新单位进行集中,为它们提供创新全过程的咨询与服务,促进创新活动的有效开展和成果转化。中国的科技创新体制也应该从体制上培育政府的服务意识,将创新相关的政府机构部门摆到社会创新的前端,以服务者的姿态出现,弱化管理者形象。重视对于交叉创新人才的培养,强调通识教育,以培育研以致用的创新技术。同时培育社会"敢于探索、勇于创新"的意识,并建立"宽容失败"的社会文化氛围,激活全民创新热情。

三、德国:中小企业构筑创新塔基

(一)德国科技创新战略的独特之处

1.打造内部整合、外部聚合的科研体系及其良性互动机制

(1)内部高效协同的科研体系。德国的科研体系结构完备、配套齐全,各个组成单位和各主体间分工明确、互相协作,组成了高效整合的科研生态体系。德国科技创新战略的制定倾向于将更多的主体纳入考虑范围,将各级政府、企业、科研机构、教育机构及其他社会团体纳入科技创新战略的考量因素,而事实上这些主体也都充分参与到了德国的科技创新战略的实施中。为了强化对于各创新主体单位的协同整合,德国联邦政府和州政府都设置了相应的顶层管理体系。图 3-3 为 2017 年德国科研生态体系中的主要创新主体及服务管理机构的分布图,其特点是完备协同的科研机构、大学、集群①、企业和科学家网络,以及整合高效的政府管理体系。

在科研主体隶属关系方面,德国联邦政府设置了国家科学管理机构主管德国联邦政府直属的科研机构,如著名的马克斯·普朗克学会(MPG,简称马普学会)、亥姆霍兹国家研究中心联合会(HGF)、弗劳恩霍夫应用研究促进协会(FhG)和莱布尼茨科学联合会(WGL)四大骨干国家科研机构。同时,国家科学管理机构又对各高校的科研院所和各联邦州的科研院所拥有直接管理权。在科研主体资金来源方面,德国联邦政府设置了德国科学基金会、德意志学术交流中心、德国洪堡基金会和民众奖学金基金会等机构管理和运营国家科技资金的投资分配,保障了德国政府能够从总体

---

① 此处的集群主要是指企业所处的产业集群环境,包括产业内企业、集群内的知识服务机构与社区等。

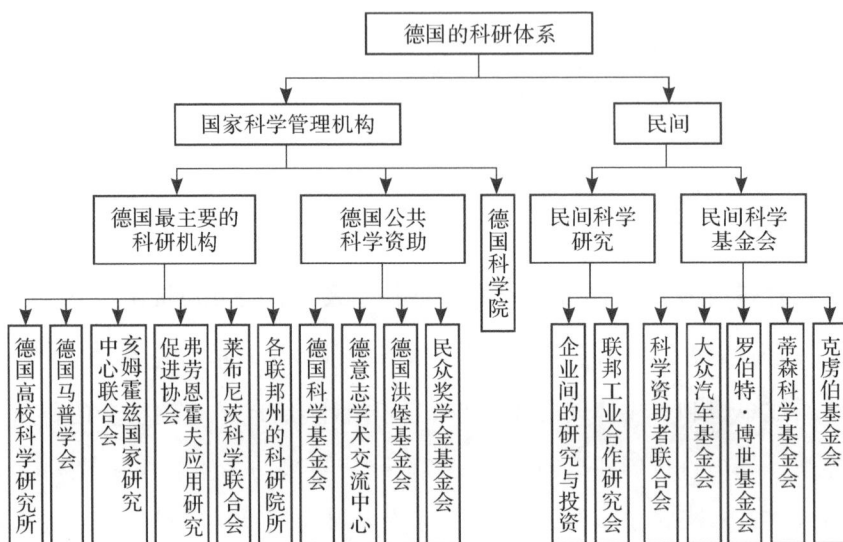

图 3-3　德国科研体系结构

上整合、调控各科研主体间的协同合作,促进了创新资源在德国内部的合理流动与配置。

在企业和社会机构层面,德国企业成立众多的科研基金会,如大众汽车基金会、罗伯特·博世基金会和蒂森科学基金会等科学基金会,通过有重点、灵活的方式资助科学和技术的研究与教学。行业协会和其他社会团体也会组建不同的基金会,用以促进科学研究和社会进步方面的资助。这都极大地催生了全社会的研发热情与活力,高效整合且完备的科研生态体系又进一步保障了创新资源配置的合理性与高效性。

此外,为了强化各科研主体间的协同创新,德国政府进一步出台了多种措施,刺激和保障整个科研体系如同一台精密仪器般协同运转。主要举措有:一是赋予企业、科研院所和大学博士培养资质,但规定大学为博士学位的唯一授予单位,这倒逼企业和科研院所在人才培养方面与大学紧密合作,进一步助力产学研合作关系的推广。二是搭建实质性合作平台,为高校、企业和科研机构等多方提供合作交流的稳定渠道,如政府牵头的学术研讨会、项目推荐会等。三是打造"研究型校园"。在通过政策引导科研机构和企业到大学设立研究部门，充分利用大学师资人才的同时，进一步提升高校设备、实验器材等先进资源的利用效率，同时也为大学培养科技应用型人才，有利于高校通过科研转化的资金反哺基础研究活动。

（2）外部创新资源的聚合。德国的公共和民营科研机构总数庞大，人均占比高，总共拥有 750 多家公共自主的科研机构、组织及工业企业研发中心，研发人员保持在 50.6 万人左右，另有约 29.9 万名的科学家和各专业学者专家。这些人员在科研学术界的活跃度较高，保持着与全世界 40 多个国家和地区的经常性学术交流合作活动，总的年均研发预算达到了 615 亿欧元。另外，随着全球化的加速，德国政府的科技创新战略也愈发注重对于全球性创新资源的聚合，通过与欧盟内部国家共享人才、设备资源，与美国、中国及日本等非欧盟国家进行学术交流、共建设备及合作研发等活动，积极聚合着来自全球层面的创新资源。德国的科技创新战略还注重对于发展中国家，尤其是像印度、中国及南美等国家和地区人才的引入，通过设置留学基金和人才计划等持续从外部补充人才血液。

2. 持续激发中小企业的创新创业活力

德国的企业创新活动占据着德国社会科技创新活动的重要地位，有 1/3 的企业从事科研创新活动，不仅大企业拥有配置齐全的实验室、创新工作坊和专门的科研团队，很多中小企业也有较为完善的研发体系。企业作为德国最大的科研经费资助方，持续为企业的科研活动带来一流的实验设备、先进科技人才和成熟配套体系，也保障着"德国制造"能够凭借先进的生产工艺和产品技术继续在世界市场驰骋。其中，中小企业越来越扮演着关键角色，而德国科技创新战略也越来越注重对于中小企业创新创业活力的激发，希望通过中小企业点燃全民创新热情，带动整个德国的科技创新能力始终保持在世界顶尖水平。

中小企业提供了全德国 71% 的就业岗位、57% 的生产总值和 47% 的经济净增加值,对于提升整个德国的经济活力和创新能力都具有举足轻重的作用。为此,一方面,德国政府通过完善相关的法规制度为中小企业提供有利的发展空间和良好的经营环境,例如出台《中小企业促进法》《反对限制竞争法》等法律法规,这充分保障了中小企业生存和发展的空间,避免了大企业的恶意竞争。另一方面,政府出台金融扶持方案,通过提供资金支持和优惠利率等直接政策,鼓励和引导金融机构向中小企业放贷等多种形式,对中小企业的创新创业活动提供全方位的资金和政策支持。

在支持中小企业创新的具体措施方面,2015 年德国联邦政府优化整合了现有中小企业创新支持项目,突出了支持重点。中小企业创新支持重点项目主要包括:①中小企业创新集合计划(ZIM)。该计划由国家能源与经济部负责实施,扶持对象为中小企业及其合作的研究机构,为企业、研究机构分别提供最高 38 万欧元和 19 万欧元的创新资金支持。②中小企业创新计划(KMU)。该计划由德国教育与研究部负责实施,主要服务于那些位于新兴行业或者致力于开展前沿研究的中小企业。③扶持中小企业抱团取暖。为了降低中小企业的创新风险,德国政府力主成立了各行各业中小企业的联合创新研发机构,合作研究、共享资源、共担风险。目前德国已成立 100 多个行业或跨行业的联合研究机构,同时吸引了 800 多家科研机构加入中小企业的合作研发,加入联合研究机构的中小企业会员达到 5 万多家。

3. 全方位支持创新产业的集群化发展

近些年,随着产业集群优势的凸显,德国有意识地推动产业创新向集群化方向发展。2006 年,德国出台第一个全国性、跨部门和跨领域的科技发展战略——《德国高科技战略(2006—2009)》,明确了多主体的创新联盟和创新集群的构建,使得产业创新集群成为产业创新的主要发展方向。联邦政府和各州政府都十分重视创新集群发展,各州政府也都明确了各自产业创新集群发展的重点,如巴伐利亚州的政策重点集中于提升 19 个关键领域企业的创新能力,激活集群发展活力。巴登-符腾堡州的政策重点集中于提升中小企业的国际化竞争能力,以打造中小企业集群发展活力。汉堡的政策重点集中于对航空、物流、环境等集群产业的支持。下萨克森州的政策重点集中于关注区域关键技术领域的发展,支持企业、研究机构等以集群、行业协会等形式建立广泛的合作关系。梳理德国各州的集群发展政策,可发现这些集群发展政策可分为三类:一类是针对单一技术或产业的集群化发展;一类是针对某地某区域实施的集群发展计划;还有一类是综合类集群发展计划,没有产业类别和区域的限制,政策目的是提升产业集群的综合创新能力和管理能力,如"走向集群计划""尖端集群竞赛计划"等。

德国的创新集群政策经历了促进单个产业的创新集群发展—促进区域的创新集群化发展—促进多产业多地区的集群发展—整体产业的创新集群化发展之路。德国的集群发展政策也体现出了几个特征:一是集群政策针对大企业和中小企业的发力重点不同。针对增长规模显著的大企业,更多地聚焦于设备先进性与完备性,针对中小企业更多的是在软环境与条件方面的改善。二是集群发展政策计划体现出互补性和动态性。三是对于集群关系的治理,包括产业集群内部成员间的合作关系、共享关系等,也包括集群与外部间的各种关系。四是创新集群发展始终以企业为中心,研究机构、政府等围绕企业发展开展活动。

4.构建高效的中介平台以盘活创新资源

在德国存在着各种社会中介服务组织,是众多企业和各类组织的桥梁,种类繁多、覆盖范围广,主要可分为项目评估、培训服务、成果转化和技术转移等种类的中介平台。德国专门成立了计划管理机构,负责对这些中介平台进行管理和服务。其中存在数量最多的便是行业协会商会和技术转移中介平台。德国的商会和协会为企业提供的服务主要有:一是充当其与政府沟通的桥梁。二是帮助中小企业融资筹款,有效解决信息不对称问题。三是对企业人员进行培训和资格认证工作。四是为企业提供出口、科研、管理等全方位的咨询服务。

德国的技术中介平台在世界层面都是最早一批建立的，也有着相对完善的平台体系。如早在2008年联邦政府便主导建立了全国性技术转移平台——SIGNO，并每年拨款1500万欧元维持和运营该平台，帮助企业和各技术所有者进行技术交易，其服务对象包括企业、高校、科研机构、专利持有机构或私人发明者等。地方层面，各州也有着完善的技术转移服务平台，但州一级的服务平台没有政府资助，而是以服务企业形式存在。如巴登-符腾堡州的史太白技术转移有限公司、不来梅州的 InnoWiGmbH 技术转移公司、柏林州的 TSB 技术基金会等，专门从事技术转移服务。

5. 大力发展职业教育

德国先进而强大的制造技术与能力得益于其独特的教育机制所提供的"匠人"，其将职业教育推到与研究型大学同等重要的高度，实行职业教育与终身教育的培养模式。德国不仅通过设置工业技术类大学，如亚琛工业大学、德累斯顿工业大学等，为德国培养工业技术开发人才，还通过开设多所应用技术大学，培养技术转化、技术应用与实践人才。此外，德国有着发达的职业技术大学，为德国制造源源不断地培养技术熟练的一线操作技工。而在具体的培养形式方面，德国推行校企合作的形式，充分利用已有的产学研合作模式和多种校企合作渠道，提升学员的职业技术能力，同时推动着技术和职业教育的互相借力创新。

德国政府对于职业教育的政策引导体现的独到之处主要表现为：一是从国家层面提升职业教育的高度。德国出台了《职业教育法》《职业教育现代化及加强职业教育工作法》等多部法律，从国家层面明确了职业教育在国家教育体系中的重要地位。二是从教师资质、学生素质两方面严把职业教育质量关。一方面，德国设置了非常严格的职业教育教师资格门槛，同时又为教师提供优厚待遇，吸引了大量人才加入职业教育师资队伍，并帮助企业建立职教系统,通过商会对未达标企业进行职教能力的再培训。另一方面,针对未达到进入职业教育要求的中学毕业生,为他们提供衔接职业教育与普通教育的过渡学习阶段,通过一定时间段的专门教育使其满足职业教育的基础要求。三是构建完善的职业教育培养体系和标准。通过相关机构制定职业教育的培养计划和考核标准,由企业和职业学校将计划细化为具体的培养方案,再由商会负责考核监督。主管机构、企业、学校与商会互为监督,形成了职业教育培养的完整体系。四是政府总体把握,及时纠偏。政府作为职业教育的总控台,及时通过职业信息统计和发布,为企业、学校指明培养重点。同时,政府也通过掌握的科研机构的技术转化信息,为企业提供新的职业教育培养方向。

(二)德国科技创新战略对中国科技创新战略的启示

1. 强化政府的调控作用,打造内部协同紧密、外部合作流畅的双循环科研体系

科技创新行动已经上升为各个国家的国家战略,而伴随着科技创新复杂度的加剧、迭代速度的加快,科技创新很难由单一的主体独立完成,往往是由若干科研主体间的密切协作完成。但各主体间的组织适配性、利益取向不一致,使其难以自发形成合作,这就需要有像政府这样的具有强制力和公信力的组织进行顶层调控。在德国的科技创新体系中,政府是科技创新的领导者和推动者,从科技政策的制定到科技创新的实施,再到科研成果的产业化,政府通过经费投入、组织协调政策保障等途径,参与到科技创新的各个环节。各方创新力量分工明确,紧密合作,推动科技创新目标的实现,其中政府的主导作用无处不在,保证了德国科技创新的高效运行。德国协同创新体系建设对我国的启示如下。

第一,加大协同创新经费投入。协同创新是一项复杂的系统工程,需要政府、高校、企业、研究机构等各创新主体的协同努力。通过政府投入力度的引导,带动企业、社会的多元化投入,引入和吸引多渠道资本,推动协同创新战略的实施和目标的实现。

第二,设立优势协同创新领域专项资金,通过第三方机构评估,以企业需求和产业化为导向,组织遴选、挖掘、发现符合我国重大急需、处于市场前沿和具有重要价值的高技术协同创新项目,并予以重点培育和稳定支持,合同管理,绩效牵引,政府主动分担创新成本和风险并培育创新主体和市场,建立协同创新资源优化配置的新机制。

第三,组建区域专业化的技术转移服务机构,由专业团队负责科技成果转化咨询和服务,打造科技中介服务网络平台,形成多样化的技术转移对接渠道,架构科技成果和产业需求沟通联动桥梁,加快区域协同创新和成果转化,进一步完善中国科技创新体系建设。

2. 进一步提升对中小企业的扶持力度和精细度,激发大众创业、万众创新活力

中小企业为世界各国提供了主要的就业岗位,解决了以往大部分人的生计问题。互联网技术的兴起成熟和创新要素流动性的加强使得创新活动下沉,中小企业能够更多地参与到创新活动中,并且利用其灵活性和弹性往往能够取得意外成果,因此极大地提升了中小企业对于各国科技创新的贡献度。为此,德国政府启动了一系列中小企业计划,如"中小企业专利行动""中小企业创新项目计划"等,推动中小企业的创新创业,并且推出了一系列基金,从资金方面助推中小企业的创新活动。

中国的中小企业最"卡脖子"的短板便是在融资、知识产权维护、人才吸引等方面都难以与大企业抗衡,因此中小企业目前更多的是从事大企业间的缝隙市场开发,难以进入主流科技创新领域。为此,首先,应出台专属的中小企业融资法案,使中小企业不至于输在起跑线上。其次,应为中小企业科技创新提供平台,鼓励和指导中小企业形成创新联盟。最后,应该从制度层面,为中小企业提供市场温床,孵化那些具有更大市场前景但还

不具备市场竞争力的小微科技创新企业。

3. 注重科技创新型人才和职业技术人才的双元培养

德国一方面注重科技创新型人才的培养，注重 STEM（科学、技术、工程和数学）教育，力图培养一大批创新型工程人才；另一方面还建立了非常完备的职业技术教育体系，为德国制造输送了大批一线实践技术工人。德国独具一格的双元制职业教育、高标准师资、规范灵活的法律体制共同保障了德国的高质量职业教育。

中国在大力发展职业教育的过程中可以结合我国国情、我国职业教育发展的需求和方向，有选择地借鉴德国职业教育成功的经验。一是职业教育的专业设置要反映社会发展规律和产业结构调整规律，同时反映人才市场的需要。职业教育培养的人才，在理论知识方面应优于中专生，在实践能力方面应强于普通本科生，他们应有较强的实践能力、组织能力及生产能力。二是中国的职业教育应该具有一定的市场前瞻性。因为人才培养的周期比较长，所以职业教育的专业设置必须以超前的人才预测作为依据。三是应该构建校企合作的职业教育模式。从中国职业教育实际来看，学生缺少实习基地成为限制我国职业教育人才培养的一大"瓶颈"。中国应该加强职业教育方面的政策和立法，鼓励企业投资学校实践基地建设，加强校企合作，向学校提供毕业设计选题，指导学生的生产实习和毕业实习。

4. 完善社会中介平台，促进创新要素的高效流通与合理配置

社会中介在服务科技市场的技术转移、成果转化与技术咨询服务等方面起着重要桥梁作用，尤其是在解决企业与政府间的信息不对称、企业与企业间的信息失真等问题方面发挥着重要作用。德国拥有十分发达的社会中介体系，能够非常高效地服务企业，尤其是服务中小微企业的发展与管理活动。德国对社会中介在科技创新活动中角色的认识，给中国政府带

来了一些启示。

政府在进行市场调节时,应该尽力做到不直接干预市场,而是借助中介平台进行间接干预。一是尝试推广创新参与者的全面支持。二是在政策实施过程中通过服务采购、委托管理等形式充分利用中介机构。三是为促进中介机构健康发展提供制度保障,以充分释放民间力量,保证市场的自我协调和组织能力在技术创新方面充分发挥作用。

四、法国:重视国家创新生态系统建设

(一)法国科技创新战略演变与政策焦点

近年来,法国工业已经出现较为明显的空心化现象,在经济全球化时代法国竞争力遭遇严峻挑战。法国政府于 2013 年 9 月推出"新工业法国"战略,旨在通过工业创新重塑工业实力,助推法国企业提升竞争力。"新工业法国"战略设定了三个优先领域:环保和能源、健康、新科技,涉及可再生能源、无人驾驶汽车、未来高速铁路、智能电网等 34 项发展计划,每一项计划都有专人负责。34 个项目预计调动 200 多亿欧元,3/4 来自私营部门,国家计划投入 35 亿欧元。10 年内,"新工业法国"计划将为法国创造 48 万个就业岗位、455 亿欧元工业基础增加值,并将使法国出口额增加 40%。时任法国总统奥朗德将法国政府在这一轮振兴工业计划中的角色分为三种:①规划优先事项,但具体事务由专业人士确定;②营造良好的经营环境,比如出台税收优惠政策、提高年轻人受教育水平、鼓励科研院所开展相关科研;③提供金融支持,便于企业及时融资。在这一理念指导下,在"新工业法国"计划的前期调研中,牵头的是法国国家工业理事会而非法国负责工业的政府部门,保证了国家意志和专业意见能够相互结合。围绕 34 个发展项目,分批成立了 6 个指导委员会,每个委员会分别负责审查 5~6

个项目计划。法国工业复兴将迎来新的起点。在"新工业法国"计划公布后的一年时间里,法国已推出了无人机、电动汽车等10项标志性成果。21世纪以来,法国相继制定了一系列科技计划,其中最具代表性的4项科技计划包括竞争力极点计划、未来投资计划、新工业法国计划、未来工业计划。法国科技战略与科技政策演变过程如表3-4所示。

表3-4　法国科技战略与科技政策的演变

科技计划	制定部门	实施阶段/年	经费投入/亿欧元	优先发展战略领域
竞争力极点计划	法国领土整治和发展部际委员会	第一阶段(2005—2008)	15	神经科学、复杂计算机系统、航空航天、健康、纳米技术以及安全计算机通信、生物技术、铁路建设、环保燃料、植被、海洋产业、图像和网络、工业化学、多媒体、陶瓷业、粮食生产新技术、儿童产品、工业加工、纳米技术、癌症治疗和健康等领域
		第二阶段(2009—2012)	15	
		第三阶段(2013—2018)	1.1	
未来投资计划	法国投资总署	第一期(2010—2013)	350	高等教育和培训、应用型基础研究及其经济价值、工业、可持续发展、数字经济、健康和生物技术
		第二期(2014—2016)	120	
		第三期(2017)	100	
新工业法国计划	法国创新署集团	2013—2022	35	数字技术、能源、纳米技术、交通运输、医疗健康、智能电网和生物科技等多个领域
未来工业计划	法国创新署集团	2015—2017	120	数据经济、智慧物联网、数字安全、智慧饮食、新型能源、可持续发展城市、生态出行、未来交通、未来医药领域

(二)法国科技创新战略的独特之处

1. 通过顶层设计打通公私合作壁垒,确保科技创新服务社会与经济

法国一直试图构建最具竞争力的科技创新体系,数次改组科研相关机

构,1981 年成立独立的研究与技术部,开始构筑更具权力的科创体系,
1993 年改为研究与高等教育部,其后又多次重组研究部门,2007 年正式成
立了高等教育与研究部(简称教研部)。多次的组织结构改革,最终形成了
当前的科技创新体系组织框架,如图 3-4 所示。

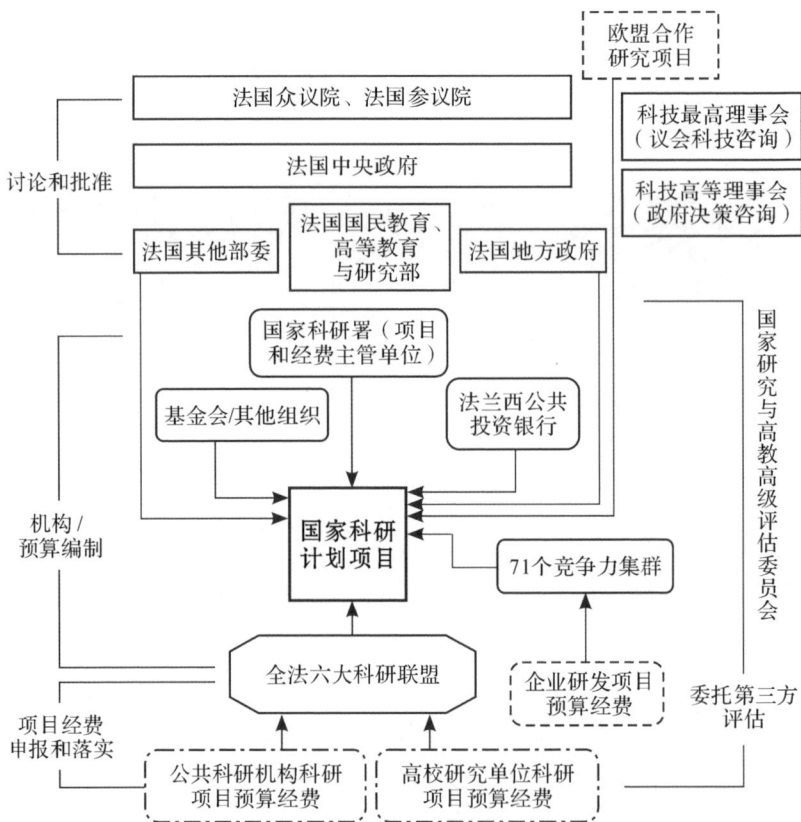

图 3-4　法国科技创新体系组织框架

2013 年,法国出台《高等教育和研究法案》,明确高校应以科技创新、
技术成果转化为科研与社会服务的主要内容。从顶层规划促进高校间合
作的便利措施,建立国家科研战略委员会,要求把大型科研设备单位、国家
科研计划等放到主体地位,增加他们参与国际合作和获得科研投资的机
会。注重基础科研与应用研究的平衡发展,通过充分利用欧盟的丰富渠

道,促进技术发明成果的市场转化,同时利用欧盟的人才聚集效应,发展自身的基础科研实力,并通过设立伙伴研究计划和卡诺(Carnot)计划等措施,强化公私合作关系。而在创新人才评价方面,法国国家科学研究委员会(CoNRS)在对科研人员和单位进行绩效评价时,除了考虑科研人员在论文、专利、奖项等方面的科研产出外,还十分注重成果本身的质量,包括社会影响力、技术成果转化情况、商业化价值及原创性等方面内容。

法国设立卡诺研究所,负责对在多方合作创新、知识产权转移及技术成果转化等方面表现突出的单位进行卡诺标签认证,由政府提供资金,逐步形成卡诺技术研究联盟。卡诺研究所的宗旨是促进公立高校、研究机构与私营企业间的合作,实现科研为创新服务、为应用服务,促进社会经济发展。卡诺研究所通过对外提供设备共享、人员培训等促进了技术输出,也使公立研究机构能够与企业界保持持久稳定的合作创新关系。根据法国高等教育与研究部的报告,截至 2015 年,卡诺研究所已经在促进科技创新、技术创新成果转化和知识产权转移等方面达到了德国弗劳恩霍夫协会的水平,每年与 2000 多家企业签订大约 7500 份合作协议。

2. 充分利用欧盟平台,以投资引导创新发展

崇尚自由、个性的法国,虽然身为欧盟创设成员国,但在科技创新战略发展中长期游离于欧盟发展战略体系外,不能很好地与欧盟形成战略协同,实现欧盟成员间的乘数效应。为此,2013 年法国的科技创新战略开始注重与欧盟战略的协同,推进国内的科技创新活动充分利用欧盟的资源平台。为此,2013 年推出了《法国—欧洲 2020》科研战略,旨在推进法国在科技成果转化、知识产权转移等方面与欧洲的全面合作,并鼓励国内单位与欧盟开展合作,以期在能源、工业复兴等方面形成突破,提高国家竞争力和保持欧洲领先地位。

结合《法国—欧洲 2020》《2020 年欧洲地平线框架计划》和 2015 年的《国家研究战略》,法国确定了融入欧盟研究布局并增强其欧洲影响力的目标,同时也明确了融入欧盟重点合作的领域,包括健康与保健、食品安全、清洁能源、信息通信等,而这些也是法国在欧盟内相对具有优势的领域,开放合作有助于法国的市场开拓和技术扩张。

法国于2010年创设投资总署,利用国债等多种投资形式促进企业的创新活动。制定"未来投资计划",计划2014—2024年分阶段投资120亿欧元以用于新能源、数字化产业等新兴产业发展和工业复兴,如表3-5所示。

表3-5　法国"未来投资计划"内容分析

单位:亿欧元

领域	支持内容	投资预算	总计
工业复兴	扶持企业的工业化发展	3.00	16.80
	扶持工业自动化发展	3.60	
	支持工业新兴领域的发展	3.30	
	用于工业发展的软环境投资	2.40	
	政府主导下的关键技术突破	1.50	
	创新集群下的新兴项目	3.00	
生态与能源	地方生态与能源转换发展	0.75	23.20
	发展生态技术及其传播	4.10	
	未来绿色交通	3.00	
	生态与能源转换技术发展	8.00	
	生态与能源转换技术产业化配套投资	4.00	
	城市可持续发展建设	3.35	
数字经济	区域数字化建设	2.15	6.15
	数字化技术与应用开发	4.00	
科研机构项目	创新精英团队建设	31.00	36.65
	尖端科研设施投资	3.65	
	创新团队协同攻关关键技术项目	2.00	
其他			37.20

法国对于国内企业,除了进行直接的投资外,还制定了三种鼓励创新的抵税政策,以支持企业的创新活动。一是科研税收信贷政策。2008年开始,法国面向从事基础研究、应用创新开发的商业单位提供税收抵扣优惠政策。规定研发项目的人员投资、实验材料开支、知识产权申请和维护费用等都可作为抵税内容。二是创新税收信贷政策。2013年,法国推出了面向中小企业且经过科研部、国家创新署或科研署某一部门认证的创新项目提供抵税优惠政策,除直接研发投入金额可抵税外,企业创新项目的工程耗材、专利、固定资产折旧等都可作为抵税内容。三是竞争力与就业税收信贷政策。2013年,法国还补充推出了旨在为企业投资、研发创新、人才项目及创新创业等活动提供资金支持的税收优惠政策,帮助那些有助国家创新能力提升或有益国家未来经济发展但短期内不能盈利的潜力型企业。

3. 推进多层次合作,提升国家创新能力

(1)打造竞争力集群,提升产业整体创新力。法国通过一定的税收、融资等政策优惠,吸引同一产业体系中的企业、科研院所和配套服务企业等集中于某一地区,以合作的形式联合起来,形成协同创新,并逐渐形成具有竞争力的产业集群。竞争力集群园区是法国政府主推的集群形式,由参与集群的各个合作伙伴构成董事会,配备10多人专门从事园区管理和服务工作,以及与政府各机构部门的对接工作。自2004年开始推广,全国共建设了71个不同类型的产业竞争力集群。法国出台的竞争力集群帮扶措施有:园区集群内企业符合条件的项目公开负责招标,并由部际基金配套50%资金,地方政府和企业各出资20%左右;国家对优秀的集群管理单位和个人进行补贴;向中小企业开放私人投资资金,帮扶中小企业走向区外、走向国际;为集群提供高质量的培训和咨询服务。

(2)充分利用国际渠道,广泛参加国际合作。通过合作方式促进创新是法国建设创新型国家的重要方式,法国历届政府都十分重视国际合作,几乎各大国际科研项目都有法国科学家和科研机构的存在。1973年,法国提议11个欧洲国家成立欧洲空间局,1985年开始,又陆续主持合作了欧洲计算机计划、通信联络计划等。法国与德国、英国、西班牙共同成立了空中客车公司,成为唯一可与美国波音公司抗衡的民航客机生产企业。此外,法国也注重同金砖国家等发展中国家的合作,充分利用与法语区国家的天然联系,扩大多方创新合作的范围。在国际合作创新中,法国既促进了自身科研工作人员和相关机构的成长,也不断输出着法国的技术标准,开拓世界市场。

(三)法国科技创新战略对中国科技创新战略的启示

1.聚焦战略导向,从国家层面优化创新资源配置

法国通过竞争力集群计划,聚焦于优先增强产业的扶持力度和精准性,形成了产业竞争力。中国的科技创新战略也应聚焦当前和未来一段时期内的发展问题和需求特点,进一步分层明确不同产业的发展地位,并以京津冀、长三角、珠三角等区域产业集群为抓手,明确各地区各产业的战略地位和发展方向,探索建立"创新特区"的管理机制和组织形式。设立"国家综合创新集群",由国家主导各方参与的模式集中攻关各行业的"卡脖子"技术。打造面向未来产业竞争力的"未来创新实验室",探寻开发未来产业的先发技术优势。区域层面的创新体制改革,仅依靠长三角、珠三角的地方政府间合作较难开展很好的协同创新,建议在国家层面成立专门的创新领导小组,发挥举国体制优势。

2.打破以科研机构为创新突破点的单一模式,促进创新的协调发展

法国的创新主体相对分散,企业、高校和科研机构都具有独当一面从而形成科技突破的能力。中国有价值的科技创新更多的是由国家科研机构主导完成的,但是这些突破更多的是在基础科研方面,而与解决企业应

用创新方面问题相关的科研成果还较为不足。因此,我们应该探索建立市场化、商业化运营模式下的非营利科研机构模式,既保障科研机构的社会服务功能,又能很好地用现代公司运营制度提升管理效率和服务绩效。

3. 通过多层次合作,促进创新型国家的建设

法国通过积极的国际合作,促进了国家创新能力的提升和技术成果的市场开发。国际创新合作可以充分发挥各方优势,取长补短,更容易取得突破性创新成果,因此中国的科技创新战略应该倡导构建开放的、跨领域的国际合作。抓住"一带一路"倡议机遇和 RECP(《区域全面经济伙伴关系协定》)自贸区机会,通过与"一带一路"沿线国家和地区的技术合作,形成更具适配性和生命力的科技创新成果,同时也能取长补短,以技术换市场,用市场促创新。特别加强与俄罗斯、乌克兰等传统重工业优势国家的合作,取长补短,促进我国装备制造业的技术创新;加强与德国等欧盟国家的合作,促进我国高端机械设备和精密仪器产业的技术发展。

4. 尊重创新人才,构建全面反映科研价值的评价体系

科研创新最关键的因素是人才,各国间的经济和科技地位竞争根本上是人才的竞争。在构建科技创新价值的评估体系时,应构建能够真正体现科研工作者努力程度的评价体系,避免唯论文成果论,以激发研发积极性。法国的国家科学研究委员会(CoNRS)在对科研人员和单位进行绩效评价时,除了考虑科研人员在论文、专利、奖项等方面的科研产出外,同时还十分注重成果本身的质量,包括社会影响力、技术成果转化情况、商业化价值及原创性等方面内容。这给中国的科技创新战略带来的启示是,我们的"唯论文、唯学历、唯'帽子'和唯职称"已经严重制约了科研人员的创新积极性,并且错误地引导科研人员向生产质量不高但能发表、影响不大但能评上职称和获得"帽子"的成果的方向发展,使得科研创新严重脱离社会实际需求和背离创新服务未来的目标。为此,中国的科技创新战略应该建立一套重质量轻数量、重团队轻个人,同时能够以创新能力、贡献大小为导向的科技人员绩效评价体系。在关注科技人员论文、专利等科研产出的同时,能够结合其团队协作、社会服务、科技转化等内容进行全面的评价。

五、日本:政府牵引的"产学研官"创新体系

(一)日本科技创新战略的演进与政策焦点

近年来,日本在国际市场上的优势依然集中在制造业。制造业产品占最大比重,其次是信息和通信产品。在资源禀赋严重不足的先天条件下,日本通过科技创新,使其产品具有更高的附加值,提高其产品在国际市场上的占有率和竞争力,长期处于发达国家前列。

近年来,日本对科技政策制定的科学化产生了争议,同时日本对科技创新有更高的期许,需要推出更为合理科学的科技政策制定根据。2011年8月,日本在正式推出的《第四期科学技术基本计划(2011—2015年)》中提出,要推进"科学、技术和创新政策科学"(简称"科技创新政策科学"或"STI政策科学"),以促进科技政策制定的科学化和合理化,改善科技决策与社会的关系。

继德国"工业4.0"、美国工业互联网、韩国制造业创新3.0战略、德国高科技创新战略,以及"新工业法国"计划之后,日本也于2016年1月在《第五期科学技术基本计划》中提出了"超智能社会5.0"战略,并在同年5月底颁布的《科学技术创新综合战略》(2016)中对其做了进一步的阐释。该计划认为,超智能社会是继狩猎社会、农耕社会、工业社会、信息社会之后又一新的社会形态,也是虚拟空间与现实空间高度融合的社会形态。国内外相关学者对日本的超智能社会5.0战略进行了大量研究。在2016年5月底颁布的《科学技术创新综合战略》(2016)中,对支撑超智能社会建设

的主要技术领域进行了详细描述,主要涵盖虚拟空间和现实空间两大技术领域。"超智能社会 5.0"是"第四次工业革命"的全球运动和信息通信技术进一步发展的产物,相对于"工业 4.0"更具前瞻性及全球标志性意义。"超智能社会 5.0"的未来图景是"智慧公民"、科技创新、认知与决策自动化、社会技术生态融合、在线社区与物理互动、生活智能化与数据驱动的"超智能社会"(见表 3-6)。日本在新一轮科技革命下推动"第四次产业革命"与构筑"超智能社会"(Society 5.0)具有相乘效果。通过构建"超智能社会",将第四次产业革命的创新成果应用到经济社会的各个方面,不仅可以解决日本面临的各种社会问题,而且会创造出许多新的机会,支持日本经济的持续发展。日本政府以解决问题为出发点,借力"第四次产业革命",构建"超智能社会",提升国家竞争力与国民幸福感的政策思路值得借鉴。2018 年 7 月,日本公布的《科学技术创新综合战略》(2018)突出五大重点措施:大学改革、加强政府对创新的支持、人工智能、农业发展、环境能源。

表 3-6　"超智能社会 5.0 战略"主要科技领域及战略目标

主要科技战略领域	主要科技领域	主要战略目标
虚拟空间技术领域	网络安全技术、物联网系统构建技术、大数据解析技术、人工智能技术、设备技术、网络技术、边缘计算技术	以漏洞处理、加密及高存储容量等技术为重点,构建相应的研发及信任体系,并确保相关系统成本的降低; 对系统进行结构改造以及新旧设备的相互衔接,结构边缘及服务器侧的虚拟技术就成为关键; 推进搜索型、知识型、计算型以及统合型人工智能的研发; 实现强功能和高性能系统的开发,以及最新的材料和设计技术开发之间的相互融合; 构建对大数据实时把握及进行高度分析判断的网络技术; 同步推进分散处理技术,确保网关等终端设备安全,并建立无法确保情况下的防范架构

续　表

主要科技 战略领域	主要科学 技术领域	主要战略目标
现实空间技术领域	机器人技术、传感器技术、处理器技术、生物技术、人机交互技术	机器人在通信、社会工作支援、制造、老人及残障人士帮扶等多个生产和生活领域应用； 开发可远程实施的远程监控及性能更新技术； 推进与机理、驱动、控制等信赖评价及处理器的人工智能研发密切相关的基础研究； 强生物传感器、人体运动数据采集装置、生物驱动器等的开发，强化生物基础技术研究，特别是高度小型化及超低电量消费的传感器技术； 为实现以机器人为代表的人工智能与人的共存
综合领域相关技术	纳米等原材料技术、光学和量子技术	支撑能源、基础设施、医疗健康等领域创新型结构材料和功能材料的研发； 推进对信息通信、医疗、环境、能源等领域给予综合支撑的，具有高精度、高敏感度、大容量、节能又安全等特征的，高端社会及产业基础设施的形成

　　总的来讲,日本的科技创新战略经历了"教育先行"—"科技立国"—"科技创新强国"的战略演进和政策焦点的转移。①教育先行,培育创新根基。二战后,日本政府为促进人才培养和科技创新的产出,制定了科教兴国的战略重点,通过立法的形式确立了教育在国家发展中的地位,鼓励和保护国民受教育的权利,期待科技人才的积累和科技创新的井喷。②科技立国,激活创新意识。进入20世纪80年代,随着科教战略的奏效,日本储备了大量科技人才,为了激活社会创新意识,发挥科技人才的创新能力,日本接连出台了《80年代通商产业政策展望》《科技白皮书》等文件,确立了科技立国的战略方针,通过大力发展"产学研官"的合作模式,激活了大学、研究机构和社会其他单位的创新热情,形成了独具特色的创新体系。③科技创新强国,夯实创新土壤。20世纪90年代,在科技立国的战略基础上,日本各项科技活动取得了技术和商业两方面的巨大成功。随着新一轮增长疲惫期到来,日本在1995年《科学技术基本法》中又将科技创新作为立国强国的土壤,掀起新一轮创新热潮。之后多年,科技创新对日本经济增

长的贡献率始终保持在 80％ 以上。2013 年,日本又以创建世界上最适合创新的国度为目标,出台了《日本再兴战略》和《科学技术创新综合战略——挑战新维度的日本创造》,提出了从基础研究到应用研究再到产业化转化等的全创新过程的方针战略,这也成为日本之后多年的科技创新发展纲领。

(二)日本科技创新战略的独特之处

1. 政府引导下"产学研官"多方合作,盘活创新资源

日本一直十分注重政府对于企业与大学和科研机构合作的引导作用,1995 年的《科学技术基本法》便围绕产学研合作的产权归属、合作形式及利益分配等内容进行了早期探索,明确推出了"产学研官"的四方合作体系应包括大学知识产权所属部门、技术转移机构、"产学研官"合作的中间协调员等。其中,"产"是企业,是创新的主体,负责创新风险的承担;"学"和"研"是指大学和科研机构,负责技术创新活动;"官"是指政府,负责为各方提供产权转移等服务咨询工作。日本在制定相应法规时,充分考量了当期创新环境,以期最大化盘活产学研究合作中的各种资源为创新活动服务。如出台《产业技术力强化法》,允许高校教师到企业兼职,发挥创新能力的商业价值,并延长了高校科研成果的专利优先实施权,激发了高校科研人员的创新热情。在之后相关"产学研官"合作的创新政策中,又取消了高校教师创新发明补助的上限规定,明确大学在技术成果转移中的法律主体地位。

同时,企业由于自身的研发实力有限,需要与研发实力更强的大学和科研机构进行合作。日本政府在 1998 年制定了《技术转移促进法》等一系列措施,强化"产学研官"深度合作,但是 2003 年的相关报告显示"产学研官"的合作模式并没有取得很好的效果。合作中的中小企业所面临的创新和商业环境仍然不利,在创新相关的投融资和创新人才方面的工作存在较

大障碍,主要资源过度集中于大企业。针对此,日本进一步强化了"产学研官"合作模式中的政府引导作用,以及政府主导改善中小企业在合作中所面临的投融资和创新人才获取等问题。此外出台了一些具体扶持措施,如成立中小企业基盘整备机构、政府出面派遣专家等,使得政府("官")主导的"产学研"合作成为中小企业创新的重要模式。

2. 坚持以企业为科技创新主体,推动企业以科技创新为市场竞争核心

日本的研发投入中政府的投入只占20％～30％,而企业总投入达到70％～80％,大部分大企业都设有自己的实验室、研究中心,专门从事科技创新活动,因此企业是日本科技创新活动中最重要的主体。日本政府以企业为创新服务对象,采取了更加宽松的政策环境,给企业创造了更大的自由探索空间和保障,并在必要的时候为企业提供信息、技术知识等资源的共享及咨询服务。日本政府根据世界发展形势,不断引导式地扶持企业创新活动,在立法、税收、人才供给及外贸等环节对国内的创新型企业都给予了极大支持。例如,日本的半导体产业,通过政府主导,集聚了全国主要半导体企业形成技术联盟,以企业为技术创新主体,打开了日本半导体产业的高光时刻。20世纪80年代,为应对石油危机,日本向国内企业提供了低息科技贷款,鼓励企业通过"减量经营"的方式聚焦于创新活动中。1996年,日本通商产业省集中组织21家公司组成了超级电子技术联盟(ASET),以及2001年的"飞鸟"和"未来"计划等也都是以企业为科技创新的主力军,力推科技创新成为日本企业在世界市场中取得成功的核心竞争优势。

3. 政策紧密围绕科技实力动态调整,服务于自身科技创新不同阶段

日本的科技创新政策紧密围绕世界外部发展动态及自身科技发展情境做出及时调整,使得科技创新政策成为科技创新的助推器和润滑油,而非禁锢企业创新积极性的枷锁。在这方面,日本科技创新政策较为出色地扮演了相应角色,在日本科技发展初期,大多数企业是技术模仿者与追赶者,日本的科技政策采取的是知识弱保护政策,促进国内企业的技术模仿与迅速成长。例如,制定更少门类的专利保护范畴,将药用物、化学物质等排除在专利保护外;放弃美国实行的"先发明"而采用"先申请"的专利认定原则;允许公益原因的专利强制使用许可;等等。这些措施都为日本企业的专利外围战略和技术模仿提供了便利。在 20 世纪 90 年代,日本处于技术领先期,政府又调整科技创新策略和法规,重视专利政策,通过鼓励科技创新和专利保护,促进科技创新产出。这个时期的措施有:取消专利授权的异议制度;简化专利申请流程,提高专利审批速度;降低专利申请成本和维护费用,鼓励大学教师、科研人员从事科技创新活动。在法律层面进一步强化知识产权保护力度,2004 年和 2005 年修改法规,出台《知识产权高等法院设置法》,将知识产权案件审理集中到东京的知识产权高等法院,提高知识产权案件的审判质量,传递日本政府对于知识产权保护的决心。

4. 打造独有创新文化,进一步压实创新土壤

日本着力打造的企业文化包括"匠人精神""家内和合为本"等理念。日本推崇"匠人精神",形成日本人做事的两个重要特征——对工作的高度忠实和把工作做到极致。这一精神不仅支撑着战后的日本将不同产业的触角伸向全球,创造出经济奇迹,也极大地提升了日本国民的自信和自尊。日本企业强调"家内和合"的理念,增强了员工对企业的责任感,为企业凝聚力的培育和人力资源的有效配置提供了坚实的基础。

(三)日本科技创新战略对中国科技创新战略的启示

1. 发挥政府的引导作用,统筹促进"产学研官"合作

政府在协调多方合作创新活动中的技术成果归属、合作收益分配及解决双方信息不对称等方面问题时,具有先天优势,因此在"产学研官"等多方合作过程中,如果有政府作为平台方或监管方,能极大地提升参与创新合作各方的积极性。并且,政府在一定程度上能够为合作活动带来外部资源,例如提供外部市场的需求信息、技术发展趋势和专家信息等,助力多方合作活动的成功。日本的"产学研官"合作模式,强调了政府的主导作用,也取得了较好的成绩。中国的科技创新战略从中可以借鉴的有:一是通过政府的引导,努力在全社会形成多元化的促进科技创新的科技投入体系。在基础研究和公益性研究方面应该发挥政府投入的主导作用,在应用开发领域充分发挥私人投资和企业投入的作用。二是通过知识产权制度改革,降低高校创新成果保护的成本,鼓励企业和科研人员申请专利,对发生的费用进行减免。三是国家在选择支持的合作创新项目时,要充分了解和调研该技术所处行业的竞争程度、海外研发水平、外资和技术引进程度以及企业本身的业绩水平。要优先支持那些处于朝阳行业、竞争状态良好、有适当科技创新产出的项目。四是政府在作为合作平台时,应该强化专利信息服务,建立信息网络,收集国内外技术和知识产品方面的最新进展,并及时发布,为企业提供技术信息服务。五是大力支持创新型中小企业的发展,帮助其吸引专业技术人才与科学家,以提高企业的科研创新实力,并帮助其技术成果的商业化。

2. 强化科技中介和平台建设,服务科技创新活动

日本的科技中介已经深深扎根于创新体系中,成为日本高校向企业等社会组织转移技术创新成果的重要纽带,在日本近二三十年的科技创新活动中担当了为企业等提供技术信息咨询服务、技术成果转移与保护等多种角色,也为日本的现代科技发展做出了重要贡献。当前中国的科技创新相关的孵化器、创新促进中心、技术市场等虽然数量有了大幅增加,但是运行机制和服务内容还不尽完善,更多承担的是通过技术转移服务赚取佣金的角色,过分看重自身的商业属性,而弱化了自身的服务属性。在促进科研合作、帮扶企业创新等方面还存在技术或服务短板,真正有能力主动发起创新合作、解决企业创新技术难题方面的中介机构还较少。另外在科技服务平台方面,以政府主导、资源集聚、合作创新为主导的日本筑波科学城、东京大湾区在产业创新集群、创新模式管理等方面都取得了较高成绩,这也给我国粤港澳大湾区建设、长三角一体化建设等提供了可鉴经验。

3. 打造更具适应性的动态创新政策体系,优化创新环境

(1)打造适应性更强的创新政策体系。国际复杂局势和外部不确定性的逐渐加剧,动态化的、自适应性强的政策体系对于持续提高一个国家创新能力和创新产出具有十分突出的现实意义。日本在 20 世纪 70—90 年代关于知识产权保护政策的两次"掉头",很好地适应了国内科技创新环境的变化,使国内企业更好地由技术追赶者发展为技术领先者。而日本其他诸如连续调整"产学研官"合作制度、企业扶持方向等政策都及时地使自身发展调整到最正确的方向。中国也处在由要素驱动向创新驱动、产业结构调整等相对复杂的科技发展时期,应该尽快理顺新模式下各要素间的联动关系,明晰动能转换面临的困难点在哪里、数字转型后企业赋能赋新的关键因素有哪些等问题,以适配出台新的符合社会发展特点的各个法规措施。

(2)构建培育创新的科技园。中国的科技园区建设已经取得了令人瞩目的成绩,同时也存在许多问题,如园区目标定位不明确或盲目追求招商引资,有的园区滥用优惠政策;许多科技园区的重点产业项目选择类似,缺少创新和竞争力;缺乏有效的监督和评估机制。日本筑波科学城建设的经验教训,对中国的科技园区和城市建设具有重要的借鉴意义。主要包括:①筑波科学城在运作模式上由国家统一规划和管理,建设费用全部由国家拨款,是世界上建设费用最高昂的科学城。根据中国的国情,中国的科技园区建设似乎更适合由国家和地方共建,并将其作为国家与地方协调发展战略的一部分,处理好中央与地方在规划和管理上的关系。②科技园区的建设需要优良的基础设施(空间、环境、通信与交通设施等)、公共服务(办公设备、会议室、停车场、餐厅、保安等)和增值服务(通信基础设施、网络条件、视频会议、咨询服务等）。③需要国家和地方的财政、税收、金融等方面的大力支持，并充分调动各方的积极性，争取企业和民间资本的支持。由于各地区的经济条件存在差异，应根据本地区的特色，选择重点项目，形成具有区域竞争力的高科技产业，使该地区成为全国乃至世界上最活跃的技术中心。④大力扶植科技型中小企业，吸引专业技术人才与科学家，增强企业的研发能力，加速高新技术成果的产业化，并积极发展风险投资。

（3）建立有中国特色的创新文化。日本的"精益创新"很大程度上得益于其富有特色的企业文化元素，包括"匠人精神""家内和合"等。中华五千年文明，其中也形成了很多具有特色的创新文化元素，应该充分挖掘其中的文化价值和内涵，并进行推广。要将创新文化发展为民族文化的一部分，把它作为一种文化精神融入民族或群体的文化中，并营造出创新的氛围和文化环境，形成鼓励创新实践者自由探索并宽容失败的环境。我国春秋战国时期的"百家争鸣"就形成了典型的崇尚创新和宽容失败的文化氛围。要形成科技创新的社会氛围，鼓励学术探讨。另外，还可以推崇科技创新的"君子文化"，强调科技创新的内外一致、表里如一，培养创新者的文化精神和人文情怀，不断深化创新人力资源的内涵，形成创新的人文典范。

第四章　企业融通创新视角下"卡脖子"技术的突破:理论框架与实现路径

　　当前正处于建设创新型国家的关键机遇期,面对百年未有之大变局,以及国际科技创新竞争的新格局与新发展阶段,系统提升我国产业与微观企业的创新能力成为我国建设世界科技强国的重要抓手。近年来我国产业在嵌入全球价值链的过程中陷入低端锁定,产业发展的关键核心技术"卡脖子"问题明显,如何识别产业发展的关键核心技术以及破解关键核心技术的"卡脖子"问题成为研究的焦点议题。既有的开放式创新与协同创新范式在面对"卡脖子"技术突破过程中都不同程度受阻,融通创新作为一种全新的创新范式,能够从创新主体、创新链以及创新网络三重视角予以解剖,并聚焦于各类创新主体之间的融通动力机制、各类创新要素的共享机制、创新成果转化与成果共益机制以及风险共担机制等多种机制实现各类创新主体之间的融通创新。融通创新视角下面向"卡脖子"技术突破涉及创新制度与政策的融通、产业链与创新链的融通、面向大中小企业的创新主体融通、创新要素之间的融通等四维融通过程,并在载体支撑层面以"央企+民企"创新共同体、产学研融通组织,以及新型研发机构等组织模式实现"卡脖子"技术突破的组织模式支撑,并最终形成面向产业发展(产业链)中的"卡脖子"技术突破(创新链)的"制度—主体—要素—组织"融通创新的整合框架。未来探索关键核心技术与"卡脖子"技术的攻关突破需进一步在创新政策层面加速实现各类产业政策与创新政策的融通整合,在创新主体层面形成面向国民共进以及大中小企业融通发展的创新共同体,在组织载体层面大力培育面向"卡脖子"技术突破的全新融通组织。

当前正处于"十四五"时期的开局之年,也是全面建设创新型国家的关键机遇期,"十三五"时期,我国科技创新体系取得了突出成就,国家创新体系与创新能力不断优化,2019年我国研发经费支出增长至2.21万亿元,研发投入强度达到2.23%,全社会研发投入年均增长保持在10%以上。世界知识产权组织发布的全球创新指数显示,我国创新指数排名从2015年的第29位跃升至第14位,位列新兴经济体国家的第一位,在创新绩效层面,我国专利、学术论文数量等都处于世界前列,在部分关键产业领域比如航天航空、卫星导航系统、核能、高铁等产业领域取得重大技术突破,在量子信息、铁基超导、干细胞、合成生物学等方面取得一批重大原创成果,部分关键技术取得了"从0到1"的突破。但不容忽视的是,近年来随着中美关系的急剧变化以及"逆全球化"暗流涌动,我国产业链在嵌入全球价值链的过程中面临断链风险(刘志彪,孔令池,2020)。断链风险下的创新链对产业链的支撑能力不足,关键核心技术严重受制于人,导致关键核心技术的"卡脖子"问题凸显,成为影响我国"十四五"时期产业链深入嵌入全球价值链中高端、维持我国产业链安全性的巨大障碍(陈劲,阳镇,尹西明,2021)。制约我国"卡脖子"技术攻关突破的关键障碍主要体现在三大层面。

第一大层面是宏观创新投入体系中虽然持续高强度的研发投入不断攀升,跃居世界前列,但是总体上对于基础研究的投入力度严重不足,过度的应用研究的投入导向导致创新链中的基础研究部分严重受阻,严重影响了创新链的下游即试验、应用开发、测试投产、产品商业化的一系列进程,最终导致创新链的节点断裂。

第二大层面是产业层面的产业共性技术支撑体系严重不足,产业共性技术是支撑产业链发展的公共性、基础性以及外部性的技术元素。不管是从产业政策还是科技政策的制度供给来看,我国选择性与功能性导向的产业政策对支撑产业发展尤其是战略性产业发展的共性技术的制度供给内容严重缺失,严重影响了产业共性技术的主体供给、技术识别与筛选以及技术成果的共享与扩散等一系列过程(陈劲,阳镇,2021),导致产业链存在部分产业产能严重过剩、部分产业创新资源供给不足,难以支撑产业链内的创新主体开展产业共性技术的研发与扩散服务。

第三大层面是产业链与创新链之间的协同整合度不够。一方面,在创新主体(包括高校、科研机构)重研究、轻应用的学术研究导向下,系列研究成果难以适应企业产品开发过程中所需的知识成果,且存在科技成果难以转化的巨大障碍。另一方面,企业作为微观市场中的核心创新主体过度注重商业化导向,导致对基础研究以及存在基础研究与应用开发的结合地带的投入力度严重不足,在市场逻辑的逐利主义导向下忽视自身的创新能力建设,过度注重外向型开放式创新,实现创新过程外部化,自主创新能力严重不足,导致产业链内的关键核心技术供给主体缺失,在外循环战略受阻的国际关系新形势下关键核心技术的"卡脖子"问题凸显。

近年来,如何突破关键核心技术的"卡脖子"问题,提升我国原始创新能力以及应用研究开发能力,系统提升我国产业链与价值链的安全性,成为研究的焦点议题。目前对"卡脖子"技术研究的进展主要包括两个层面:

第一个层面是对"卡脖子"技术的概念内涵、形成原因以及识别甄选的研究,即对"卡脖子"技术到底该如何理解,存在哪些特征,与关键核心技术存在哪些差异,为何会形成"卡脖子"问题以及如何识别产业中的"卡脖子"技术进行了一定程度的研究。

第二个层面是对"卡脖子"突破路径的研究,研究主要集中三类研究视角的突破路径。第一类研究视角是制度层面,认为"卡脖子"技术不同于一般性的关键核心技术,需要通过新型举国体制下的社会主义集中力量办大事的优势予以系统攻关解决,并充分发挥市场在资源配置过程中的决定性作用,实现面向"卡脖子"技术的全新制度供给与突破的制度框架(陈劲,朱子钦,2020;曾宪奎,2020)。第二类研究视角是从产业层面的产业共性技术视角,认为"卡脖子"技术的突破需要构筑产业共性技术的系统性政策供给,为产业内的创新主体突破"卡脖子"技术提供公共知识与共性技术,降低产业内的创新主体突破"卡脖子"技术的研发成本与研发周期(李哲,韩军徽,2019;江鸿,石云鸣,2019)。第三类研究视角是微观企业层面视角,探讨"卡脖子"技术如何构建国有企业与民营企业的分类主导的创新共同体视角,即围绕中央企业、国有企业与民营企业的使命定位、资源基础、技术创新能力等方面的差异性,面向"卡脖子"技术突破过程中的各个环节,包括基础研究、应用开发、中间试验、商品转化以及产品商业化与产业化的各个阶段,如何构建分类主导的联合攻关体系,实现国有企业与民营企业的协同与耦合效应(张杰,李荣,2018)。

但是,现有的研究依然存在不足,主要是对"卡脖子"技术的突破需要何种创新范式引领、何种组织模式支撑以及哪些机制的支持尚缺乏系统性研究,导致"卡脖子"技术的系统突破容易陷入创新战略导向选择失误、组织模式缺乏匹配性以及各类机制难以有效协同,最终难以破解关键核心技术的"卡脖子"问题。党的十九届四中全会审议通过的《中共中央关于坚持和完善中国特色社会主义制度、推进国家治理体系和治理能力现代化若干重大问题的决定》指出,建立以企业为主体、市场为导向、产学研深度融合的技术创新体系,支持大中小企业和各类主体融通创新。建立以企业为主体、市场为导向、产学研深度融合的技术创新体系,支持大中小企业和各类主体融通创新,融通创新作为一种全新的创新范式,基于"融通平台"的新思维,探索各类所有制企业在创新过程中的融通发展机制,能够为产业发展催生全新的创新生态,能够为当前我国产业发展过程中的"卡脖子"技术突破提供全新的创新范式选择的系统性框架,也为进一步突破"卡脖子"技术的组织模式落地以及组织载体支撑提供全新的实现机制,最终为突破"卡脖子"技术提供系统性的思考框架。

一、融通创新:概念内涵与主要特征

(一)融通创新的必要性:基于创新范式演进的视角

从创新的范式演进来看,随着企业的边界逐步扩展,尤其是随着信息网络技术的迅猛发展,传统企业内的封闭式交互网络逐步向外延扩,企业内的创新主体也逐步从封闭式环境下的研发人员与企业家转向开放网络环境下的外部创新主体知识吸收、知识整合、知识共享以及知识创新等一系列过程。由此,传统基于企业内创新资源与创新网络的封闭式创新逐步向开放环境下的开放式创新转变。开放式创新作为一种全新的创新范式,其能够通过各类交易契约以及合作协议等实现企业与外部创新主体之间的信息、知识、技术以及资源的交互,充分利用外部创新主体的创新优势,充分将创新外部化,实现企业技术创新以及产品开发等一系列过程(Chesbrough,2003;Chesbrongh,Cronther 2006)。因此,开放式创新其底层的隐含逻辑假设是外部创新主体与企业存在潜在的合作空间,即企业能够通过市场化或者非市场手段,借助研发投入的外包、许可授权以及技术租借等方式,获得企业所需要的创新资源与核心技术(陈劲,陈钰芬,2006;高良谋,马文甲,2014)。不管是内向型开放式创新还是外向型开放式创新,都秉承交换逻辑,即认为核心创新资源、核心技术以及隐性知识都能通过交换的方式解决,因此企业创新能力不足的重要原因是企业开放式创新网络不够发达,并非企业自身知识吸收能力不足或者研发能力不足。在开放式创新范式下,企业可能陷入开放陷阱,即一味通过市场交易手段实现核心创新资源、知识、技术的外部获取、分享,通过技术合作、合资企业、技术创新联盟等能够解决企业的技术创新过程中的系列创新难题。实际上，开放式创新尽管为企业寻求技术合作与知识获取方式提供全新的战略思考框架，但是依然存在两大层面的严重不足。第一大层面是强调开放创新网络而非协同创新网络，导致尽管存在众多潜在合作的创新主体以及知识获取与知识吸收对象，但是开放式创新网络内的主体之间是否与企业自身存在协同能力依然存在巨大的问号，即企业能够通过开放式创新网络构建自身的技术创新联盟，但是在这一过程中依然面临主体之间由于机会主义以及市场交易契约的不确定性导致创新合作失败(王雎，2009)。第二大层面是开放式创新强调任何技术类型，不管是一般技术还是核心关键技术，都能够通过开放式创新网络以知识产权交换、联盟与合作、开放资源项目、众包、合资企业以及衍生企业等众多方式予以解决。但实质上，从资源观的视角来看，企业的关键核心技术作为企业发展的关键资源，往往难以模仿以及难以转让，保持市场竞争地位的前提下关键核心技术存在难以转移的巨大障碍，其涉及关乎整个企业生存与发展的命脉问题(陈劲，阳镇，朱子钦，2020)。近年来，华为与中兴在国际化过程中，试图通过研发国际化构建全球开放式创新网络，实现关键核心技术的获取以及攻关突破。事实证明，在国际科技竞争白热化以及国际关系不确定性背景下这一设想最终走向失败。相应地，关键核心技术的获取也就成为开放式创新网络下难以回答的学术命题(陈劲，朱子钦，2020)。

面对开放式创新范式创新主体协同程度的模糊性以及创新网络中知识主体的过度泛化，学界尝试寻找全新的创新范式解决开放环境下企业与其他创新主体之间如何形成可持续的合作创新模式等问题。协同创新范式呼应了理论研究的缺口，协同创新作为一种全新的创新范式，其强调基于特定的制度安排，创新主体包括企业、高校以及研究机构实现资源、知识、技术等各类创新资源与要素的协同互补，不同主体面向共同聚焦的技术创新过程开展协同合作，实现科学技术以及创新资源在不同组织之间的充分流动与共享,最终实现组织创新层面的战略协同、组织结构与组织运作机制协同以及创新过程中的知识协同(陈劲,阳银娟,2012a)。不同于开放式创新强调企业间的技术创新合作可以通过内向型开放式创新以及外向型开放式创新多种方式解决,协同创新更加强调科学与技术等不同知识与创新机构之间在创新过程中的潜在互补性与协同性问题,因此在协同合作组织模式层面主要是通过产学研等创新机构予以解决(何郁冰,2012)。尽管协同创新这一全新的创新范式为企业寻找知识合作与知识共享对象提供了全新的思考框架,形成了以企业、大学与科研机构为创新主体的协同式创新网络,且这种创新网络包括基于地理邻近性、技术邻近性的区域性、集群性协同创新大网络,也包括基于直接特定的产学研组织的创新小网络,形成创新要素之间相互交互与协同互补的全新创新网络。但是,协同创新范式也存在不足,集中体现为两大层面。

第一大层面为创新主体之间的协同意愿与能力优势互补问题,协同创新的潜在前提是各类创新主体包括高校、科研机构以及企业等具备创新合作的意愿,且在创新资源与能力上具备优势互补以及需求供给相互匹配的一致性合作期望,任意一方合作意愿缺失、合作机会主义或者能力无法形成互补空间,或者在知识产权成果、创新收益层面的分配不当,则协同创新也难以实现期望的技术创新绩效,并会产生创新失败等系列风险。

第二大层面为协同创新高度依赖创新主体之间战略协同、组织协同以及知识协同三大层面的高度协同,但实际上由于协同创新主体囊括的创新主体并不仅仅是统一类型的企业组织,难以产生创新链、产业链之间的融合效应。比如在价值导向层面高校往往沉浸于学术研究而非企业的应用开发,二者之间在价值导向上的显著差异性决定了高校与企业之间的协同创新存在难以融合的空间(叶伟巍等,2014)。主要体现为我国的高校重学术研究而忽视应用导向,一些重点实验室尽管具备较强的基础研究能力,但实验室的基础研究难以与现实产业以及企业应用开发环节之间有效融合,造成尽管在协同组织载体支撑层面搭建了产学研机构,但是基础研究与应用开发的长期脱节使得真正意义上的产学研成果转化难以实现。当前高校基础研究尚无法完全满足产业与企业的现实产品化、产业化需求。尤其是对于关键核心技术攻关突破往往呈现出基础研究与应用开发的强融合性,依赖当前基于高校、企业与科研机构形成协同创新范式难以有效实现关键核心技术攻关突破。

基于此,不管是开放式创新范式还是协同创新范式,在面向核心关键技术的突破过程中都存在难以避免的重大缺陷,如何寻求全新的创新范式,实现各类创新主体之间创新要素的融合互补,实现真正意义上的问题需求导向、成果导向,实现创新链与产业链的融合互补与相互支撑,成为当前我国战略性新兴产业以及未来产业突破关键核心技术"卡脖子"问题的重要着力点。党的十九届四中全会提出,需要建立以企业为主体、市场为导向、产学研深度融合的技术创新体系,支持大中小企业和各类主体融通创新。融通创新作为呼应当前国际关系新形势、国内发展新格局与新战略以及突破关键核心技术"卡脖子"问题的重要创新范式,理清融通创新的内涵特征,分析基于融通创新实现"卡脖子"技术突破的理论框架意义重大,对于"十四五"时期加快迈向创新型国家前列意义重大,对于微观企业层面与产业层面基于融通创新实现全新的企业创新生态系统与产业创新生态系统意义重大。

(二)融通创新的概念内涵与关键特征

当前,学界对融通创新的解读存在多种视角,总体来看对融通创新这一全新的创新范式的研究尚处于起步状态。总体上呈现出三类解读视角。

第一类解读视角是创新主体的视角。融通创新强调的创新主体不仅仅包括产学研协同创新层面的横向协同,即强调企业与其他知识创新主体包括高校与研究机构之间的有效协同(陈劲,阳银娟,刘畅,2020b),更强调在同一创新主体的不同类型之间的有效融合,包括在以企业为市场创新主体范畴中,不同规模场域以及不同所有制场域内的大中小企业、国有企业与民营企业之间的各类创新要素之间的有效融合,聚焦某一知识与技术创新需求,开展系列知识共享、要素融通以及主体协同的创新过程。因此,从创新主体的视角来看,融通创新范式突破了传统封闭式创新、开放式创新以及协同创新的创新主体之间的关系范畴,融通创新的逻辑起点在于不同创新主体的资源基础、能力优势、创新意愿与导向具备异质性,融通的目标在于有效融合不同组织场域内的不同创新主体之间的各类创新资源与创新要素,有效整合各类创新主体之间的创新意愿与合作意愿,真正实现不同创新主体之间在面向某一创新需求导向下的有效耦合。值得注意的是,融通创新范式下的创新主体存在多种协同与耦合关系,包括强协同—弱耦合、强协同—强耦合、弱协同—强耦合、弱协同—弱耦合等多种状态。

　　第二类解读视角是创新链的视角。创新链强调技术创新与产品开发过程中的不同创新环节,包括基础研究、应用开发、中间试验、投产测试与产品化、商业化与产业化等系列过程。在创新链的视角下,我国关键核心技术严重受制于人的主要原因在于创新链之间的各链条呈现出孤岛式以及节点断裂的特征(张其仔,许明,2020)。具体来看,长期以来,我国政府在宏观创新投入层面对基础研究的投入力度严重不足,一定程度上造成了我国基础研究环节呈现出知识基础对产业链的支撑能力不够的情况(洪银兴,2019)。在应用开发领域,企业与高校之间的科技成果转化存在各类制度藩篱以及具备技术开发能力的高校与研究机构在科学研究过程中过度偏重学术导向而非嵌入应用现实导向,导致目前基础研究的各类创新主体与企业科技成果转化、产业化的现实导向之间的脱节,造成基础研究与应用开发之间的断裂。基于此,从创新链的视角来看,由于创新链中的不同创新环节其核心主导任务、主导创新主体以及所需要的创新资源与创新要素存在明显的差异性,因此融通创新强调创新链的各类链条之间相互融通结合,在创新链的各个环节实现各类创新主体有效协同以及各类创新要素的有效耦合。比如在基础研究环节,基础研究具备公共性特征,需要具备学术影响力的不同类型高校与研究机构以及企业中具备基础研究实力的科学家开展协同攻关,实现高校、科研机构与具备基础研究实力的企业之间充分的知识互动与知识共享,实现基础研究成果的公共化、共益化。在应用开发、中间测试、产品开发与商业化过程中明确企业与科研机构为分类耦合式创新主体的融合场域,实现场域内的不同类型企业之间、不同产学研主体之间的有效协同与耦合,最终实现包括知识、信息、技术、人才与资金等在内的各类创新要素的充分协同互补,实现创新链之间的融通稳健。

第三类解读视角是创新网络的视角。创新网络强调在开放环境下企业难以仅仅通过内部研发团队的内部知识创新活动实现各类复杂的知识与技术创新活动,需要企业逐步融入外部的创新网络之中,包括国内不同企业主导的创新生态系统以及企业所处产业集群环节的产业创新生态系统(方炜,王莉丽,2018;黄海霞,陈劲,2016)。在这一过程中,企业能够形成不同形态的创新网络,并与所处创新网络内的不同创新主体产生知识、信息、技术以及成果交互。从创新网络内的各类创新主体之间的关系来看,主要存在竞争关系、互惠关系以及平等关系等多种关系类型。融通创新则是实现创新网络内的各类创新主体之间,逐步从竞争逻辑主导下的偏利共生、非对称共生以及对称共生等多种类型,转型为共赢与共益、共享逻辑主导下的价值共生以及平等型共生。即在同一创新主体的场域范围内,不存在基于企业规模大小差异的创新成果分配的不平等以及创新地位的不平等,也不因所有制的差异导致创新主体在获取创新资源以及创新绩效评估方面被歧视性对待。各类创新主体处于平等地位,享受公平普惠的创新制度环境与政策环境,共同聚焦某一创新问题发挥各自的创新资源优势与能力优势,最终实现各类创新要素在创新网络内的充分流动,真正意义上实现创新网络内各节点之间资源融通、要素融通、过程机制融通的融通创新。

(三)融通创新的运行机制及其他创新范式的系统性差异

融通创新作为一种全新的创新范式,其内在的运行机制区别于协同创新下的战略协同、组织协同以及知识协同等多种协同机制,而是聚焦于各类创新主体之间的融通动力机制、各类创新要素的共享机制、创新成果转化、成果共益机制以及风险共担机制等多种机制,实现各类创新主体之间的融通创新。具体来看,融通动力机制强调各类创新主体具备聚焦特定创新议题以及创新过程中的融通意愿,即具备与其他创新主体开展充分合作与要素共享的意愿,具备共同解决特定技术创新过程中各创新链条各个环节相互衔接的基础性动力;在创新要素的共享机制层面,企业的技术创新需要各类创新要素的支撑,包括信息、知识、技术、人才以及其他要素,但实质上由于各类创新主体在市场中所拥有的创新要素以及所能够撬动的创新要素的能力具有较大的异质性,且创新要素的背后隐含着相应要素价格的差异性。因此实现各类创新主体之间的融通创新的前提是各类创新要素能够充分共享,不管是闲置性的要素实现充分共享还是基于特定利益分配的要素共享等多元共享形式,各类创新要素能够在同一创新链、同一创新网络、同一创新场域内充分共享,各类创新主体能够有效弥补自身所缺乏的创新要素,真正实现创新链之间的要素充分转化,实现各链条环节之间的融通创新。

在创新成果转化以及成果共享与共益机制层面,融通创新突破了传统开放式创新各类主体之间的创新外部化的方式实现创新成果的转移,更加强调各类创新主体面向统一技术创新问题形成开放与共享共益的创新与价值共创场域,开放式创新的各类创新主体并不要求具备同一创新问题导向,而是聚焦企业的技术创新过程,能够主动寻找与其相符合的创新成果占有者或者知识产权拥有者,通过外部获取以及基于外部吸收的知识吸收与知识转移的方式实现创新的内部化,形成外向型开放式创新以及内向型开放式创新。但是融通创新更加强调各类创新主体在同一技术创新问题驱动导向下的创新场域之中能够形成价值互惠、价值共享、价值共生、价值共益的共生单元,不管是大规模企业还是中小企业都能在同一场域内拥有创新过程中的同等地位,仅仅是基于分工协同的环节差异性以及面向创新链之间的传导过程的参与程度的异质性,但是最终的科技成果转化比如形成关键性的核心技术尤其是共性技术能够充分被同一场域内的多元创新主体共同使用与共同受益,共同突破在产品开发以及技术创新过程中的技术瓶颈。在价值分配与风险共担机制层面,融通创新更加强调同一重大创新需求或者创新问题导向,其主要是通过平台价值分配机制实现融通创新平台内的各类创新主体之间的价值共益,而非开放式创新范式下的利益独占或者协同创新范式下的利益非均衡化分配,融通创新强调解决共同面临的创新需求与创新问题。因此一旦实现相应的创新目标,各类创新主体都能共同拥有这一技术或者知识,最终实现创新成果的价值共益与均衡型分配。融通创新强调同一问题导向的创新场域内的成果与价值共享与共益,创新主体基于融通平台实现平台战略的平台价值共赢与共享(阳镇,陈劲,2020)。但是实质上不同创新主体在参与融通创新平台以及创新链各个环节的过程中,其风险承担能力具有差异性,因此依然可能存在风险与最终价值之间的不对等性,造成利益分配失衡,融通创新平台依然需要探索建构基于风险分担的利益共享分配机制,真正实现平台内各类规模企业、各类所有制企业以及各类知识生产与供给主体之间真正享有平台共赢价值,打造面向融通创新的价值共享平台,最终形成面向共同创新需求与共同价值创造导向的平台型价值生态系统,实现生态系统内的创新链、产业链、产学研主体、大中小企业以及不同所有制企业之间的创新要素充分融通,在价值创造过程中创造融合型的平台效应(肖红军,阳镇,2020)。

二、融通创新视角下"卡脖子"技术突破的整合框架与突破路径

(一)"卡脖子"技术的概念内涵

近年来,在中美关系发生急剧变化的国际关系新形势下,以及面对我国高质量发展导向下企业自主创新能力依然薄弱等问题,我国产业链在嵌入全球价值链的过程中,整体上长期处于价值链低端位置,即过分强调开放式创新,通过技术引进、技术吸收与学习等方式并未能真正实现产业关键核心技术的自给自足。近年来,美国以遏制中国全面实现创新转型发展为目标,在部分战略性新兴产业与未来产业中,列出关键核心技术负面清单,导致我国产业链在创新发展过程中关键核心技术难以短期自给自足,关键核心技术的"卡脖子"问题凸显,相应地,产业发展过程中的"卡脖子"技术成为当前国内学界与政府关注的重大现实问题。当前国内学界对"卡脖子"技术的定义与解读视角依然存在重大争议,直接影响到"卡脖子"技术如何识别、如何系统攻关以及突破等现实问题,最终会影响到我国产业链整体安全性以及在全球价值链中的地位的稳定性,对于我国迈向创新型国家前列以及成为世界科技创新强国产生系列重大现实影响。

目前学界对"卡脖子"技术的内涵与特征理解存在显著的差异性,其背后的原因在于定义视角不一,主要从技术差距视角、国际关系视角、产业链安全性视角、综合视角等角度定义解读"卡脖子"技术。第一种定义视角是基于技术差距的视角,认为"卡脖子"技术是一国产业发展过程中的关键核心技术,与其他竞争性产业链内的关键核心技术存在巨大的差距,且这一差距短期内难以通过产业链内的创新链缩短,也难以通过技术贸易或者技术转移的方式实现技术突破,由此在产业发展过程中便形成了"卡脖子"技

术，"卡脖子"产生技术的直接原因是技术差距，且这种技术差距不仅仅是创新链的某一环节的差距，更包括了创新链中的基础研究、应用开发、中间测试、产品设计与商业化等一系列过程的差距，尤其是在某些领域各个环节呈现出融合特征的节点存在显著性差距。第二种定义视角则是基于国际关系与国家经济战略的视角，认为"卡脖子"技术首先是决定一国科技竞争战略的关键核心技术，且国际关系恶化导致国际贸易受阻，原本基于国际贸易分工体系的技术贸易服务以及技术跨国转移难以开展，导致一国在全球开放式创新环境下的产业链与创新链遭受断链，原本需要创新链各个环节支持的产业链技术创新严重受阻，导致产业发展的关键核心技术成为"卡脖子"技术。第三种定义视角主要是基于产业链安全性的视角，认为产业链嵌入全球价值链中高端的关键要素是支撑产业发展的关键核心技术。因此相比于一般性的技术，"卡脖子"技术一方面是符合产业链发展的关键核心技术，同时这种技术具备高度的复杂性以及产业垄断性，一旦被竞争对手列为限制转移与交易的关键核心技术，则成为"卡脖子"技术，其关系到整个产业链是否能够安全稳定发展。第四种定义视角是基于综合视角，认为"卡脖子"技术表明一个复杂的技术簇，其技术本身符合关键核心技术的一般性特征，但是产业发展中的"卡脖子"技术表明，国家间的科技实力（基础研究、应用开发、中间测试与成果转化）存在明显的差距，产业与企业的创新生态存在短期内难以追赶的差距，且这种技术由于垄断性强，难以在全球开放式创新环境下通过技术的跨国、跨链、跨企之间的合作（技术联盟、合资企业、技术许可证等方式）实现技术吸收与技术转移，因此一旦国际竞争关系恶化陷入零和博弈的状态，该类技术便成为"卡脖子"技术。因此，从综合视角来看，"卡脖子"技术需要满足该技术与发达国家或者科技强国存在较大的技术差距、是决定产业当前与未来发展的关键核心技术且技术的垄断程度高、对保障产业安全性具有关键作用、在全球价值链中占据关键核心位置等多重标准（陈劲，阳镇，朱子钦，2020）。

(二)融通创新视角下"卡脖子"技术突破的整合框架

在融通创新的全新创新范式下,破解"卡脖子"技术其本质上是构建"融通"泛平台。这里的平台并不是传统意义上的平台型企业或者互联网平台,而是聚焦于某一产业发展过程中的"卡脖子"技术攻关突破的"融通"创新平台,融通创新平台汇聚了突破"卡脖子"技术需要的各类创新主体、各类创新要素、各类创新制度与政策体系等,涉及创新制度与政策的融通、产业链与创新链的融通、创新主体之间的融通、创新要素之间的融通等四维融通过程,并在载体支撑层面以产学研融通组织、"央企+民企"创新共同体以及新型研发机构等组织模式实现"卡脖子"技术突破的组织模式支撑,最终形成面向产业发展(产业链)中的"卡脖子"技术突破(创新链)的"制度—主体—要素—组织"融通创新的整合框架(见图4-1)。

具体来看,第一,面向"卡脖子"技术的融通创新在于制度与政策融通。在"卡脖子"技术突破过程中,制度环境是影响整个创新主体与创新要素演化的外部关键变量。当前我国面向各类产业的关键核心技术突破形成了一系列的产业政策、科技政策、创新政策与产业技术政策等,各类政策其逻辑起点与对不同创新主体的创新导向、创新资源的供给导向呈现出较大的差异性。从既有的政策文本与政策研究来看,创新政策存在三种类型,第一种创新政策是广义的范畴,泛指一般性的创新政策比如产业政策、科技政策对产业内的创新主体的研发创新与科技成果转化等活动的支持,以选择性或者功能性的产业政策与科技政策实现特定创新主体的培育与支持,促进产业内的创新主体形成产学研合作机制,促进产业内的知识流动与知识供给,保障各类知识有序流动以及无歧视性流动。第二种创新政策是狭义的范畴,其特指以创新主体的创新能力提升为目标,为创新主体提供更优越的创新制度环境,包括知识产权保护制度、科技人才政策、科技金融政策,实现创新环境的系统优化。第三种是特定型创新政策,主要是面向某

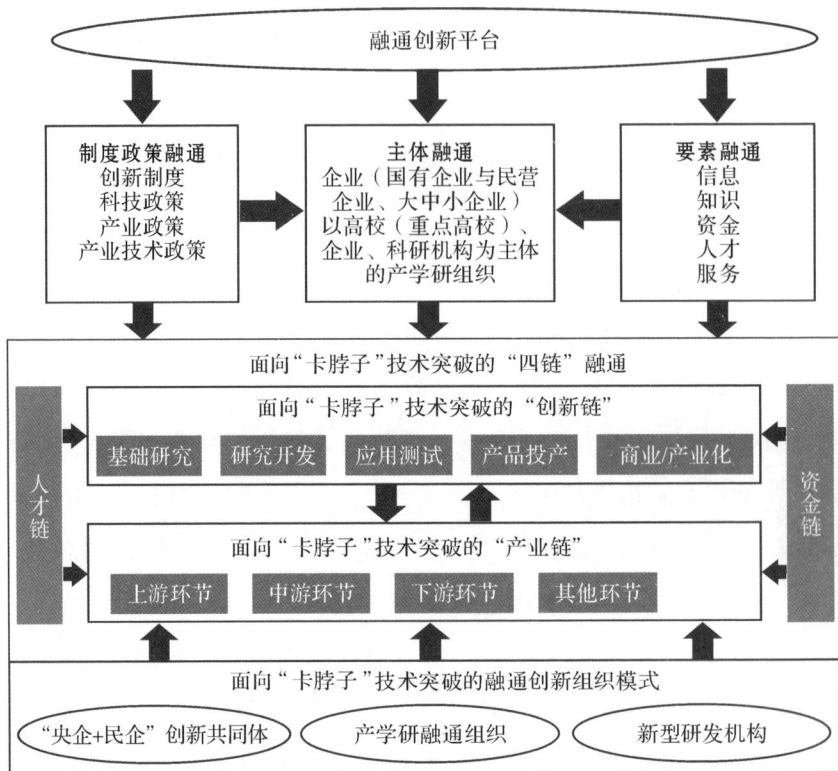

图 4-1　融通创新视角下"卡脖子"技术突破的整合框架

一特定类型的创新主体与特定领域的创新政策,前者主要是面向中小企业、创业企业的创新政策,以包容性以及普惠公平为目标,为市场中的各类中小企业与创业企业提供与大企业无偏视的创新政策,促进各类创新主体的创新与创业机会均等,实现对创新弱势群体的扶持等。后者主要是面向国家战略性领域、公共性领域实施特定的创新政策,支持特定具备国家战略性的新兴产业与新兴技术的发展,比如对航天航空产业实施特定的技术创新政策,保障国家的战略安全,提升国家的科技竞争能力。

第二,面向"卡脖子"技术的融通创新在于主体融通。从创新主体层面看,创新主体是"卡脖子"技术攻关突破的关键知识供给、知识应用与知识成果转化的关键力量。目前关键核心技术的供给总体上依然是大企业主导与重点高校、科技机构主导，即大型民营企业与大型国有企业在整个技术创新过程中扮演了关键角色。其他创新主体包括中小企业、其他民营企业以及普通高校与科研机构在整个面向关键核心技术攻关突破中依然存在参与度不足以及贡献度不高等问题。但是"卡脖子"技术不同于一般性的关键核心技术，其技术的研发攻关需要创新链中的多主体参与协同与融合，单独某一创新主体难以完全具备高度复杂性、基础研究与应用开发高度结合的技术开发过程，需要基于知识耦合机制实现创新链中的各类创新主体之间知识要素相互融通转化的创新过程，进而强化面向"卡脖子"技术的创新链内各创新主体间的知识互动与协调，形成开放、融合的融通创新开放系统。比如国有企业与民营企业在创新过程中不再是"国进民退"，而是在创新链的传导关系以及产业链与创新链的融通互促过程中充分融合。不管是国有企业还是民营企业都具备相互融合，如共同形成特定创新项目制攻关、形成混合所有制企业的基础性意愿与动力，在技术创新过程中，国有企业能够充分利用其独特的风险承担能力与资源优势，承担面向产业发展的关键共性技术研发，提供基础性的研发资金支持与技术创新网络；而民营企业在颠覆式技术创新、技术商业化以及产业化等领域发挥关键的动态能力支撑作用，形成面向"卡脖子"技术攻关突破以及产业关键核心技术高阶演化的"国民共进"融通创新的新生态。

第三，面向"卡脖子"技术的融通创新在于链条融通。在创新链、产业链、人才链与资金链的"链条"层面，融通创新视角下面向产业发展过程中"卡脖子"技术的攻关突破主要涉及产业链、创新链、人才链以及资金链四链之间相互支撑融合。"四链"融合主要体现在以下方面：一是强化创新链各个环节内部的有效融合，面向"卡脖子"技术的巩固突破往往需要"基础研究＋应用基础研究＋应用开发＋产业化能力"的综合能力，而非单一的技术开发能力或者工程能力。"卡脖子"技术不同于一般性的关键核心技术的重要特征在于技术的攻关突破需要高度融合的基础研究与应用研究能力,产业发展中的"卡脖子"技术涉及关键的学科基础、关键的高端生产设备以及关键的零部件、关键材料等综合配套创新基础设施,且技术创新过程需要创新链内五个环节的紧密结合,实现创新链内各个环节的有效融合。二是强化产业链内的各个环节的有效融合,即"卡脖子"技术往往涉及多个产业链之间以及产业链内部的多个环节之间的有效支撑。产业从上游到下游参与整个"卡脖子"技术的攻关突破,从而带动产业链上下游更多的创新主体(企业)参与面向"卡脖子"技术攻关的系列过程,包括产业链不同环节中的原材料供给(关键生产设备与生产工艺)、关键零部件的生产制造能力等配套能力融通支撑"卡脖子"技术突破。三是强化产业链与创新链之间的融通效应。"卡脖子"技术,一方面,是关键产业、战略性新兴产业与未来产业中的关键核心技术;另一方面,也是创新链中难以短期突破,需要融通整合的技术瓶颈。破解"卡脖子"技术,一方面,需要对关键产业与未来产业进行甄选与识别;另一方面,创新需要围绕关键产业与未来产业予以部署,为产业链拓展、延伸和提质汇聚各类创新主体,实现各类创新要素集聚与供给,突破产业链发展过程中的技术瓶颈、产品开发瓶颈以及市场商业化瓶颈等,为关键产业发展构筑知识生产、研发创新以及技术成果商业化转化并最终实现产业化的融合平台,实现产业链与创新链"两链"的供给与需求相互衔接和融合。四是强化人才链与资金链对产业链与创新链的支撑融合效应。不管是支撑关键产业的发展还是创新链的各个环节,都需要各类人才的充分互动协作以及各类资金的充分融合。一方面,以高端人才(研究型人才、技术型人才、管理型人才以及其他人才)支撑产业链与创新链的关键设备生产、关键技术研发、关键产品设计、开发,以及对产品市场化与产业化的商业能力的融通支撑;另一方面,需要政府财政资金、银行贷款、市场风险投资以及各类产业发展基金、社会资金的融通结合,分别在支撑创新链的基础研究、应用开发、产品测试、产品商业化与产业化的各环节发挥不同的分类主导作用。

(三)融通创新视角下"卡脖子"技术的突破路径

1. 制度与政策融通:加速实现各类产业政策与创新政策的融通整合

面向产业发展与技术创新的政策类型多种多样,主要包括产业政策、科技政策、产业技术政策等多种类型,其政策工具呈现出丰富多样的特征,包括特定的财政补贴手段、税收手段、金融货币手段、政府采购以及政府专项等方式,实现创新主体的扶持与创新环境的优化,呈现出选择性与功能性政策工具的交替混合等特征。因此,从创新制度与政策的视角来看,突破关键核心技术的"卡脖子"问题首要的便是制度与政策融通,目前总体上创新政策存在泛化的趋势,各类创新政策工具组合也多种多样,突破"卡脖子"技术需要实现各类创新政策的融通协同,即破除当前创新政策的碎片化、条块化的政策实施体系,集中识别关键产业发展中的"卡脖子"技术,面向"卡脖子"技术突破的关键创新主体进行筛选、培育与扶持,实现创新要素的集聚,通过面向"卡脖子"技术突破的基础研究、科技攻关项目与科技计划、创新基础设施(人才、资金、知识产权等)、创新服务中介机构政策以及创新成果转化等政策的集成融合,实现"卡脖子"技术的集中式、联动式与融合式的政策组合融通效应,为破解"卡脖子"技术提供整合式的融通政策新框架。

2. 创新主体融通:形成面向国民共进以及大中小企业融通发展的创新共同体

目前,面向关键核心技术的创新链中的各类创新主体之间存在较为明显的缺位错位现象。具体来看,基础研究环境理应由高校与科研机构提供基础性的共性知识,在基础研究领域具备完全的公共物品特征,需要高校与科研机构在面向关键核心技术所涉及的基础研究体系中扮演关键角色。

且国有企业的技术创新具备公共物品特征,在一定条件下可以与知识供给的各类创新主体包括高校、科研机构组建产学研融通组织,实现以企业技术创新为目标的科学研究中心、科技成果转化中心等组织构架设计,更好地打通面向关键核心技术中的公共知识、共性技术的融通主体组织模式(黄群慧,2020)。通过组建面向关键产业的"卡脖子"技术突破的综合性国家科学研究中心、企业科学中心,扭转我国关键核心技术"卡脖子"问题突破过程中的基础研究不足与原始创新动力不足等问题(张杰,2020)。而在创新链的应用开发以及中间测试与商业化环节,整个技术创新的过程不再具有完全的公共产品特征,反而具备市场化、商业化的私人产品特征。这些环节需要积极引入国有企业与民营企业为混合融通组织模式,实现各类创新主体之间的优势互补,尤其是民营企业在商业化过程中更具敏锐的市场嗅觉,能够为"卡脖子"技术的攻关突破提供市场原动力,以"民营企业+国有企业"融通混合,吸收应用开发过程中的不确定性风险。而在创新链的终端即产品商业化与产业化的环节,需要大力引入各类中小企业、各类民营企业与国有企业,实现产品开发的大范围商业化,提高整个技术商业化收益,发挥民营企业、中小企业在特定商业领域的商业化能力与市场能力,对创新链的前端即基础研究以及应用开发产生反哺效应。

3. 融通组织载体:大力培育面向"卡脖子"技术突破的融通创新组织

融通创新范式下的"卡脖子"技术的突破最终需要立足于全新的融通组织新载体。区别于一般性的产学研组织或者科技创新研究中心、国家实验室等研发组织,融通创新视野下"卡脖子"技术的突破需要采取多类融通组织齐头并进的方式实现各类创新主体、各类创新要素以及各类链条之间的有效融通。具体来看,第一大融通组织模式是面向企业层面的"国有企业+民营企业"的创新共同体。这一类融通组织重点通过混合所有制改革制度背景下的混合所有制企业予以实现。具体来看,混合所有制企业具备公有资本与非公有资本之间的有效融合,通过交叉持股以及共同分类主导持股等方式实现股权与收益权的有效融通，在面向关键核心技术以及"卡脖子"技术攻关的过程中，能够充分实现国有资本下的独特的风险承担能力以及技术开发与市场化产业化过程中的动态商业化能力的有效融合。但是基于混合所有制企业的融通创新组织模式需要基于国有企业的功能定位分类实施混合交叉持股，探索混合所有制企业的分类、分层级以及分隶属的新模式；基于商业类、垄断竞争性、自然垄断性以及公益类等不同性质的国有企业，探索与民营企业不同类型的交叉持股等新混合模式（柳学信，曹晓芬，2019）。

　　第二大融通组织是组建产学研融通创新组织。此类组织不同于一般性的产学研组织，传统产学研组织往往创新的目标较为泛化，创新过程中各类创新主体之间的融合度不够，存在基础研究难以为应用开发服务、技术开发难以为产业化服务等链条之间的断裂风险，且传统产学研组织各主体之间关系较为松散，呈现出协同强而知识耦合程度低等特征。而产学研融通组织其组建目标更加聚焦面向重大技术、重大工程联合集体攻关，主体参与形式不仅是传统的大企业、重点高校以及科研院所的分类主导式，而且强调大中小企业、各类高校与科研机构的融通大平台，更加注重面向"卡脖子"技术与关键核心技术攻关突破过程中的基础研究与应用研究的紧密互动融合，产业链的中下游、创新链的各个环节之间深入嵌入整个产学研融通组织运行过程之中（于良，2020）。

　　第三类是不断涌现的新型研发机构。2016年7月国务院印发了《"十三五"国家科技创新规划》（国发〔2016〕43号），提出要培育面向市场的新型研发机构，构建更加高效的科研组织体系。新型研发机构区别于传统的科研机构面向单一的技术创新或者基础研究，打破了传统政府资助下的科层制科研机构运作模式，其更加注重多类创新主体的引入，以各类创新主体的技术入股、资金入股模式，联合共建模式，项目制模式，人才交流与人才培养等模式实现全新的产学研合作机制创新（任志宽，2019），在研发创新过程中能够根据组织内各类人才的专业背景、研发优势、企业的市场需要和产业化的市场导向自主选择科研方向,在技术攻关方面与研究过程中具备较强的自主性,能够实现高校、科研院所、各类企业、政府、科技服务机构等多方主体与多方资源的协同耦合,实现要素之间的充分融通、知识之间的多向流动、科技成果的快速转化,最终实现企业、政府与研究机构在同一制度框架下的深度融合(陈劲,朱子钦,2020)。面向"卡脖子"技术突破需要以新型研发机构为突破口,探索围绕关键核心技术攻关与产业化应用的新组织模式,实现基础研究、应用开发到企业孵化与产业化的全链条打通的全新组织模式。

产业科技创新篇

产业科技创新是中观层面承载宏观科技创新战略的重要方式。产业层面的科技创新包括产业科技政策、战略性新兴产业和高新技术产业的创新发展，以及新一轮工业革命下数智产业的发展。双循环新发展格局下的产业科技创新，需要系统推动产业技术政策的转型优化，着力推动战略性新兴产业的发展，以及基于数智经济对传统产业创新进行深度赋能，最终在产业层面系统构建面向双循环新发展格局的产业创新生态系统。

第五章　双循环新发展格局下的中国产业科技创新

　　不管是发达国家还是发展中国家,都将产业政策应用于产业转型与创新发展的政策实践之中,但不管是业界还是学界,都对产业政策的正当性与有效性存在广泛的争议。前者主要涉及产业政策能否成为选择与激励一国产业发展的主导性政策体系,其更多地涉及产业发展能否被政府政策规划所布局以及指引,通过政府手段实现产业发展的主导产业甄别、产业分布的空间布局、产业内企业进入的财税激励以及行政管制放松等,最终达到基于政府主导的产业政策体系,其背后的争议性涉及政府参与或者主导产业发展的合法性问题;后者主要涉及产业政策的类型,包括选择性产业政策是否在市场化充分的地区依然存在、产业政策中的选择性产业政策与功能性产业政策如何组合使用、产业政策内的各项政策工具(供给面、需求面与环境层面的政策工具如何有效协同)等一系列问题(杨瑞龙,侯方宇,2019)。实质上,从学界的主要研究学派来看,目前主导产业政策研究的主要是新古典经济学与演化经济学以及发展经济学的相关学者,他们对产业政策的合法性与产业政策的边界有效性进行了大量的研究。其中新古典经济学家强调市场有效性,政府在一国产业发展过程中扮演协同性角色,弥补市场的不足,产业政策的存在是为弥补传统的市场失灵,基于特定公共民生与关系国家战略发展的产业实现政府产业政策供给,认为政府产业政策依然能够为经济增长贡献力量;而演化经济学与发展经济学的学者强调产业政策在推动产业转型与演化过程中扮演着关键性角色。尤其是从创新的视角来看,由于技术创新本质上是一个具有风险性与长周期的不确定性市场活动,基于风险承担的异质性需要政府在部分具有共性技术与基础研究领域投入相应的产业创新政策供给,基于产业的创新政策能够为塑造完善的产业创新生态系统实现产业与科技以及社会的共生系统演化提供政策支持。基于此,从演化经济学与创新经济学的视角来看,推动一国或者区域产业发展过程中的产业技术政策实施,便是实现产业政策与科技政策之间的有效融合,即在产业发展中,通过设计面向产业链与创新链之间的政策工具如创新主体研发创新投入、产业共性技术研发体系建设、创新成果转化与扩散以及创新人才与制度等产业技术政策体系等实现产业发展过程中的技术供给、资源与人才供给以及制度保障,为产业内的各类所有制企业提供创新要素支持。

新中国成立 70 余年来,我国从工业基础薄弱的落后农业国发展成为一个具备第一、二、三产业协同发展的完整产业体系的现代化工业大国,且工业发展进程已经步入工业化后期阶段。在产业的转型与创新发展过程中,我国形成了完备的面向工业体系的产业技术政策体系,科技创新战略逐步从以重工业主导的"举国体制"科技创新向科教兴国战略、创新型国家战略与创新驱动发展战略系统性转变(陈劲,2020;陈劲,尹西明,阳镇,2020),且有效实现了产业政策与创新政策之间的相互协同,基于产业技术政策提升产业创新发展能力以及企业技术创新能力,促进产业内的创新主体开展技术创新实现产业发展的绩效改善。在产业发展的创新绩效层面,我国制造业规模居全球首位,200 多种工业产品产量位居世界第一,并建立了世界上最完整的现代工业体系,拥有 39 个工业大类,191 个中类,525个小类,成为全世界唯一拥有联合国产业分类中全部工业门类的国家。更为关键的是,随着新一轮工业革命席卷全球,移动互联网、大数据、区块链、人工智能等数智技术驱动的数字与智能产业迅猛发展,尤其是智能化驱动的人工智能与大数据技术为大规模个性化定制提供了广泛的契机,重塑了传统制造行业的生产效率,技术驱动下数字技术的高度扩散性与渗透性,使得传统产业内的劳动生产率与资本有机构成不断提高,数字技术革命不同于前两次工业革命,对产业具有高度"赋能效应"与"渗透赋能"。

但不容忽视的现实是,我国尽管建立了面向第一、二、三产业协同发展的产业技术政策体系,一定程度上解决了供给层面产业现代化程度不高、落后产业过剩、产业链之间协同度差以及产业内企业创新能力低下等问题,初步建成了世界科技大国体系下的完备的产业科技创新政策体系,但是我国产业科技发展过程中依然面临两大突出问题:一是产业内的高端装备制造能力严重不足,制造业"大而不强",尤其是关键零配件、核心零部件的产业生产能力严重缺失,产业发展缺乏自主创新能力,距离产业层面的高质量发展目标尚存在巨大差距。二是产业发展的关键核心技术严重匮乏,尤其是面向产业共性技术的基础研究与应用研究的整体协同度不足,关键产业、产业链中的大型龙头企业关键核心技术的技术创新能力亟待进一步提升,关键核心技术的对外依存度依然偏高,整体上存在大而不强的"虚胖"问题。尤其是近年来中美在全球科技竞争中的新战略格局急剧变化,美国以遏制中国全面转型升级为目标,对中国的重要战略性新兴产业发展过程中的产业链、供应链乃至创新链进行全面的封锁与遏制,在部分核心关键技术列出负面清单,导致我国近年战略性新兴产业与嵌入全球价值链的重要产业的关键核心技术的"卡脖子"问题凸显,严重影响了我国产业链与价值链的安全性。产业关键核心技术的"卡脖子"问题也成为制约我国产业链迈向全球价值链高端,乃至制约我国高质量发展与迈向世界科技创新强国的巨大障碍。面对国际科技竞争与国际关系新形势以及国内科技创新的重大现实问题,2020 年 8 月 24 日,习近平总书记在经济社会领域专家意见座谈会上指出,"要推动形成以国内大循环为主体、国内国际双循环相互促进的新发展格局"①。这个新发展格局是根据我国新发展阶段、环境、条件变化提出来的,是重塑我国国际合作和竞争新优势的战略抉择。2020 年 12 月,中央政治局召开会议分析研究 2021 年经济工作,指出要整体推进改革开放,强化国家战略科技力量,增强产业链、供应链自主可控能力,形成强大国内市场。基于此,在双循环新发展格局下,优化当前科技创新的体制机制,进行产业链、价值链、供应链与创新链系统协同与整合,以产业技术政策为抓手,系统推进产业高质量发展以及培育基于创新型企业与世界一流企业主导的产业创新生态系统,成为"十四五"时期实现我国高质量发展目标的重大任务,也成为 2035 年全面实现迈入世界科技创新强国前列的必然选择。

一、产业技术政策:产业政策与科技政策的系统性融合

产业政策的理论渊源可以追溯到新古典经济学理论,新古典经济学尤其是发展经济学的学者认为产业政策能够弥补市场失灵,促进经济增长(林毅夫,2012)。如表 5-1 所示,从产业政策的主要类型来看,产业政策的分类方式与内容也多种多样。拉尔将产业政策分为选择性产业政策和功能性产业政策,选择性产业政策的理论基础是"赶超理论",后发国家集中资源对某些产业尤其是战略性产业与高新技术产业提供各种倾斜式扶持,以期短期内实现快速发展。功能性产业政策主要是为产业发展提供宽松的制度环境与营商环境,提升政府与市场在产业发展与企业创新过程中配置资源的效率,从实践来看,主要体现为提供产业共性技术、产业成果转化平台、产权保护制度、产业技术人才激励机制以及系列产业创新创业培育与产业公共创新空间等多种类型。产业政策按照具体的内容类型一般分

---

① 习近平.在经济社会领域专家座谈会上的讲话[M].北京:人民出版社,2020:4.

为产业组织政策、产业结构政策与产业发展政策,其中产业结构政策主要是对主导产业的内部结构进行调整,包括幼稚产业与成熟产业、支柱型产业与非支柱型产业、衰退产业与弱小产业的产业发展序列进行调整,本质上属于对不同类型的产业发展优先性进行调整,采取针对性措施调整产业的整体性进入与退出,产业结构政策的目标是促进产业从低级走向高级化,推进产业结构的转型升级。产业组织政策是从组织视角,对产业内的不同组织之间的竞争保证产业内多元组织竞争有序与共生发展,包括产业内的在位企业与潜在进入者、大企业与中小企业、国有企业与民营企业等,面向不同的产业组织制定相关政策推动产业发展。产业发展政策则是面向产业可持续发展视角对产业的技术创新、产业的空间布局、产业间开放贸易以及产业链融资等制定相应政策,促进产业的可持续发展(芮明杰,2005)。

表 5-1　产业政策的范式类型

特征	纵向产业政策——后向关联	水平产业政策——市场失灵	新产业政策——缺失关联
政府对私人部门的激励	租金(以幼稚产业保护或其他价格扭曲的形式)	补贴(当私人回报低于社会回报时)	准租金(租金机会取决于自己的努力和表现)
私人部门的能力增强途径	租金投资于公司层面的学习	环境条件改善:投资环境得到改善	为了获取租金机会,公司和政府进行根本原因分析:识别瓶颈以逐步放宽约束
聚焦点	微观层面和部门(挑选赢家)	国家层面:制度基础设施,包括金融市场和营商环境(支持赢家)	中观层面:代理之间的联系(匹配赢家)
串联的基本概念	政府的能力能够促进和监督企业层面的学习	环境条件减少市场失灵和扭曲。确保宏观总量的平衡,并总体上消除增长的许多微观障碍	搜索网络,确定连续的约束,然后再帮助与这些约束相关的困难人员或机构

续　表

特征	纵向产业政策——后向关联	水平产业政策——市场失灵	新产业政策——缺失关联
面临的问题	固有利益阻碍能力的发展； 宏观与微观之间的联系	不同意义的宏观变化与微观潜力的提升之间没有任何联系	微观创新与宏观条件改善之间的差距；深层约束仍具约束力；微观变化不一定达到临界质量
典型案例	幼稚产业保护	减轻监管负担； 提供研究开发的公共资金	供应商开发计划； 风险资本网络的发展

资料来源：世界银行网站，http://www.worldbank.org/。

　　科技政策或者创新政策则源于演化经济学与创新经济学理论，创新经济学的开拓者熊彼特在1937年提出创新包括技术创新、工艺创新与产品创新。创新经济学认为技术创新是一国企业、产业与国家之间竞争的关键要素，一国科技创新与企业技术创新占据制高点决定了一国产业与微观企业在参与国际竞争的主动权（李纪珍，吴贵生，2001）。围绕技术创新的动因即如何驱动产业技术创新得到了创新经济学与技术创新管理学等领域学者的广泛研究，集中于三类主要的模式：第一类模式是供给推动型技术创新，即认为新产业的出现是由新技术的发明或者新科学知识的发现或者市场投资与研发机构的新应用导致的结果，技术的供给与市场投资供给为新产业的出现提供技术支持与创新资金支持（Rosenberg，1974）。第二类模式是需求驱动型技术创新，即技术创新本质上是企业的一种风险性逐利活动，企业家承担不确定性下的经济行为，企业出于追逐市场利润的动机或者颠覆某一产业的动机导致产业内的研发创新活动不断演化，由此促进产业的兴起与发展（Schmookler，1966；Lee，1991）。第三类模式是兼具市场需求驱动与供给推动双重驱动论，认为在产业发展的不同阶段，基于技术供给推动和基于市场需求驱动之间相互补充，并对产业的发展演化产生协同互补效应，且不同阶段二者体现的功能效应呈现出较大的异质性

(Lee,Chansoo,Park,2006)。从科技政策类型来看,主要存在科技政策、技术政策与科研条件与环境政策等多种类型(樊春良,2005)。从科技政策的实践发展来看,早在 1945 年 7 月,美国科学研究发展局主任 V. 布什提交给总统罗斯福的《科学——无止境的前沿》报告就对现代科技政策进行了阐释,其中以阿罗(Arrow)为代表的经济学家在《发明的经济福利和资源配置》中为政府主导的科技政策行为建立了理论框架。20 世纪 70 年代后,科技政策在经济合作与发展组织(OECD)国家开始得到重视,1980 年 OECD 发布的报告《技术变革与经济政策》定义了创新政策的议程,提出国家政策应当考虑如何发挥科学与技术的潜力,而不只是依赖宏观经济政策解决失业与增长率问题。实际上,以日本和韩国为代表的亚洲国家高度重视科技政策在产业发展过程中的应用,政府通过定制科技政策介入产业内的不同产业组织的研发创新活动,实现产业技术创新与产业科技人才供给(张海丰,王琳,2020)。

可以看出,产业政策与科技政策既存在区别也存在内在关联性,其区别在于产业政策与科技政策的理论基础、作用对象、关注的内容以及干预的对象与实现的目标具有较大的差异性。其中,从理论基础来看,产业政策与科技政策对于驱动经济发展的底层理论逻辑分别是发展经济学与创新经济学,前者聚焦于产业结构调整与产业扶持实现经济增长,后者聚焦于技术创新在国家创新系统以及产业发展过程中的关键作用,以技术创新实现经济发展;从作用对象来看,产业政策主要作用于重点产业与重点企业,实现产业间与产业内部企业间资源有效配置以弥补市场失灵,而科技政策主要是干预科技资源配置过程,降低创新主体的创新成本与不确定性,促进各类创新主体之间形成创新链(创新生态系统)支撑产业链与供应链的发展,通过激发各类创新主体的创新意愿与创新动力实现技术更替与研究成果产业化(商业化),基于技术经济范式转变推动产业与经济发展。但是,产业政策与科技政策也在进一步融合形成产业技术政策。产业技术政策以产业技术为直接作用对象,从技术创新的视角通过一系列的科技政策实现产业发展过程中的技术预见、技术选择、技术创新投入与技术成果转化以及技术扩散等行为实施指导、选择、促进与控制。在具体的产业技术政策实践中,产业技术政策大致包括法律制度的建设(知识产权保护政策)、研究开发政策、技术转移政策以及技术引进政策等多种类型(李建花,2010;沈旺,张旭,李贺,2013)。

二、面向产业创新发展的产业技术政策的动态演进

(一)改革开放前(1949—1977年):面向重工业的技术改造与技术引进

新中国成立后,为迅速完成从传统的农业国向现代工业国过渡,我国实施了"三大改造"并通过第一个五年计划构建工业体系,但是受制于当时的宏观制度环境,在计划经济体制之下产业发展完全受到政府的行政干预,产业内的创新主体尚处于完全缺失状态,政府在计划经济时期以行政指令与计划完成社会资源的调动,实现社会化大生产,主导产业的科技创新的资源与项目分配,通过政府主导的科技攻关体系快速实现产业的创新资源与共性技术供给。在新中国成立初期,由于当时科技力量与工业基础都十分薄弱,中国主动学习苏联重工业发展优先的模式,积极引进苏联的系列工业发展的技术工程与技术创新项目,基于技术引进主导的产业技术政策为我国工业化建设提供了坚实的技术基础,改变了技术薄弱以及在重工业领域"一穷二白"的落后局面(程磊,2019;王钦,张雀,2018)。比如在中国第一个和第二个五年计划时期,苏联对华援助的产业技术创新项目主要集中于煤矿开采、电站、钢铁冶炼、炼油以及重型动力机械等重工业的产业发展技术。在1954年苏联赫鲁晓夫上台后,苏联援助的工业项目扩充

到 156 个,进一步强化围绕重工业优先发展战略的产业技术引进与改造战略,中国逐步形成了面向装备制造以及有色冶金与炼油等多种工业类型,初步建立了一套较为完整的工业生产体系,摆脱了过去农业社会积贫积弱的状况,为中国迈向工业化大国奠定了技术基础(戴显红,侯强,2019)。

从当时计划经济时期我国的产业技术政策来看,为了快速实现科研与国家发展战略紧密结合与对接的需要,1950 年,政务院要求中国科学院纠正过往研究中脱离实际的作风,推动科学家主动走进工厂与农村。1956年,中共中央召开知识分子问题会议,周恩来在会上指出,"现代科学技术正在一日千里地突飞猛进",像原子能和电子学这样的最新科学技术,"使人类面临着一个新的科学技术和工业革命的前夕"[1],并提了一个明确的目标任务,"就是要在第三个五年计划期末,使我国最急需的科学部门接近世界先进水平,使外国的最新成就,经过我们自己的努力很快地就可以达到"[2],深刻指出了科学技术对国家社会主义产业建设的战略意义。因此,在当时科学研究与国家最需要的发展需求与战略紧密结合的指导思想下,第一个国家科学技术发展规划——《1956—1967 年科学技术发展远景规划》——提出把解决我国发展的重大需求与赶上世界先进水平结合起来,确定了 57 项重大科学技术任务,实施发展前沿技术的四大紧急措施(发展计算技术、半导体技术、无线电电子学、自动化技术)。经过 7 年的努力,我国取得了一系列科学技术进步的重大成就,包括第一座研究型核反应堆和加速器成功研制,第一枚试验型探空火箭、第一枚气象火箭成功发射,第一台大型电子计算机试制成功等,为我国的电子信息与航天航空产业奠定了产业技术基础。

步入 20 世纪 60 年代末期,由于受到中苏关系恶化的影响,我国在经历国民经济三年困难时期后工农业技术力量依然相对薄弱,一系列共同建

---

① 　中共中央文献编辑委员会。周恩来选集:下卷[M].北京:人民出版社,1984:181-182.
② 　中共中央文献编辑委员会.周恩来选集:下卷[M].北京:人民出版社,1984:182.

设的产业科技项目由于苏联单方面撕毁合同被迫中止。党中央在当时国际国内环境的深刻变化下,吸收"十二年科技规划"实施的成功经验,制定了"十年科技规划"。"十年科技规划"提出动员和组织全国科学技术力量,自力更生地解决中国社会主义建设中的关键科学技术问题,迅速壮大科学技术研究队伍,提出"自力更生,迎头赶上"的科学技术发展总方针。在"十年科技规划"的战略导向与实施下,我国的部分产业在发展中国家中率先实现了世界领先的科技成果,包括"两弹一星""人工合成牛胰岛素"等一系列重大科技成果,并在支撑产业发展的基础学科如电子学、计算数学、核物理以及地质学等领域取得了一批原创性成果。总体而言,在计划经济时期,我国逐步从学习引进走向自力更生与自主吸收的产业技术政策路线,完全依靠科研国家队的力量,发挥举国体制的制度优势,为迅速提升我国的工业生产能力、夯实我国的工业技术基础奠定了基础。

(二)改革开放初期(1978 年—21 世纪 90 年代):面向高新技术产业的产业技术政策

党的十一届三中全会拉开了改革开放的伟大序幕,也开启了我国从计划经济向社会主义市场经济转轨下的以经济建设为重点的制度变革。与经济体制相伴随的是,科学技术与经济社会发展之间的关系也逐步得到重新定位,我国科学技术也逐步从过于单一的举国体制下的科研国家队转向了以企业为市场创新主体的产业与企业创新生态系统支撑我国国家创新生态系统的建设。如在 1978 年 3 月 18 日召开的全国科学大会明确了"科学技术是第一生产力",强调了科学技术在推动市场经济建设与生产力提高过程中的重要作用,并通过了《1978—1985 年全国科学技术发展规划纲要(草案)》(以下简称《纲要》),中国的科技政策逐步与产业发展中的产业政策相互融合,形成面向经济建设的产业技术政策。《纲要》提出了"全面安排,突出重点"的指导方针,确定了 8 个重点发展领域和 108 个重点研究

项目。1982 年 9 月,党的十二大报告明确提出将科学技术作为国家经济
发展的战略重点之一,进一步明确了其在经济建设中的突出地位。1985
年,党中央发布《关于科技体制改革的决定》,确立了"经济建设必须依靠科
学技术,科学技术必须面向经济建设"的指导方针。1992 年,邓小平在南
方谈话中又指出"科学技术是第一生产力,近一二十年来世界科学技术发
展多快啊""要提倡科学,靠科学才有希望"①,再次强调了科学技术是第一
生产力这一观点。因此,科学技术逐步与产业发展相结合,形成面向工业
体系建设的科技政策体系。但是区别于计划经济时期我国以重工业为主
导的基于举国体制的产业技术政策体系,它是向基于高新技术产业与战略
性新兴产业发展的产业技术政策转变(刘戒骄,张小筠,2018)。

　　具体来看,自 20 世纪 80 年代以来,随着经济全球化进程的逐步深入
以及第三次工业革命的兴起,在以计算机信息技术、生物技术与新材料等
为代表的高新技术产业在国家参与国际经济竞争中的作用不断增强的背
景下,以美国为代表的欧美发达国家提出了一系列面向高新技术产业的科
技发展计划,包括美国的"战略防御倡议"("星球大战"计划)和欧洲 1985
年提出的"尤里卡"计划、日本提出的"今后十年科学技术振兴政策"等一系
列面向高新技术产业与战略性新兴产业的科技政策不断出台。面对发达
国家产业技术政策的外部冲击,1982 年 9 月,党的十二大报告重申了科学
技术现代化在四个现代化中的重要地位,指出"今后必须有计划地推进大
规模的技术改造,推广各种已有的经济效益好的技术成果,积极采用新技
术、新设备、新工艺、新材料"②。因此,技术引进与技术学习吸收是这一时
期产业技术政策的目标之一。1985 年,国家科学技术委员会组织编写的
《中国技术政策》蓝皮书进一步明确产业发展中科技政策的重要作用,并提
出涉及通信、住宅建设及建筑材料、机械工业、能源、消费品工业、城乡建

---

①　邓小平.邓小平文选:第三卷[M].北京:人民出版社,1993:254.
②　中国共产党第十二次全国代表大会文件汇编[M].北京:人民出版社,1982:19.

设、材料工业、环境保护、交通运输、农业、集成电路、电子计算机等技术政策要点。其中,面向高新技术产业具有代表性的产业政策主要是高技术研究发展计划("863 计划")。1986 年 4 月,国务院开始组织相关部门开展计划的研究与制定工作,1986 年 10 月,党中央正式出台《高技术研究发展计划纲要》。"863 计划"确定了七大重点发展领域,重点支持相关产业的科学技术研究与科技成果商业化与产业化,并跟踪与追赶世界前沿先进水平(樊春良,2019)。为进一步响应《高技术研究发展计划纲要》的相关产业技术政策,国家陆续出台了系列配套的产业财政政策、税收政策与产业科技人才政策,对高技术、新技术产品给予三年以内减征或免征产品税、增值税的优惠,在《关于简化高新技术企业人员多次出国手续的通知》中,明确提出要对高新技术企业部分科技人员或商务人员的出国行政审批手续简化,进一步加快科技人才流动的步伐,为高新技术产业的科技人才交流与互动学习提供良好的人才制度环境。

步入 20 世纪 90 年代,产业政策在我国得到进一步重视与运用。国务院于 1994 年 3 月 25 日发布的《90 年代国家产业政策纲要》提出,产业政策制定必须遵循的基本原则包括符合工业化与现代化进程的客观规律,密切结合我国国情和产业结构变化的基本特点,切实加强基础设施和基础工业建设,加快解决基础工业严重滞后的矛盾。其中面向产业技术政策的内容主要是提出"多渠道、多形式地增加对科学技术研究和发展的投入""分行业制定并实施对产业发展有重大作用的关键技术研究和开发计划,支持和鼓励对引进先进技术的消化吸收和创新""提倡采用国际标准和国外先进标准以及更为严格的企业业内部标准",在产业发展的科技成果转化方面包括"鼓励企业加强与科研机构和大专院校的联系,加快科技成果商品化的速度"。面向高新技术产业发展的产业技术政策逐步从创新资源支持导向转向提升科技成果转化效率导向(李中,2019)。1991—1999 年,国家陆续出台了《关于促进科技成果转化的若干规定》《关于推动高新技术产品出口的指导性意见》等一系列产业技术政策,为高新技术产业中高新技术企业的认定标准、高科技产业的成果转化、高新技术产业化与基地建设提供资源支持。1999 年出台的《当前优先发展的高技术产业化重点领域指南》指出,高技术产业化不仅是发展高技术,形成新兴产业,培育新的增长点,还是利用先进技术改造和优化传统产业,提高经济增长质量;确定了 138 项优先发展的高技术化重点领域。1999 年 8 月 20 日,《中共中央、国务院关于加强技术创新、发展高新技术、实现产业和国家创新体系建设化的决定》发布,其包括 4 个方面 15 条内容,涵盖高新技术产业的产业化与科技成果转化、有助于高新技术产业发展的技术创新环境改善以及突出高新技术产业中以企业为创新主体的企业技术创新能力建设。总体而言,在 20 世纪 90 年代实施科教兴国战略的影响下,我国的产业技术政策总体上围绕着以市场为导向,促进高新技术成果商品化、高新技术商品产业化和高新技术产业国际化三大目标,开展国家重点基础研究发展计划("973"计划),以及中国高新技术产业的指导性计划("火炬计划")、"星火计划"等一系列面向高新技术产业与战略性新兴产业发展的产业技术政策体系建设。

(三)改革开放深化阶段(21 世纪初—2011 年):面向自主创新能力建设的产业技术政策

步入 21 世纪后,随着全球化进程的不断深入,以新一轮工业革命为背景的电子信息与数字技术获得迅猛发展,我国产业呈现两大层面的特征,第一大特征是在全球化的生产网络下我国产业链逐步嵌入全球价值链,成为全球分工体系中的重要一环,且大部分产业集中于产业链的中低端,即基于产业链的微笑曲线来看处于较低附加值的位置,但是通过嵌入全球产业链依然能够充分利用全球的生产资源与创新资源实现产业创新发展。相应地,即使自身缺乏支撑产业链的创新链,产业也能够通过开放式创新外包获取产业发展过程中需要的创新资源,实现产业链与创新链的开放协同。第二大特征是我国产业发展仍然没有抢占全球制高点。改革开放后，虽然"863 计划"与"火炬计划"等一系列产业技术政策对推动我国高新技术产业与战略性新兴产业的发展起到了重要作用，但是总体来看，我国战略性新兴产业与高新技术产业依然缺乏国际标准的话语权，在部分领域的关键核心技术严重缺乏，尤其是以外循环主导的产业嵌入全球生产网络的思路导致我国在产业发展过程中忽视了产业内微观企业的创新能力建设，产业共性技术的自主创新能力相对缺失，提升我国产业发展过程中的自主创新能力成为改革开放深化阶段的必然选择（牛志伟，邹昭晞，卫平东，2020）。

随着中国在 2001 年加入世界贸易组织，围绕产业链与供应链的全球化发展进程不断加快。与此同时，这一时期中国产业发展过程中的创新网络也从封闭式创新、局部开放式创新向涵盖全球创新网络的开放式创新转变，在产业发展过程中加速利用全球技术创新资源提升产业的创新能力。更为关键的是，这一时期的技术引进方式发生了较大程度的导向变化，主要是从引进关键核心设备转向引进技术，技术许可和转让、技术咨询和服务在技术引进总额中所占的比重不断攀升。到 2005 年，技术许可和转让、技术咨询和服务在技术引进总额中的比重分别达到 33.5％和 24.8％（贺俊，陶思宇，2019）。更为关键的是，这一时期随着科教兴国战略的持续推进，自主创新能力建设逐步开始得到重视，在产业发展过程中更加注重产业内微观企业的自主创新能力建设，产业技术政策导向也从传统的促进高新技术产业的产业化发展转向了培育产业内微观主体的自主创新能力。2006 年，中共中央总书记胡锦涛在全国科技大会上发表了重要讲话，提出要"努力走中国特色自主创新道路"。2007 年，党的十七大报告指出，走中国特色自主创新道路，必须从增强国家创新能力出发，加强原始创新、集成创新和引进消化吸收再创新。在自主创新导向下，一系列围绕自主创新战略导向的产业技术政策不断出台。2006 年 1 月 26 日，《中共中央、国务院关于实施科技规划纲要增强自主创新能力的决定》(以下简称《决定》)发布,《决定》的主旨是以"增强自主创新能力,努力建设创新型国家"为目标,全面落实科学发展观,并组织实施《国家中长期科学和技术发展规划纲要(2006—2020年)》。其中,《国家中长期科学和技术发展规划纲要(2006—2020年)》(以下简称《纲要》)由国务院颁布,《纲要》确定了"自主创新、重点跨越、支撑发展、引领未来"的指导方针,明确提出自主创新区别于一般的技术引进消化吸收,是基于国家创新能力建设为导向,加强原始创新、集成创新与二次创新等实现自主创新,强调"必须把提高自主创新能力作为国家战略,贯彻到现代化建设的各个方面,贯彻到各个产业、行业和地区,大幅度提高国家竞争力"。在产业技术发展的重点领域中,《纲要》确定了11个国民经济和社会发展重点领域的68项优先主题,安排16个重大专项;在技术攻关方面安排8个技术领域的27项前沿技术,18个基础科学问题,并提出实施4个重大科学研究计划重点攻关。

在产业技术政策层面,为进一步贯彻《国家中长期科学和技术发展规划纲要(2006—2020年)》,提出了一系列具有选择性与功能性的产业技术政策,其中选择性的产业技术政策主要是进一步推动高校产业科技园建设、提升高新产业的产学研协同创新体系建设。在这一时期颁布了诸如《促进国家高新技术产业开发区进一步发展增强自主创新能力的若干意见》《关于进一步支持国家高新技术产业开发区发展的决定》等若干产业技术政策;其中最具代表性的选择性产业技术政策如《当前优先发展的高技术产业化重点领域指南》提出优先发展信息、生物及医药、新材料、先进制造、先进能源、环保和资源综合利用、航空航天、农业、现代交通及其他共十个方面的高新技术产业与战略性新兴产业,提出优先发展134项高技术产业化的重点领域。2010年,《国务院关于加快培育和发展战略性新兴产业的决定》提出把节能环保、新一代信息技术、生物、高端装备制造、新能源、新材料和新能源汽车等七大战略性新兴产业作为发展重点。以高端制造业产业发展为例,2009 年实施的《装备制造业调整和振兴规划》将依托国家重点工程开展重大技术装备的自主化作为主要任务,2012 年实施的《高端装备制造业"十二五"发展规划》的主要目标是引导重点区域高端制造业的相对集中发展,并且把航空装备、卫星及应用、轨道交通装备、海洋工程装备和智能制造装备列为五大发展重点。各地方政府也围绕装备制造业的发展制定了系列相关优惠政策支撑强选择性的产业技术政策实施(郭旭,孙晓华,徐冉,2017)。在功能性产业技术政策方面,主要体现为围绕产业发展的人才环境与知识产权等法律制度环境不断优化。2002 年,我国专门通过了《中华人民共和国中小企业促进法》,以法律形式来改善中小企业经营与创新环境。2002—2011 年,陆续发布了《2002—2005 年全国人才队伍建设规划纲要》《中共中央、国务院关于进一步加强人才工作的决定》《国家中长期人才发展规划纲要(2010—2020 年)》等一系列人才政策,并探索了高新技术产业中以股权激励为核心的科技政策,陆续发布了《关于国有高新技术企业开展股权激励试点工作的指导意见》《中央科研设计企业实施中长期激励试行办法》,为高新技术产业建立健全科技人才的选用育留机制提供功能性产业技术政策支撑。

(四)党的十八大以来(2012 年以来):以竞争中性为原则的功能性产业技术政策

党的十八大以来,中国特色社会主义进入新时代。在新时代,我国主要矛盾发生根本性的转变,中国科技创新也面临全新的任务与新的矛盾,继续深化科技体制改革以及强化企业的创新主体地位,着力于优化创新资源配置与激发创新人才的创新创业活力,提高产业层面以及国家创新系统的自主创新能力。2012 年,党的十八大提出"实施创新驱动发展战略"。2016 年,《国家创新驱动发展战略纲要》出台,提出强化原始创新,增强源头供给;实施重大科技项目和工程,实现重点跨越;推动创新创业,激发全社会创造活力。在创新战略层面,创新驱动发展成为党的十八大以来我国宏观创新战略的根本指向。经过几十年的经济体制与科技体制改革历程,我国已经基本建立了以企业为创新主体的企业创新生态系统,大型中央企业、国有企业、民营企业等各类所有制企业在面向重大工程原始性与集成创新以及颠覆性技术创新方面进展迅速。

但是,从产业技术政策所激励的企业导向来看,存在两类主要弊病:第一类弊病是产业政策的强选择性导致产业技术政策具有明显的大企业与国有企业优先倾向。在以政府为主导的产业技术政策实施体系下,不管是面向高新技术产业还是战略性新兴产业,我国产业政策的强选择性导致大企业在产业技术政策中能够获得更多的创新资源,削弱了在颠覆性创新领域面向中小企业的科技政策,中小企业的创新融资难、融资贵问题长期没有得到根本性的解决。基于大企业优先或者隐性优先的产业技术政策在一定程度上造成了创新资源配置的利益固化,不利于创新资源在整个企业创新生态系统中的优化配置,严重违背了市场化资源配置导向下的公平竞争秩序,导致部分企业存在大量的骗取科技创新补贴现象以及陷入聚焦非生产性与研发活动转向政企寻租的怪圈之中(曾宪奎,2020a)。尤其是我国国有企业虽然历经几十年的产权制度变革逐步完善了现代公司治理制度,但是国有企业天然的"政治关联"性质导致在产业政策执行过程中依然存在产权偏好与企业差别化待遇,给具备创新潜力与创新活力的民营企业的创新资源带来损害,产业技术政策的强政府干预性破坏了各类所有制企业公平竞争秩序,降低了产业发展的经济效率。第二类弊病是长期以来产业技术政策的导向是规模导向而非质量导向。基于规模优先与规模扩张的产业技术政策导向与强激励思路导致我国在产业发展过程中忽视了产业创新生态系统的自主创新能力建设,"大而不强"成为我国高新技术产业与战略性新兴产业的重要特征之一(张杰,2016)。由此带来的后果是在全球开放式创新环境中,产业嵌入全球价值链中并没有真正意识到自主创新能力建设的重要性,而是基于开放式创新外部化相应的研发创新项目,产业发展过程中的关键核心技术并没有真正掌握,关键产业、大型企业关键核心技术的创新能力亟待进一步提升,关键核心技术的对外依存度依然偏高,整体上存在大而不强的"虚胖"问题。近年来,随着中美在贸易与科技方面的摩擦不断白热化,美国以遏制中国全面转型升级为目标,对中国的重要战略性新兴产业发展过程中的产业链、供应链乃至创新链进行全面封锁与遏制,在部分核心关键技术列出负面清单,导致我国近年来关键核心技术的"卡脖子"问题凸显,其背后依然反映出我国创新质量大而不强,部分关键产业发展的核心关键技术依然受制于人。如在 2019 年央视财经论坛上,工信部原部长指出我国关键零部件、元器件和关键材料自给率仅为33%,而在 2015 年这一指标仅为 20%,关键核心技术的"卡脖子"问题成为我国产业链、价值链迈向全球价值链中高端的巨大障碍,也成为威胁我国产业链整体安全性的重要"命门"。

因此,这一时期的产业技术政策逐步转向了基于竞争中性为原则的普惠性与弱选择性产业技术政策。2018 年 12 月,中央经济工作会议提出要"强化竞争政策的基础性地位,创造公平竞争的制度环境",将公平竞争政策作为未来工作的重点。"竞争中性"或者"竞争中立"原则最早由澳大利亚提出,其目的是在面向市场竞争的过程中消除所有权偏好,主要针对以国有企业为主的公有制企业与以民营企业为主的非公有制企业在竞争环境中的不公平竞争现象。实际上,除了面向产权性质层面的各类所有制企业的竞争中性,还包括面向大中小企业不同规模企业的竞争中性。在以竞争中性为原则的产业技术政策导向下,我国政府逐步弱化了产业技术政策的强选择性,而是基于功能性产业改善我国产业与微观企业创新环境,包括制度环境与营商环境。如围绕提升原始创新、集成创新与自主创新能力,国务院出台了一系列围绕产业发展的知识产权保护、技术服务、基础研究、技术开发与成果转化等多种类型的产业技术政策。2015 年,中共中央办公厅、国务院办公厅联合印发了《深化科技体制改革实施方案》（以下简称《方案》），《方案》坚持激发创新、问题导向、整体推进、开放协同以及落实落地"五项基本原则"，并以科技创新和驱动发展存在的体制机制和政策制度障碍为基本导向，从10个方面提出了32项改革举措、143项政策点和具体成果，提出要用好政府与市场"两只手"（政府与市场的功能与边界定位），大力营造公平竞争市场环境（创新主体环境），明确体现智力劳动价值的分配导向（产业人才政策），提高科研机构的共性技术研发能力（产业技术政策）等多种产业技术政策，推动基于自主创新的产业创新生态系统建设。同时，自2015年开始，国家陆续出台了一系列知识产权制度文件，包括《国务院关于新形势下加快知识产权强国建设的若干意见》《2016年深入实施国家知识产权战略加快建设知识产权强国推进计划》，完善了以企业为创新主体的产权制度体系，并在产业共性技术政策体系方面进一步聚焦基础研究与共性技术创新链建设。2018年的国务院《政府工作报告》强调，要"涌现一批具有国际竞争力的创新型企业和新型研发机构"。2019年9月，科技部印发了《关于促进新型研发机构发展的指导意见》，大力倡导和支持新型研发机构建设发展，探索投资主体与体制多元化的产业技术研究院、产业技术创新中心、产学研合作平台等新型研发机构建设，实现科技研发、成果转化、产业孵化、企业培育等多种功能融为一体的产业创新联动、协同与耦合效应。

三、双循环新发展格局下中国产业技术政策面临的突出问题

（一）政府与市场关系：产业技术政策的功能定位模糊

不管是选择性的产业技术政策还是功能性的产业技术政策，其本质都

是基于政府主导型的产业创新发展模式,为战略性新兴产业与高新技术产业在基础研究、关键性共性技术以及科技成果转化应用等方面提供制度保障与政策支持,基于政府主导的财政资源配置能力以及顶层设计能力为培育微观企业的自主创新能力以及形成产业创新生态系统提供政策与资源支持。因此,产业技术政策的目标在于促进产业发展过程中的产业链与创新链的协同,为产业链与价值链迈向产业高端化提供创新资源供给。改革开放 40 余年来,我国立足于建设创新型国家与迈向世界科技强国的战略导向,将创新驱动发展贯穿于产业技术政策的制定与执行的各个环节,为培育我国的战略性新兴产业以及高新技术产业发展源源不断地提供创新资源支持。但不容忽视的现实是,产业技术政策的有效实施以及效果依赖于政府与市场关系的准确定位。改革开放以来,我国政府在资源配置过程中的范围与边界不断调整,伴随着市场经济体制改革的深入推进,市场在资源配置中的作用日益凸显,逐步从市场在资源配置中的重要作用、基础性作用转向党的十八大以来的决定性作用。可以看到,基于政府主导的经济资源配置功能与市场主导的市场化资源配置功能之间呈现出不断优化调适的趋势。相应地,我国产业技术政策也呈现出政府强干预特征。

由于政府与市场边界的不清晰,产业技术政策到底是发挥市场配置资源的替代性功能还是市场资源配置的互补性功能没有得到一个清晰的界定,且政府实施产业技术政策的手段依然主要停留在科技创新补贴,追求产业的规模效应而非创新质量。尤其是政府面向高新技术产业与战略性新兴产业出台了大量的产业技术政策,如各部委与地方政府出台的各类产业指导目录、产业结构调整目录、产业发展规划、有限发展的高技术产业化重点领域指南等系列产业技术政策文本,高密集度的产业技术政策导致产业技术政策作用的范围泛化(王云平,2017)。但是从产业发展的关键核心技术来看,我国在关键产业与关键技术领域中的被动局面并没有彻底改变,近年来中兴与华为事件充分说明了我国产业链在嵌入全球价值链的过程中产业核心关键技术在短期难以突破,一旦被发达国家"断供",则产业链整体的安全性遭到破坏,直接威胁到国家的经济安全。与此同时,与政府主导的产业技术政策相伴随的是,科技财政资源补贴以及重复式的产业园区建设导致部分产业产能过剩严重,部分产业的发展高度依赖行政力量配置创新资源,产业技术政策在执行过程中的寻租腐败现象难以消除,部分产业存在严重的重复投资以及产能过剩等问题,推进产业技术政策的供给侧结构性改革也成为政策的着力点。

(二)央地关系层面:中央政府与地方政府之间的产业技术政策协同整合程度低

在基于央地分权的特殊中央地方行政与公共治理关系下,中央与地方形成了财权、事权相结合的分权治理框架。中央政府基于顶层的政策与制度设计能力提供各类产业技术政策的指导目录与产业政策规划框架。地方政府基于独特的分权治理关系,一方面,拥有一定的"自由裁量权",即根据本地方的资源禀赋落实相关产业政策以及出台符合自身有限重点发展的产业规划与系列产业技术政策;另一方面,独特的行政层级晋升体制与官员任命体制决定了地方政府对中央产业技术政策的落实动机具有异质性。在社会主义市场经济体制不断健全的过程中,地方政府追求 GDP 这一政绩导向的产业政策思路没有得到根本性扭转,加剧了强选择性产业政策在追求短期经济增长的政策工具应用,导致各地方政府在相当长的时间内处于产业政策的"泛化"局面(张杰,宣璐,2016;黄群慧,2017)。即便中央政府基于顶层设计能力设计出符合产业创新生态系统形成与演化规律的产业技术政策,地方政府存在行政权力按照部门边界条块化分割的现象,对于具有复杂性与嵌套性的高端性产业技术政策的实施难以产生地方政府之间的协同效应,中国产业技术政策也难以对高端复杂性的产业创新生态系统的发展带来预期的价值。

　　同时,地方政府官员的升迁和频繁变动也会对原有的产业技术政策规划的执行过程带来影响。地方主政官员为追求自身的产业发展目标,可能会改变产业政策执行过程中的路线规划,导致地方政府的产业发展规划和产业技术政策难以具备可持续性。更为关键的是,由于在产业技术政策中,获取国家认定的高新技术产业园区、高新技术开发区、国家级经济技术开发区、国家级科技园等是地方获取中央财政以及创新优惠政策的重要途径,其结果是地方政府为了获取中央的财政支持,可能并没有考虑到本地区最合适的产业。比如是基于传统产业发展符合地区的资源禀赋与经济发展战略导向的产业效率更高,还是基于战略性产业发展符合地区资源禀赋与经济发展战略导向的产业效率更高,对此缺乏客观的定位与分析,导致国家级的一系列高新技术开发区"遍地开花"甚至在地方政府的"国字号"平均分配,特别是在中西部地区以及欠发达地区,其获取中央政府的财政资源与科技政策支持的动机相对更强。我国国家级高新技术产业开发区的数量从 1995 年的 52 个增加到 2016 年的 146 个。为了鼓励中西部地区和东北地区的高新技术产业发展,2004 年之后,中央政府对国家高新技术产业开发区的审核批准优先向中西部地区和东北地区倾斜。这导致中西部地区和东北地区的高新技术产业开发区的数量增长并非按照地区产业与创新驱动发展的资源禀赋以及产业发展规律,而是基于中央行政指令造成的创新资源错配(张杰,李荣,2018)。一定程度上,目前央地分权关系下我国地方政府在产业技术政策制定过程中仅仅是重复执行上一级政府文件以及复制上一级政府的政策举措,缺乏中央政府顶层设计能力与地方能动性、自主性的协同基础,造成了创新资源的错配与误配。尤其是面对当前制约战略性新兴产业的各类"卡脖子"技术,在政策主体层面如何发挥中央顶层设计能力的优势,又同时促进地方发挥比较优势以及有效识别本地产业发展与企业创新过程中面临的"卡脖子"技术问题,以"一以贯之""上下协同"与"整合思维"系统推进中央政府与地方各级政府在协同促进

"卡脖子"技术问题解决过程中的政策目标的一致性以及政策执行的一致性,成为当前央地分权关系下面向产业关键核心技术与"卡脖子"技术联合攻关政策设计与执行需要解决的突出问题。

四、双循环新发展格局下中国产业技术政策的系统性转型

(一)建立健全面向"卡脖子"技术的产业共性技术创新支撑体系

在双循环新发展格局下,传统的基于产业链、价值链与创新链高度嵌入全球产业链、价值链与创新链的产业创新发展模式发生相应调整,在改革开放以来的外循环主导的发展思路下,产业发展的关键技术高度依赖于全球开放式创新模式下的外部研发创新主体的技术供给,基于成本最小化的原则,忽视了产业链发展过程中具备自主创新能力的产业生态系统建设。在外循环主导的全球开放式创新范式下,产业发展过程中的技术创新模式依赖于外向型开放式创新模式,使得产业内的龙头企业忽视自身的研发创新体系内生能力建设,在部分关键产业与关键核心技术领域缺乏积累能力,长此以往导致产业链在嵌入全球价值链的过程中陷入"低端锁定"的困境,且创新链建设迟缓,一旦产业链出现全球的"断链"风险,创新链对产业链的再造支持能力就会不足。产业发展过程中的部分关键核心技术对外依存度偏高,在近年来中美贸易摩擦加剧的情境下,一系列制约产业迈向全球价值链中高端的"卡脖子"问题凸显。因此,在双循环新发展格局下,内循环主导的全新创新生态系统建设要求政府在设计产业技术政策的过程中改变以技术换市场、以补贴换技术投资等旧有模式,以产业基础设施工程建设与能力提升、产业共性技术供给等制度优化为目标开展产业技术政策设计。尤其是针对当前制约我国产业链迈向全球价值链中高端的

"卡脖子"技术的破解问题,产业共性技术由于具备通用性、共享性、扩散性以及平台属性,能够在整个产业技术创新链中发挥基础性的作用,对产业创新生态系统的升级与演化具有重要的基础性支撑效应(江鸿,石云鸣,2019)。追溯产业共性技术的产业技术政策可以发现,早在2006年的《国家中长期科学和技术发展规划纲要》,以及后来的《"十二五"产业技术创新规划》《产业技术创新能力发展规划(2016—2020年)》《"十三五"产业技术创新规划》《产业关键共性技术发展指南》《中国制造2025》等文件中,国家都明确将产业共性技术作为产业创新发展过程中的重要支持对象,将其置于产业技术政策的重要位置。但是,到目前为止,仍然没有专门系统梳理各类产业中的关键性共性技术供给的文件,且政府支持的各类产业共性技术研究呈现碎片化的局面,分布于各类科技计划与产业技术创新规划之中,面向我国产业发展的关键核心技术,尤其是"卡脖子"技术的共性技术,诸如核心元器件、芯片、基础材料以及设备软件等技术创新能力依然没有得到根本性的提升。

基于此,我国产业技术创新能力逐步需要摆脱开放式创新下的过度依赖外部式技术供给,转向基于产业共性技术创新能力提升与企业自主创新能力提升两大创新工程,推动我国产业链的科技安全与稳定性。在制约战略性新兴产业发展的"卡脖子"技术破解中,需要着重区分应用性的共性技术研究与基础性的共性技术研究两种类型下的不同产业技术政策供给思路。在应用性产业共性技术的政策供给中,需要强化环境层面与供给层面的产业共性技术创新政策,基于产业技术设施建设、产业公共服务平台以及系列法律法规与税收优惠等供给与环境层面的产业政策工具的组合运用;在基础性产业共性技术研究中,则需要着重强化需求层面的产业政策供给思路,政府应在产业共性的基础性研究领域中发挥科技资源的主导配置权,强化政府财政资源对共性技术涉及的基础学科的支持力度,提高研发经费在基础研究领域中的投入比例,支持面向产业共性基础性技术研究的新型研发机构的基础研究,并以政府采购等需求层面的产业技术政策为共性技术研发与公益性服务提供财政资源支持。

(二)构建选择性与功能性结合的产业技术创新政策双元体系

在双循环新发展格局下,基于强选择主导的产业技术政策日益难以适应产业高质量发展要求。强选择性的产业技术政策在执行过程中呈现出产业发展的强选择性以及创新主体的强选择性与强干预性。基于强选择性的产业技术政策,其手段往往是行政手段主导,产业技术政策作用对象直接作用于微观市场企业,且带有较高的产业偏好属性与规模偏好属性。强选择性的产业政策往往导致大型企业、国有企业获益较大,而中小企业与民营企业则由于天然的弱政治关联性难以从中获益,造成产业发展过程中的创新资源错配与误配,甚至造成"政府不合理干预—创造和放大市场失灵领域—政府强化干预—创造和放大更多的市场失灵领域"的恶性循环(张杰,李荣,2018)。当前我国部分产业尽管仍然处于"赶超阶段",部分未来产业、战略性新兴产业的培育依然需要选择性产业政策发挥政府弥补市场主体创新成本过高与市场风险过大的问题,弥补产业内创新主体创新意愿与创新动力薄弱的"市场失灵"。

但是,针对当前我国产业发展过程中的关键核心技术短板效应以及微观企业自主创新能力的薄弱环节,依然需要清晰界定政府与市场在高新技术产业与战略性新兴产业发展过程中的政策作用边界。政府需要清晰认识到市场依然在产业发展过程中起到资源配置的决定性作用,决定产业创新能力的本质因素依然是微观市场的自主创新能力。因此市场机制依然是产业技术政策实施过程中不可忽视的关键性因素,需要弱化政府行政资源与公共财政资源主导的选择性产业、科技产业政策的强选择性、强干预性与强激励性功能。比如需要对高新技术开发区、科技园区的各类创新补贴政策、高新技术企业认定等选择性产业政策进行调整,尤其是改变政府直接基于财政补贴定向支持某一类产业的激励思路,强化产业发展过程中的制度环境建设、科技人才激励政策与企业科技创新融资体系建设等功能性产业技术政策,加大对支撑产业发展的基础能力建设工程的支持力度,强化以共享技术研发创新平台与新型研发机构为载体的创新平台建设,为产业创新生态系统内的创新主体的创新活动降低创新风险与交易成本。最终构建选择性与功能性相结合的产业技术创新政策双元平衡体系,支撑双循环新发展格局下我国产业的高质量发展。

(三)以竞争中性为原则重塑公平竞争的产业技术创新政策体系

长期以来,政府主导的产业技术政策具有强所有权偏好与强规模偏好,即国有企业与大企业优先,造成国内不同所有制企业与不同规模企业的竞争失序,导致大量的企业改变其创新路径,追求政企关联与政企寻租;造成创新资源的配置扭曲,严重破坏产业发展过程中的公平竞争秩序,导致产业内不同创新主体之间的创新竞争强度偏离市场化下的最优竞争状态,破坏企业创新的可持续意愿与创新能力建设。长期的强选择性导致大量的企业进行一系列并不能真正提升技术创新能力的活动去获得相应财政补贴与税收优惠,造成潜在创新产出与实际创新产出之间存在偏差,导致我国产业呈现"大而不强"的特征,创新水平粗放成为制约我国产业链迈向中高端的巨大障碍。从这个意义上来看,制定以公平竞争导向为主要目标的产业技术政策成为双循环新发展格局下提高我国产业整体创新能力、迈向产业高质量发展的必由之路。基于此,"竞争中性"成为未来推进我国产业高质量发展过程中产业技术政策设计的必然选择,将竞争政策放在产业技术政策设计过程中的优先地位(刘志彪,2019;黄群慧,2019)。

"竞争中性"最早在1993年澳大利亚的《国家竞争政策审查》中被提出。1996年,澳大利亚联邦政府在《联邦竞争中立政策声明》中将"竞争中性"定义为政府(主要指政府具有所有权的企业)在参与重大商业活动时,不能凭借自身的身份,利用立法或者财政方面的权力,获得相对于私人企业竞争者的竞争优势,但是在非营利、非商业等公益性活动中并不适用此原则。OECD进一步阐释了竞争中性的主要内容与标准,包括简化国有企业经营形式、成本确认、商业回报率,竞争中性类型包括公共服务义务、税收中性、监管中性、债务和补贴中性、政府采购中性等多种类型(肖红军,黄速建,王欣,2020)。构建以竞争中性为原则的产业技术政策需要着重从两大层面发力:第一是对当前既有的产业技术政策中违背竞争中性原则的系列选择性产业政策予以系统分类、评估与清理,对有损公平竞争的行为,比如存在明显的国有企业优先、大企业优先的倾斜式产业技术政策,在合理的期限内予以逐步清理退出,但是这一过程需要采取渐进式退出的思路,避免由于行政手段的"一刀切"给微观创新主体带来既有利益损害。第二是加快公平竞争导向的竞争性产业技术政策体系建设,积极借鉴欧美发达国家在市场化进程中构建公平竞争产业技术政策的先进经验,加快建设符合我国国情、产情、企情的公平竞争政策体系,尤其是强化《中华人民共和国反垄断法》在微观主体市场竞争过程中的执法强度,保持反垄断机构审查的独立性与专业性。在数字化平台经济时代,新经济领域的产业竞争需要加快《中华人民共和国反垄断法》的制度创新并扩大范畴应用,统筹建设传统产业与新业态中的公平竞争政策体系。第三是在微观层面以当前混合所有制改革为依托,强化各类国有制企业在混改交叉持股中的竞争中性原则,探索建立国有资本投资与资本运营公司的新型国有资本管理体系,逐步解决国有企业与民营企业在参与市场竞争过程中的差别化待遇问题,以新一轮混合所有制改革推动国有企业与民营企业实现创新链、产业链之间的"国民共进"(张杰,吉振霖,高德步,2017)。

第六章　战略性新兴产业发展格局演变与优化

　　新冠肺炎疫情危机下单边主义、保护主义抬头,致使国际环境发生深刻变化,而我国经济要保持充分发展韧性和持续高质量发展,首要的是构建双循环发展新格局。站在"两个一百年"奋斗目标的历史交汇点,中国经济需要新的发展动力、成长空间和创新赋能以形成发展新格局,而新发展理念下战略性新兴产业由于其战略性、创新性、先导性与带动性等特点,成为驱动经济发展新格局形成的胜负手。本章首先回顾我国战略性新兴产业的发展背景与意义,明确其对我国实现经济高质量发展的重要作用。其次全面分析我国战略性新兴产业发展的时空演变与特征,以诊断现状、总结经验。最后结合我国战略性新兴产业发展面临的内外环境新变化,提出重点发展方向与政策建议。

一、战略性新兴产业的发展背景、内涵与意义

(一)战略性新兴产业的发展背景与内涵

　　2008 年金融危机后,面对国际市场的高度不确定性和经济格局的再平衡契机,各国意识到战略性新兴产业在这轮新的科技与产业革命中的重要地位,纷纷出台了各自的战略性新兴产业发展计划。美国提出了以节能

环保、智慧地球为核心的战略新兴产业发展计划,欧洲将绿色经济与生物科技作为发展重点,日本将新能源与环保节能新技术视作未来重点发展产业,俄罗斯则聚焦核能技术与纳米新材料等领域的创新发展。

2009年9月,国务院总理温家宝主持召开了三次关于战略性新兴产业发展的座谈会,与会人员就新能源、节能环保、电动汽车、新材料、新医药、生物育种和信息产业等领域的发展方向、技术路线、布局与内容意义进行了广泛探讨。2010年3月,国务院《政府工作报告》明确强调了"国际金融危机正在催生新的科技革命和产业革命。发展战略性新兴产业,抢占经济科技制高点,决定国家的未来,必须抓住机遇,明确重点,有所作为"。报告同时指出,应大力发展节能环保技术、新材料、新能源、生物医药技术、信息网络技术和高端装备制造等产业领域,积极推进新能源汽车、"三网"融合取得实质性进展,加快物联网的研发应用,同时应加大对战略性新兴产业的投入及政策支持与保障力度。

2010年9月,国务院正式审议通过了《关于加快培育和发展战略性新兴产业的决定》,明确指出战略性新兴产业是指"以重大技术突破和重大发展需求为基础,对经济社会全局和长远发展具有重大引领带动作用,知识技术密集、物质资源消耗少、成长潜力大、综合效益好的产业"。同时结合我国国情与科技产业基础,将新能源、新材料、生物、新一代信息技术、节能环保、新能源汽车和高端装备制造等七个产业领域确定为战略性新兴产业及当前发展阶段的建设重点。由此,战略性新兴产业的内容与范围在我国得到了初步界定。

2017年2月,国务院发布了《战略性新兴产业重点产品和服务指导目录》(2016版),将战略性新兴产业明确为五大领域的八个产业,并细化为40个重点发展方向及174个子方向,首次增加数字创意产业为战略性新兴产业的重点发展内容,并将战略性新兴产业的相关服务业也提高到战略性发展高度。2018年10月,根据内外发展环境和产业技术的变化,国家统计局将战略性新兴产业划分为新一代信息技术产业、高端装备制造产业、新材料产业、生物产业、新能源汽车产业、新能源产业、节能环保产业、数字创意产业、相关服务业等九大产业领域,并对具体细分方向和内容做了适当调整。其中,战略性新兴产业重点行业和服务的具体分类内容,如表 6-1 所示。至此,当前阶段我国战略性新兴产业的重点发展领域和相关服务支撑内容得到了清晰界定。

表 6-1　战略性新兴产业重点行业与服务分类

代码	战略性新兴产业分类名称	代码	战略性新兴产业分类名称
1	新一代信息技术产业:	3.7	新材料相关服务
1.1	下一代信息网络产业	4	生物产业:
1.2	电子核心产业	4.1	生物医药产业
1.3	新兴软件和新型信息技术服务	4.2	生物医学工程产业
1.4	互联网与云计算、大数据服务	4.3	生物农业及相关产业
1.5	人工智能	4.4	生物质能产业
2	高端装备制造产业:	4.5	其他生物业
2.1	智能制造装备产业	5	新能源汽车产业:
2.2	航空装备产业	5.1	新能源汽车整车制造
2.3	卫星及应用产业	5.2	新能源汽车装置、配件制造
2.4	轨道交通装备产业	5.3	新能源汽车相关设施制造
2.5	海洋工程装备产业	5.4	新能源汽车相关服务
3	新材料产业:	6	新能源产业:
3.1	先进钢铁材料	6.1	核电产业
3.2	先进有色金属材料	6.2	风能产业
3.3	先进石化化工新材料	6.3	太阳能产业
3.4	先进无机非金属材料	6.4	生物质能及其他新能源产业
3.5	高性能纤维及制品和复合材料	6.5	智能电网产业
3.6	前沿新材料	7	节能环保产业:

代码	战略性新兴产业分类名称	代码	战略性新兴产业分类名称
7.1	高效节能产业	8.3	设计服务
7.2	先进环保产业	8.4	数字创意与融合服务
7.3	资源循环利用产业	9	相关服务业：
8	数字创意产业：	9.1	新技术与创新创业服务
8.1	数字创意技术设备制造	9.2	其他相关服务
8.2	数字文化创意活动		

资料来源：国家统计局《战略性新兴产业分类(2018)》，笔者加以整理后所得。

（二）战略性新兴产业的发展意义

2009 年，我国提出，到 2020 年这 10 年左右时间，发展战略性新兴产业的意义由应对金融危机、改善民生的初衷，过渡为助力实现中国产业结构转型升级、新旧动能转换及为中国新经济赋能赋新的新使命。战略性新兴产业也凭借其战略性、创新性、先导性、带动性等产业特点，不断推动我国经济的高质量发展，通过抢占国际技术竞争新优势、掌握国际产业新格局的主动权，助力实现中华民族伟大复兴。

1. 发展战略性新兴产业是抓住历史机遇、实现民族复兴的战略需要

历史经验告诉我们，人类的每次世界危机都会催生一批新兴产业，也会重塑一次世界格局。

2008 年，美国次贷危机引发的全球金融危机影响还未完全消解，2020年伊始又暴发了新冠肺炎疫情。2020 年是不平凡的一年，是具有重大转折意义的一年。实现中华民族伟大复兴与屹立世界民族之林的历史重任，也在这一年步入新的发展阶段。而产业层面当前应把握好产业发展趋势，选择和重点支持那些对中国经济社会全局和长远发展具有重大引领带动作用的战略新兴产业，为中国经济发展做出贡献。

2. 发展战略性新兴产业是拉动经济增长、扩大就业、改善民生的重要引擎

2008 年全球金融危机后,我国经济出现了动能不足、需求下滑的趋势,战略性新兴产业发展政策最初是伴随着国家一系列经济刺激计划出台的,初衷是为中国经济注入新动能,提振市场活力。国家对战略性新兴产业发展的支持,持续为我国经济发展带来新的增长点,新兴产业的辐射带动能力较强,为我国带来了大量周边产业的兴起并提供了更多的就业岗位。战略性新兴产业相关产品和服务生态,也为改善民生、提升人民物质和精神生活水平做出了显著贡献。

3. 发展战略性新兴产业是推进产业结构转型升级、促进经济高质量发展的重要举措

自改革开放以来,依靠人口等资源红利,我国经济得到了快速发展,逐渐成为"世界工厂",但产业类型多为粗放型、资源密集型的价值链末端产业。这一方面造成了低质量、低附加值产业的产能严重过剩,同质竞争严重,利润空间逼仄,另一方面也给我国环境生态体系造成了沉重负担,人民群众对于优美生态环境的需要与现实环境供给间存在巨大矛盾,这促使我们必须进行产业结构的转型升级。战略性新兴产业具有知识技术密集、物质资源消耗少、成长潜力大、综合效益好等特点,因此大力发展战略性新兴产业成为优化我国产业结构、促进经济高质量发展的优先选项。战略性新兴产业依靠科技创新驱动经济发展,最大限度降低了物质资源消耗,降低了对环境的污染,新材料、节能环保及新能源等技术产业都能很好地缓解不可再生资源的污染问题,使得经济发展踏入"资源节约型、环境友好型"的高质量发展道路。

二、中国战略性新兴产业发展的时空演变与特征分析

（一）中国战略性新兴产业发展演变的总体分析

　　战略性新兴产业的不断发展壮大为我国经济的持续发展注入了动力。国家信息中心的数据资料显示,从 2008 年到 2017 年,我国战略性新兴产业的增长平均每年为我国 GDP 带来 1 个百分点以上的增长,对我国经济的增长贡献接近1/5。近几年,中国战略性新兴产业持续保持着高速增长态势。2014 年,规模以上高技术制造业同比增速达 10% 左右,快于规模以上总体工业增加值增速。2016 年上半年,战略性新兴产业的 27 个重点行业的规模以上企业主营业务收入达到了 8.6 万亿元,同比增速为 11.6%,高于规上工业企业整体 8.5% 的增速水平。2017 年上半年,我国战略性新兴产业的 27 个重点行业营业收入同比增长 13.8%,较 2016 年同期增速提高 2.3 个百分点,收入增长速度持续快于规模以上工业整体增长速度。2018 年,战略性新兴产业前三季度的工业增加值同比增长 8.8%,较规模以上工业企业整体增速高 2.4 个百分点。2019 年前三季度,战略性新兴产业的工业增加值同比增长 8.4%,较规模以上工业企业整体增速高 2.8 个百分点。2015—2018 年,规模以上战略性新兴产业的相关服务企业经营收入平均年增速达到 15.7%,高于全国规模以上服务企业的整体增速 3.7 个百分点。

　　企业层面,"十二五"期间战略性新兴产业领域内企业高速发展,至 2015 年,战略性新兴产业 27 个重点领域的规上企业收入达到 16.9 万亿元,占全国工业总体收入的 15.3%。战略性新兴产业内的企业研发投入也有了大幅增加,公开资料显示,2015 年,战略性新兴产业的上市公司的平均研发投入达到了 1.53 亿元,较 2010 年增长了 1.9 倍,研发强度也达

到了 6.2%,较 2010 年增长了 2.4 个百分点,大幅高于中国上市公司的平均数据。"十三五"期间,2015—2018 年,战略性新兴产业的上市公司平均利润达到 7.7%,高于除金融企业外上市公司整体利润率 1 个百分点。在宏观经济环境背景持续恶化的条件下,2019 年以来,我国战略性新兴产业的上市企业利润率依然保持了 8.0% 的好成绩,持续高于除金融企业外我国上市公司整体利润水平。头部企业规模愈发庞大,2018 年,世界 500 强榜单中的中国战略性新兴产业企业达到 27 家,较 2015 年增加 9 家。

产业层面,"十三五"期间,我国在战略性新兴产业的五大领域——新一代信息技术产业、生物产业、高端装备与新材料产业、绿色低碳产业和数字创意产业,都取得了显著成绩。新一代信息技术产业方面,2015—2018 年,新一代信息技术产业重点行业主营业务收入年均增速达到 12.2%,至 2018 年重点行业的营收规模达到 7.9 万亿元。其中,电子信息制造业、软件业务收入的年均增速分别达到了 10.1% 和 13.6%,集成电路和平板显示设备产量较 2015 年分别增长了 60.0% 和 91.1%。高端装备与新材料产业方面,2015—2018 年,高端装备制造与新材料产业中的重点行业营收年均增速分别达到了 7.0% 和 11.1%,2018 年两者的营收规模分别达到了 1.4 万亿元和 2985 亿元。生物产业方面,2015—2018 年,生物产业的年均增速达到 11.5%,并在 2018 年底实现重点行业年营收 2.78 万亿元的规模。绿色低碳产业方面,2015—2018 年,绿色低碳相关重点行业主营业务收入年均增速超过 7%,2018 年营收规模达到 1.8 万亿元。数字创意产业方面,2018 年数字创意领域的重点行业营收规模达到 7152 亿元,其中虚拟现实技术、全息技术、数字内容等重点行业都取得了快速发展。

近年来战略性新兴产业增加值在 GDP 中的占比也在逐年增长,从 2011 年的 8% 左右增加到 2017 年的 8.9%,并成为我国经济增长的新引擎。根据《"十三五"国家战略性新兴产业发展规划》目标,到 2020 年末,我国战略性新兴产业增加值的总体 GDP 占比将达到 15%,打造新一代信息技术、高端装备制造、生物、绿色低碳、数字创意等 5 个产值规模达到 10 万亿元级的产业新支柱。

(二)中国战略性新兴产业发展的时空演变

　　根据国家统计局公开数据资料,我们选取战略性新兴产业的重点行业,如软件和信息技术服务、化学材料、原药、集成电路等行业,对 2013 年和 2019 年的相关数据做省际比较,以梳理战略性新兴产业的时空演变路径。软件和信息技术服务行业方面,2013—2019 年,各省(区、市)①整体产值规模都有了显著提升,尤其是第一梯队(5000 亿～12000 亿元)和第三梯队(100 亿～1000 亿元)的数量有了较大幅度增长,这两个梯队成员主要是东部(第一梯队)和中部(第三梯队)地区的省份,这说明近几年,东部和中部地区软件和信息技术服务产业快速增长。相对而言,成渝和关中地区的软件和信息技术服务产业发展陷入停滞,东北地区的产值规模则出现一定程度下滑(黑龙江产值规模滑坡)。化学材料、原药行业方面,2013—2019年,各省份生产规模相对稳定,部分省份在生产规模上出现一定程度下滑。这可能是我国的供给侧结构性改革、优化产业结构及提升产业附加值的政策优化了部分低附加值、重复建设的产能,提高了单位产能的经济附加值。集成电路产业方面,2013—2019 年各省份整体生产规模都有了显著提升,同时呈现东部较强、中部较弱及西部较好的发展态势。2019 年,江苏(516亿块)、甘肃(389 亿块)和广东(363 亿块)三省产量处于第一梯队,其中甘肃省的集成电路产业出现了跨越式发展,由 2013 年的第三梯队(91 亿块)跨越发展到第一梯队。浙江和北京经过几年发展,集成电路产业进入了第二梯队。安徽、重庆、山东和天津则由 2013 年的第四梯队进入 2019 年的第三梯队。

---

　　①　因数据可得性原因,不包括港澳台地区。

通过中国工程科技知识中心获取各省份节能环保领域 2013 年与 2015 年废气治理设施数量的数据,对比分析可得我国废气治理等重点行业为代表的节能环保产业取得了快速发展,尤其是华北地区持续处于领先地位。在废气治理领域处于第一阵营的主要是环渤海湾省(市),这可能主要与国家的环保政策相关,优先扶持污染较为严重的京津冀及周边地区的节能减排产业发展。中部和西部省(区、市)在废气治理行业发展相对均衡,各省(区、市)结合自身环境情况有条不紊地推进节能减排行业的发展壮大。

通过收集整理中国工程科技知识中心的数据(见表 6-2),对 2012 年与 2018 年各省份战略性新兴产业相关产业园区的累计批复建设数量进行对比分析。相较地方,产业园区建设发展主要以国家牵引为主,国务院主导了近几年大部分新增战略性产业园区建设的批复工作。在新一代信息技术产业园区发展方面,广东省和江苏省在 2012—2018 年取得了相对较大幅度的增长,并逐渐与安徽省和江西省组成第一阵营,其他省(区、市)的增长幅度则相对稳定。在高端装备制造产业园区发展方面,福建省截至 2018 年累计建设了 95 家包含高端装备制造的产业园,大幅领先第二名内蒙古的 62 家和第三名浙江的 58 家。在新材料产业园区发展方面,广东、江苏、辽宁和黑龙江等省份取得了较快发展,分别从 2012 年的 26 家、26 家、22 家和 15 家发展为 2018 年的 40 家、39 家、31 家和 32 家,总量上,2018 年四川(76 家)、河北(75 家)和山东(64 家)三省处于前三位。在生物产业园区发展方面,广东、江苏和甘肃三省在 2012—2018 年取得了较大幅度增长,分别从 16 家、9 家和 26 家发展到 26 家、16 家和 39 家,总量上,2018 年河南(67 家)、四川(55 家)和黑龙江(53 家)三省位居前三位。在新能源汽车产业园区方面,安徽(17 家)、河北(15 家)和湖北(12 家)三省位于前三位。在新能源产业园区发展方面,2018 年江苏(17 家)、四川(16 家)和内蒙古(14 家)位居前三位,而黑龙江、新疆和陕西三地的增长幅度相对较大。在节能环保产业园区发展方面,河北和四川两省处于第一阵营。在数字创意产业园区发展方面,由于产业概念提出时间较短,我们只对 2018 年数据做整理分析,山东(37 家)、广东(35 家)、河南(34 家)三省处于相对领先地位,安徽、福建和浙江三省也取得了较好成绩。

表 6-2　2012 年和 2018 年中国战略性新兴产业园区累计建设数量对比

单位:家

批准单位/批准地	新一代信息技术		高端装备制造		新材料		生物		新能源汽车		新能源		节能环保		数字创意
	2012年	2018年	2012年	2018年	2012年	2018年	2012年	2018年	2012年	2018年	2012年	2018年	2012年	2018年	2018年
国务院	104	166	129	210	102	163	74	125	34	55	37	55	10	11	164
安徽	36	37	49	51	44	45	36	37	17	17	4	4	3	3	31
江西	26	28	23	23	53	55	28	31	4	4	4	4	2	2	28
上海	20	21	38	49	12	12	6	6	8	8	3	3	2	2	4
四川	19	23	27	38	63	76	43	55	3	3	11	16	8	9	19
广东	19	31	25	26	26	40	16	26	3	7	5	5	1	3	35
湖南	18	18	18	18	38	38	41	43	5	5	5	5	2	2	27
湖北	17	17	32	47	30	30	42	42	12	12	11	11	2	2	27
江苏	15	22	19	19	26	39	9	16	5	7	11	17	2	4	14
福建	12	14	90	95	35	37	25	27			2	2	2	2	31
河北	10	11	23	26	69	75	50	54	14	15	11	12	11	11	14
浙江	8	8	58	58	21	25	10	11	7	7	2	2	1	1	30
山东	7	7	10	10	64	64	48	48	6	6	12	12	2	2	37
天津	6	6	16	24	10	10	3	3	3	3	3	3	2	2	3
辽宁	6	8	16	16	22	31	11	11	3	4	4	5	1	1	14
重庆	6	6	17	18	16	16	16	16	5	5	1	1	2	2	2
贵州	5	6	10	13	38	39	24	24	2	2	13	13	2	2	7
广西	3	3	8	12	27	29	15	16	2	2	5	5	1	1	4
新疆	2	2	10	15	44	52	23	27			7	11	1	1	18

续 表

批准单位/批准地	新一代信息技术		高端装备制造		新材料		生物		新能源汽车		新能源		节能环保		数字创意
	2012年	2018年	2012年	2018年	2012年	2018年	2012年	2018年	2012年	2018年	2012年	2018年	2012年	2018年	2018年
陕西	2	2	5	12	11	17	16	22	1	1	3	7	1	2	9
黑龙江	2	2	11	14	15	32	19	53			3	10			25
内蒙古	1	2	55	62	43	49	24	26			12	14			4
河南	9	12	24	26	52	57	60	67	6	7	7	9	1	1	34
甘肃	1	2	16	22	20	31	26	39			3	4			13
吉林			11	11	12	12	20	20	2	2	4	4			8
云南			9	13	37	42	29	33			12	13	2	2	13
山西			7	8	8	9	3	3							5
青海			2	2	8	9	0	2			4	5			3
北京			3	3	2	2	1	1	3	3	1	1	2	2	5
海南	1	1			1	1	1	1			1	1			1
宁夏	1	1	5	6	6	6	8	9							2
西藏			0	1			2	4							0

数据来源:中国工程科技知识中心,http://www.ckcest.cn,笔者整理分类后统计所得。

(三)中国战略性新兴产业发展的特征分析

1. 产业发展始终处于快车道

我国战略性新兴产业自 2009 年被正式纳入政府工作重点后,经历了
"十二五"和"十三五"两个五年规划。虽然外部经济政治环境形势不断变
化,但在党中央、国务院的正确领导下,我国的战略性新兴产业始终能够把
握发展趋势、超前部署,在国际上处于战略政策的先发地位。在制度、战略
和措施等多方面优势的共同加持下,我国战略性新兴产业在近 10 年的时

间里始终处于发展的快车道,各个领域全面发展,取得了骄人成绩。

经过近 10 年时间的发展,我国在新一代信息技术方面取得国际领先优势,尤其在 5G 技术、5G 通信网络建设和场景应用方面优势明显。物联网在工业制造领域的融合发展取得突破,云计算技术及相关服务企业取得较好成绩,大数据的应用场景不断得到突破发展,人工智能的技术算法与产品开发在国际上也处于第一阵营地位。在此利好行业环境下,我国也形成了新一代信息技术领域中一批能与国际巨头叫板的头部企业。生物产业经过近年发展取得了骄人成绩,如疫苗研发、基因工程及原研药研发等都取得了较快发展。在高端装备制造方面,我国的"嫦娥五号"月球探测器顺利实现落返与月球"取壤"等关键性技术的突破,新一代运载火箭"长征八号"首飞成功,以及国产大飞机 C919 顺利首飞、"北斗"卫星组网成功等,都极大地提升了我国高端装备制造技术的整体实力。此外,"蛟龙号"深海探测器、"天鲸号"挖泥船、国产 001A 型航母等都有力地证明了我国高端装备制造技术取得了突破式发展。在新能源汽车领域,2018 年我国全年新能源汽车产量达到 127 万辆,销售 125.6 万辆,分别同比提升了59.9% 和 61.7%,这也使我国成为全球新能源汽车保有量和产量最高的国家。在数字创意产业领域,2018 年上半年规模以上企业的总体营收达到了 42227 亿元,同比增长了 9.9%,继续保持着高增长态势。

2. 顶层政策利好持续注入发展动能

从国家正式确立相关新兴产业的战略地位后,党中央和国务院便持续高度重视对相关产业的指导和扶持发展工作,制定了全方位的政策体系。根据统计,2009—2019 年国家各部门发布的战略性新兴产业总体和细分领域的政策文件等达到 900 多项(见图 6-1),为战略性新兴产业和相关服务业的发展持续注入发展动能。

10 年时间,国家对于战略性新兴产业的政策重点主要落在改善产业环境、优化产业结构、激发产业创新及提振市场需求等方面。从供给型政

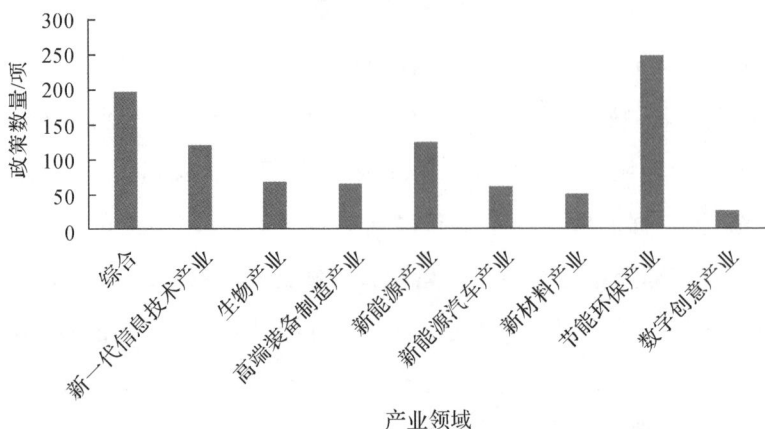

图 6-1　2009—2019 年战略性新兴产业各领域政策数量

策维度分析,国家政策主要聚焦于人才培养、融资渠道、技术扶持等方面。从建立人才储备、培训及知识交流等方面对相关产业进行人才政策支持,以直接的研发资金资助、税收减免或低息借贷等方式给予资金政策支持,以搭建技术合作平台、技术交易与服务中介等方式为相关行业提供技术政策支持。从需求型政策维度分析,国家政策主要落实在用户补贴、价格引导、贸易补贴及政府采购等方面。如在新能源及新能源汽车行业,国家通过价格补贴刺激供需双方的生产和消费热情。在高技术企业产品出口方面,通过出口退税等优惠政策刺激企业创新。对于一些还未有效开拓市场的新兴技术企业产品,政府通过政府采购等给予政策扶持。从环境型政策维度分析,国家的政策主要落实在综合规划、法律法规及产权制度方面。国家通过政策引导来实现国家战略性新兴产业的发展重点和统筹规划各地区产业布局,通过制定相关法律法规为相关企业提供良好的经营环境,通过知识产权保护政策来鼓励探索、支持创新。这些战略性新兴产业相关政策的出台,为我国战略性新兴产业的发展注入动能。

3. 集聚发展构筑新格局

从"十二五"到"十三五",国家根据国内外政治、市场和技术环境的变化,适时动态地调整着战略性新兴产业的发展方向和政策。基于此,我国的战略性新兴产业重点和地区分布也随之发生迁移,不断构筑着新的格局。总的来讲,在国家政策引导下我国的战略性新兴产业发展呈现出集群式发展态势,各地区结合自身特点,聚焦发展形成了不同类型的战略性新兴产业集群。

"十二五"期间,新一代信息技术产业主要聚集于长三角、珠三角和环渤海地区,其中北京的电子商务技术与服务产业产值居全国首位,并且与周边地区创造了全国集成电路20%的产值,而江浙沪地区的集成电路销量场占全国销量的70%以上。生物产业在环渤海地区和长三角地区的集聚优势明显,分别有9家和6家国家级生物产业基地,占全国总量的88%[①]。节能环保产业主要聚集在长三角、珠三角、环渤海等地区,其中江苏和浙江产业规模居于前两位,第三位广东的环保产业90%产值由广州、深圳、东莞和佛山这4个珠三角城市创造,集群优势明显。高端装备制造产业集群分布较分散,北京、青岛、南京、广州等地都有大批的高端装备制造企业。新能源产业主要聚集在环渤海地区(30%风电制造)、长三角地区(60%光伏制造、40%生物质发电)和西北地区(90%以上风电项目和太阳能光伏发电项目)。新能源汽车在珠三角、北京、武汉、上海等地都有分布,新材料产业集群主要分布在长三角(浙江磁性材料占全国60%的产量)、环渤海(北京占全国近50%的新材料研发,天津的纳米、半导体及石油化工的产业集群优势明显)等地区。

"十三五"期间,珠三角地区形成了以新能源汽车、移动互联网、数字创意和生物产业为核心的集群地带;以上海为龙头的长三角地区形成了新一代信息技术、高端装备制造技术、生物和新能源研发等产业优势;以北京为核心的环渤海地区结合自身高校与研究机构的资源优势,形成了航天航

---

① 见《中国生物医药产业地图白皮书》。

空、高端装备制造、生物医药与互联网技术优势,并带动相关产业形成集群发展;东北地区结合传统产业基础并进行升级改造,形成了以智能制造、生物医药和航空装备为核心的产业集群;中西部形成了以武汉为核心的新兴产业集群和长株潭高端装备制造产业集群。此外,成渝地区、关中地区也都形成了地方特色的战略性新兴产业集群。

4. 创新驱动打造新优势

随着国家创新战略的不断深化实施,战略性新兴产业的创新活动愈发活跃,科技创新的带动效应也愈发明显,反过来又激发了企业创新热情。2018 年,我国战略性新兴产业的上市公司平均研发投入达到 2.2 亿元,研发强度达到 6.88％,比其他产业的上市公司平均数据高出 1.82 个百分点,较 2015 年提升了 0.6 个百分点。这说明战略性新兴产业内的企业更加注重技术创新活动。其中,新一代信息技术产业、高端装备制造业与新能源汽车产业的上市公司研发强度在战略性新兴产业领域内排名靠前,2018 年的研发强度分别为 9.07％、7.32％和 8.55％。

科技创新促使战略性新兴产业的龙头效应显现。高铁技术经历了从引进吸收、模仿创新到原始创新的技术突破,形成了复兴号、高速磁悬浮等一系列高速列车技术,并在国际上不断开拓市场。华为、中兴的 4G 技术具备了与国际通信设备巨头抗衡的技术储备与实力,在 5G 技术方面又实现突破,取得了技术优势,使得华为、中兴及大唐等基础通信设备制造商在国际市场上的占有率不断提高。阿里云通过技术创新,在东南亚和中东地区的云市场取得了市场主导地位。海康威视持续在光学、影像学等方面进行技术升级与产品迭代,使其成功在亚洲、欧洲等市场站稳脚跟。这些战略性新兴产业领域的技术创新突破,为中国打造了一批各行业国际市场的领头企业。

三、双循环新发展格局下中国战略性新兴产业发展重点与政策建议

(一)双循环新发展格局下中国战略性新兴产业发展的国际环境与未来态势分析

当前国际贸易环境复杂多变,贸易争端裹挟着技术壁垒,地缘政治禁锢着技术转移,市场竞争倒逼着技术创新。2017年特朗普就任美国总统后,奉行"美国优先""让美国再次伟大"等民粹主义价值取向,美国政府发起一系列单边主义行动,旨在遏制中国日益强大的新兴产业。美国多次出台的所谓制裁名单也都是针对《中国制造2025》中的重点扶持产业与行业龙头企业,华为、中兴、海康威视及一系列高端装备制造与技术研发企业成为美国恶意打击的重点对象。2018年4月,蓬佩奥出任美国国务卿,主张与中国开展全面对抗,并将中美贸易领域摩擦上升为意识形态冲突。在此背景下,美国对于中国的打压从最初的贸易、市场层面延伸至战略性新兴技术产业的全方面。

美国对于中国的持续打压也在一定程度上得到了其盟友国家的支持,尤其是"五眼联盟"成员,这在一定程度上开启了"逆全球化"的潘多拉魔盒。全球贸易保护主义和泛国家安全的滥用使得国际贸易环境持续恶化,而我国的战略性新兴产业首当其冲,近几年在国际市场上的持续高速发展态势受到了一定程度影响。2020年末,拜登赢得美国总统大选。较特朗普的"美国优先"战略而言,拜登更加注重与盟友国家的合作共赢,这将使得未来中国战略性新兴产业在国际市场的发展面临更大困难。

2020年5月,习近平总书记在中共中央政治局常务委员会会议上首

次提出了深化供给侧结构性改革,充分发挥我国超大规模市场优势和内需潜力,构建国内国际双循环相互促进的新发展格局的发展战略。中国具有庞大的市场,足以支撑我国战略性新兴产业的生存和发展,因此未来我们应该充分利用好国内市场。同时,我们应该充分发挥已有国际合作渠道,利用"一带一路"倡议、"南南合作"及"RCEP"(区域全面经济伙伴关系协定)等各种国际合作形式,让更多优秀的中国企业参与国际竞争,通过引入合作形成"鲶鱼效应",以倒逼国内战略性新兴企业不断创新发展,即以扩大开放带动国内战略性新兴产业不断创新、推动自身变革、不断升级产业链,以巩固我国在战略性新兴产业链上的国际竞争优势,进一步支撑国内经济的良性循环,推动战略性新兴产业的高质量发展。

(二)双循环新发展格局下中国战略性新兴产业发展重点分析

"十四五"是我国战略性新兴产业走向世界领先、实现相关经济高质量发展的关键时期,面对"卡脖子"技术、产业结构不合理、投资产出效率不高等问题,应该充分研究、统筹规划,将有限的资源、资金集中到关键领域,充分利用双循环新发展格局,形成基于我国产业环境与国际大环境的战略性新兴产业发展重点与布局。

"十四五"期间,结合"中国制造2025"战略实施,新一代信息产业应在大数据、云计算、物联网和人工智能行业持续发力,争取取得全行业的国际领先地位,持续助力经济的高质量发展。持续加快IPv6部署和5G通信基站建设,为我国的"网络强国"战略打下坚实基础。充分发挥我国的举国体制,集中资源攻关半导体技术,尤其是EUV光刻机技术、激光技术等芯片制造的"卡脖子"技术。

在生物产业方面,积极探索海藻、木本油料作物等替代生物能源原料,推动生物柴油的新发展。集中力量攻关工业菌种和工业酶技术,打破相关知识产权受制于人的现状,在长三角、珠三角和京津冀地区形成一批有特色、高质量的生物产业集群。

在高端装备制造产业方面,首先,明确空天海装备产业应以大型客机整机装备、航空发动机制造、航空电子设备、无人机与第五代战斗机制造,以及第六代战斗机研发为发展核心。其次,明晰航天装备产业应以继续完善卫星导航系统应用与开发、新型火箭运载技术、探索宇宙相关物理科学的装备研发制造等为发展重点。最后,提升我国海洋装备研发制造的智能化,加快相关海洋探索活动的配套设备研制与改进,继续推动对于冰区航道技术、冰下与极地资源环境探测与利用技术的突破,同时持续发力海洋自然灾害预防、环境保护等技术的快速发展。

新材料产业方面,应聚焦于稀土磁性材料,如稀土磁致伸缩与制冷工艺开发、热变形钕铁硼制备技术、粘接钕铁硼与烧结钐钴材料制备,以及低成本高性能稀土永磁的制备工艺与关键设备开发、高丰度稀土的应用技术探索等。同时应聚焦于储氢材料产业,如储氢材料研发与系统开发、新型碳纳米管纤维和石墨烯纤维等产业内容。

在新能源产业方面,应以提升煤电技术水平,探索我国页岩气资源潜力、天然气水合物技术、地热能勘察及信息系统、光电转化技术为重点方向。同时也应积极开发生物质燃料,如热解油、合成气与纤维素燃料乙醇,完善碳排放市场配套,打造核燃料产业链,探索发展生物质能产业。

在新能源汽车产业方面,重点聚焦新能源汽车在场景化、智能化、平台化等方向的融合发展,完善配套体系,如充电桩、加氢站建设等。并且,在核心技术部件、关键基础材料和相关"卡脖子"技术方面有所突破,如电驱动系统、高性能硅钢片、电子稳定系统、宽温区长寿命燃料电池系统等。

在数字创意产业方面,以人工智能、虚拟现实、大数据、云计算等新兴数字技术为基础,重点突破数字文化创意技术装备研发,发展 IBB 技术、家庭娱乐系统、数字创意产品一体加工软件,以及开发 AI 数字图像视频捕捉、识别与增强技术,编码解码芯片、图像芯片等"卡脖子"技术。发展创意的数字化、智能化生产技术(IGC)、人机协同技术、5G多场景应用技术等，推动新一代科技革命下的中国数字创意产业迈向发展新高度。

(三)双循环新发展格局下中国战略性新兴产业发展的政策建议

1.新一代信息技术产业

加快新一代信息技术与制造产业的融合发展。历史经验告诉我们，每次产业革命都有着技术进步的驱动，而新一代信息技术的快速迭代发展是驱动新一次工业革命的主引擎。双循环新发展格局的形成需要完备的国内工业基础和科技不断进步的驱动力作为长期支撑，总体来看我国具备了较好的工业基础，囊括39个工业大类、525个小类，拥有全球最为齐备的工业体系和较好的配套能力。而要进一步驱动已有工业基础的发展，推动相关产业由外向主导型向国内国外双循环布局发展，就需要新一代信息技术的融合与驱动，推动全工业体系以产业结构升级、效率提升、创新加速驱动内循环，代偿外循环不足形成的产业压力。

加强开放合作基础上的自主创新优势。新的国际合作环境为我国进一步促进新一代信息技术产业的发展提供了国际合作机会。遵循"共商共建共享"原则，通过加强与"一带一路"沿线国家和地区的合作，共同开发与制定新一代信息技术标准，促进中国新一代信息技术产业融入当地市场。通过"RCEP"等其他合作新机遇，全面提升我国新一代信息技术与产业的国际认可度与融合发展深度。同时，注重我国新一代信息技术"卡脖子"技术的开发与标准的主导权，既保持高度的国际合作，同时也防止形成外部技术与标准的掣肘。

2.高端装备制造产业

通过强化顶层设计推动产业升级发展。注重统筹部署，合理规划航空、航天、海洋等装备产业的发展方向与布局，打造更加有利于创新的制度体系。如组建高端装备制造产业的评估专家团队、咨询委员会,针对高端装备产业的共性问题提出系统化解决方案,驱动高端装备技术的配套体系、共性技术、设计流程与建造等的协同发展。

通过完善细化政策营造发展环境。细化政策有利于高端装备制造产业的良性可持续发展,也能够保障高端装备制造产业的快速发展。在双循环新发展格局下,细化政策对于我国战略性新兴产业,尤其是高端装备产业与上游供应端和下游需求端的连接、体系的协同发展具有重要意义。如何将严重依赖出口推动的高端装备制造产业转化为对内部市场的进一步开拓,以及如何保障高端装备制造业的外部精密零部件供应持续稳定,都需要细化政策的引导。此外,应制定高端装备制造相关各方的技术创新、知识产权保护和标准规范方面的相关鼓励性和引导性政策,并适度允许国外先进技术公司加入国内高端装备制造业市场,通过技术溢出或市场倒逼国内相关企业的技术进步。

3. 新材料产业

加强新材料相关基础研究和应用开发工作,促进探索性成果的涌现。加强对新材料创新源头工作的探索,深入研究各种新型材料的相演变规律和相结构,以及材料基因工程,充分利用好大数据、人工智能等数字技术,探索发现材料新规律和共性。如在稀土磁性材料方面,加强对稀土永磁材料的矫顽力机理、多相磁耦合机制等基础研究的探索力度。在储氢材料方面,强化对新型储氢材料新型工艺技术、低堆积密度储氢合金床体技术等的开发。同时,注重相关技术的市场化和商业化应用与开发,如提升稀土开发、提纯与加工技术的效率与市场价值,降低储氢合金材料的制备成本。此外,强化对稀土材料的统筹开发,建立行业知识产权与标准体系。我国是稀土储藏大国,但在国际市场上不具有相应的话语权,为此应该探索建立稀土等新材料市场的交易机制,调控过量开发与无序竞争。此外,应利用储量优势构筑稀土矿开发技术标准体系,形成行业规范,以向下游稀土新材料扩散,推动我国稀土等新材料的产业优势地位形成。

4. 新能源与节能环保产业

高效、低污染的新能源技术是我国未来能源领域的重点发展方向。为此,我们应该从以下几个方面持续发力:逐渐降低煤电占比,继续推动高效、低耗、低污染煤电技术的迭代升级,探索脱尘脱硫等新技术;加大对页岩油气资源、天然气水合物、地热、太阳能、风能等新型能源的勘探、开采、加工与评估工作力度;建立政府规范下的电力体系市场化运作机制、碳排放制度;强化风电、太阳能发电等清洁能源发电上网的政策优势;探索生物质能的可持续与市场化运作的技术保障与制度方案。

对于新能源相关的节能环保产业,首先,应该重点发展市场需求导向的关键节能环保技术,提升我国相关产业链的完备度和产业循环的可持续性。其次,结合环境治理新要求,继续出台相关政策引导节能环保产业为我国环保事业服务。最后,健全PPP(政府和社会资本合作)等多种合作机制,全面保障节能环保产业的可持续发展。提升社会资本的地位,变政府主导为政府引导,使环保产业走向更加健康的市场化运作发展之路。

5. 新能源汽车产业

一方面,促进新能源汽车产业的模块化生产,布局产业集群发展。推动新能源汽车生产向模块化生产发展,打造新能源汽车部件生产集群,以形成协同创新优势。如新能源汽车电池产业集群,芯片、传感器等智能化体系研发产业集群等。另一方面,补短板、强优势,促进产业链转型升级。在双循环新发展格局下,国内新能源汽车各相关方应抓住机遇、发挥特长、融入我国新能源汽车产业的内循环体系,加码国内市场,结合国家政策红利突破关键技术瓶颈,以形成完备的国内新能源汽车产业链。此外,始终保持开放合作的政策导向,继续吸引外资新能源汽车企业来华设厂、扩大产能,或合作研发创新,以此服务国内市场需求、倒逼国内新能源汽车企业的创新发展。

6. 生物产业

以产学研合作渠道整合创新资源,促进生物产业各方协同发展。科学制定生物产业的战略布局、产业规划和管理制度,整合优质创新资源,形成生物创新团队,攻克"卡脖子"技术。同时,通过横向产业合作与产学研合作体系形成国内生物产业集群。另外,以政策引导打造地区生物产业创新集群,孕育一批具有国际竞争力的生物产业巨头企业和掌握核心生物技术的优势企业。

通过政策扶持发展生物反应器等前沿技术的突破创新。我们应该通过更加严谨和科学正确的政策引导尖端生物技术的进一步突破发展,使其能够在国内有更好的成长发展环境,逐渐形成生物技术高地,促进我国生物技术产业的发展,造福全人类。

7. 数字创意产业

从国家层面对数字创意配套技术给以研发支持,包括科技重大专项的装备技术攻关、国家工程中心的技术支持等,以推动尚处落后状态的我国数字创意技术装备研发产业的发展;发挥我国丰富的传统文化优势,打造数字创意新高地。我国具有悠久的历史文化和丰富的人文资源,其中脍炙人口的历史故事和引人入胜的文化景致都是我国宝贵的文化名片,通过与数字技术的融合,能够带来大量高质量的创意佳作,将我国打造为世界数字创意新高地。建立数字创意评审评估机制,激发数字创意的创新积极性。一方面,从制度层面对创新型数字创意内容与技术进行知识产权等方面的保护;另一方面,通过规范的评审评估制度保障优秀成果能够获得更多的政策便利和更好的价值体现,同时形成带动效应。重视数字创意人才的培养,持续为产业输出人才资源。加大艺术、文化、科技等学科的数字化融合培养,实施数字创意专业人才培养项目;打造一批具有特色的创意产业园,为梦想插上翅膀。充分发挥我国人民的创意天赋,通过数字创意产业园形式为青年人才和有志人士提供信息、技术、资源及经验的分享,并为他们提供政府政策等"一站式"服务,助力创意梦想起飞。

第七章 数智产业的发展格局与优化

一、新一轮工业革命与数智产业——技术经济范式变迁的视角

随着新技术以指数级的速度蓬勃发展,新一轮工业革命应运而生。大数据、云计算、边缘计算、物联网、产业互联网、人工智能、数字孪生、3D 打印、自动驾驶汽车、智慧家电、无人工厂等新概念进入人们的视野。各项技术以前所未有的速度进行跨界融合,显著扩大了数字化产业和智能产业的发展规模。如今,数智产业不仅可以将世界各地的人们轻易地联系起来,而且可以使设备、机器、系统互联互通,打破实体世界与虚拟世界的屏障,让人们轻松获取大量可用的信息,再从信息中习得知识来做出决策、执行任务,甚至可以预测未来将要发生的结果,从而释放出无限可能。

新一轮工业革命的兴起与数智产业的迅猛发展并非一蹴而就。历史上每一次影响深远的工业革命都是技术与经济发展史上的一次巨大变革,从与人们最密切相关的工业、交通运输业开始,直至影响人类社会的各行各业。每一次革命性的改变都伴随着新技术的发展和新经济模式的显现,不断满足着人们日益增长和变化的需求,扩展人们的活动空间,提升人们的生产效率,缩短人们的社交距离。

(一)历次工业革命的产生与变迁

在工业革命产生之前,各国之间的往来促进了先进技术与商品的交易,需求的增加促进了商业陆路的兴起和大航海时代的到来。但当时的条件不足以支撑规模化的生产作业与货物运输,因此更多的人从自耕作业转向手工作坊,从农耕技术转向生产制造技术。初步的工业化发展让市场变得更多样化,产生了更多样的商品,从而促进了经济发展。

第一次工业革命起源于18世纪的英国,珍妮纺纱机的发明揭开了此次革命的序幕。随后,改良蒸汽机的出现为生产和运输提供了更为便捷的动力,有效推动了机器的应用和发展。以蒸汽为动力的汽船和机车的成型,带领人们迈入"蒸汽时代",走向了"机械化时代"。在这一阶段,机器代替了人手,机器生产技术超越了手工工具技术。

第二次工业革命开始在19世纪末期,发展在20世纪初期。随着发电机和工业用发电机这一类用电驱动设备的广泛应用,机器生产走向了更为便利的电气生产,这使得标准化、规格化的流水线生产成为可能,诞生了福特汽车这样可大规模生产制造的工业巨头。等到远距离输电技术让电力在生产和生活中真正得到普及,四轮汽车、电脑、电梯、电视机、电话等产品的发明在为人们生活带来便利的同时也丰富了人们的视野。人们度过了"蒸汽时代",以及"机械时代",进入了"电气时代"。在这一阶段,技术发展和工业生产高涨,工厂放弃了个性化生产,开始大量采用流水线作业,进一步解放了人力,使得生产成本大幅下降。一些技术领先的国家出现了工业总产值超过农业总产值的情况,工业领域的重心也由轻工业逐步转向重工业,围绕服务业展开的第三产业也逐渐兴起。同时,石油、化工、钢铁产业在内燃机的普及中得到长足发展,电的出现也带动了火力、水力、风力、太阳能、核能等新能源发电的产生。

第三次工业革命从电力系统和电子信息技术得到广泛应用后开始。第一台可编程控制器(PLC)的发明让数控机床走向工厂。数控机床在原有流水线生产的基础上,进一步省去了大量烦琐的手工操作,也使得生产作业更为精准。之后,随着硬件水平、系统集成度、编程语言的不断发展,人们可以编写更为复杂的控制策略,开始走向"自动化时代"。直至具有划时代意义的电子计算机出现后,计算机代替了人脑,"信息化时代"也终于到来。在这一阶段,继人类历史上发明蒸汽技术和电力技术之后,电子信息技术的出现成为又一次重大的突破,从此被广泛使用,无处不在。从第一代计算机电子管计算机发展到第四代计算机大规模集成电路机,再从发射人造地球卫星到发射太空飞船实现登月梦想,人们不断将自动化、信息化融入原子能、航天技术、生物工程等领域,成为一场多领域融合的信息控制技术革命,创造了一系列新型工业,也加速了第三产业发展。随之产生的新型经济开始崭露头角,以技术创新和人才力量为主的知识经济正在成为国家互相角力的关键所在。在计算机代替了人脑部分逻辑运算、操作控制、强制记忆等功能后,数字化和智能化思想逐渐显现,数字革命逐渐开始。这些极大地影响了人们在政治、经济、社会、文化等领域中的行为模式和思维方式,使人们的需求和目标开始跨入更高层次。

回顾这三次人类历史中的重大工业革命可以发现,人们应用的技术从手工工具技术发展到蒸汽机械技术再到电力技术、电子信息技术,"引擎"从人手发展到蒸汽机、内燃机、芯片、电子计算机,"能源"从煤炭转到了石油、电力,"原料"从钢铁发展到合金、硅。人们不断改进生产制造方式和规模,逐步实现了生产的机械化、大规模化和自动化,达到了"用机器生产机器"的高度工业化水平,有效促进了人力劳动分工和技术产业升级,形成了规模经济。但在通过工业革命提升工业化程度的同时,大量问题也逐渐显现。随着全球化的发展,供应链逐渐拉长,市场呈现快速变化与多样化、个性化的趋势,但生产设备和系统的提高已经遇到瓶颈,且工业主导的商业模式始终是制造本位,工厂生产什么人们就使用什么,流水线标准化产品无法实现个性化。追求快速灵活应变不再是简单的自动化升级,而是要更多地考虑客户期望、产品优化、协作创新等因素。

追求先进生产力,其真正目的是让人们过上更好的生活。各行业都在探索如何更好地优化产品和服务并更多地挖掘其价值,如何改变资产的维护方式让资产更加耐用等难题。同时无论是消费端还是生产端,人本位逐渐成为经济的核心,从人的角度驱动设计、研发、生产、供应,直至整个系统、整条价值链的管理与服务,创建在考虑到客户需求体验、服务、资产绩效等因素下的全新协作方式。这类跨区域、跨产业的新平台和新业务模式正在重建新的技术、经济和组织形式。因此,正在兴起的新一轮工业革命与之前所经历的三次工业革命存在着本质区别,从速度、规模、范围、深度来看,都将再一次彻底改变人类的生产工作和生活社交方式。

(二)新一轮工业革命与数智产业的诞生和发展

1. 新一轮工业革命的兴起与特点

新一轮工业革命在德国、美国、日本等发达国家先行开始。德国在2013年的汉诺威博览会上提到了"工业4.0"这一全新概念,此后大数据、数字化、智能化、个性化等一系列关键词被广泛讨论。新一轮工业革命并非只是第三次工业革命中数字革命的延续,而是基于各种技术的组合创新。人们将创新融合的技术作为"引擎",将数据作为"原材料"。从这场变革中诞生的数智化思想不再仅仅影响几个行业,而是正在颠覆几乎所有行业的传统运转模式,使更多企业重新审视原有的经营方式,挑战固定思维,推动创新。

首先,数据这一核心"原材料"正在日益信息化、数智化的时代中呈爆炸式增长。人类社会正在创造的数据信息量将超越以往任何时候。对于这些庞大冗杂且还在急速更新的数据信息,人们拥有的越多,就越希望从中获得更有价值的信息,甚至希望基于过去和现在的材料预测未来可能发生的具体结果。大多数行业领域在过去基本以个人经验为决策的依据,但在新一轮革命中更多时候会把数据分析结果作为主要参考标准。无论是企业还是政府,都希望通过新技术新手段分析各类数据,发掘以往从未有过的新型模式和关系,更好地分析现在所处的形势与未来发展的趋势,从而做出能实现价值最大化的决策,从中受益。

其次,数字化智能化技术作为核心"引擎"已经成为发展产业领域的重要基础。越来越多的日常设备和生产设备连接到互联网,帮助人们收集、传输、分享爆炸式增长的数据。人工智能赋予了机器设备做出和人类似行为的能力,如刷脸认证、智能语音、客服机器人等。随着智能可穿戴式装备、智能设备、智慧家居等富有数智化技术的产品的出现,机器设备智能行动的能力将越来越强,数智产业将渗透到人类生活的方方面面。

2. 数智产业在与工业融合中发展

从工业角度出发,面对紧缺资源、能源转变、员工结构变化、全球化或"逆全球化"趋势,需要将数智技术融入传统模式。

第一,追求万物互联。利用新技术将设备机器系统群像互联网一样无缝连接,通过信息物理系统(CPS)的使用消除实体世界与数字世界之间的界限,打通所有数据壁垒,使生产者、消费者、供应商同步处于一条互联互通的价值链中,任何两方的互动都变得更为频繁和便捷。实时掌握与分析各个环节的使用者,整合灵活的、自动化的响应机制和远程活动,以此来驱动生产、服务以及商业模式的创新,促进生产效率与生产弹性化能力的提升以及运营人力成本的下降。

第二,追求数字孪生。如在机器设备中增加智能化的传感元件、传感器等来增强设备自身对于外界环境和内部运转情况的感知能力,以及与其他机器设备之间的信息传递能力。通过对运行状态数据的分析,建立设备机器的数字孪生模型,完成运转模拟、行为预测、实时异常通报,以及根据内部细小变化,如零部件老化、磨损等,来实现健康自管理。让机器设备实现自相控制、自我优化、智能生产,摆脱"人"这一中间媒介,避免人在接受和分析信息的过程中出现的偏差和错误,减少重复劳动和依赖经验的工作,提高资源的利用效率,改变以往工厂中一直使用的集中控制的生产结构,使生产效率和产品质量得到进一步提升。通过对数据信息和模拟决策结果的评估,辅助具有专业经验的人或设计者进行决策,人机交互的结果使机器系统不断向人类或自身迭代经验,丰富知识,在进一步自我完善后越来越准确地执行计划工作。

第三,追求生产的柔性与定制化。智能化生产更多地将环境、产业链、人等因素考虑其中,让企业与顾客、业务伙伴最紧密地结合。通过产销协同、供应链管理,打通设计与生产的数据壁垒。用户可以近距离地参与生产,使得工厂订单可以根据用户自定义参数进行调整。工厂可以满足客户的个性化要求,实现多样化的生产,实现以同样的成本生产小批量定制化的产品。同时,工厂可以根据市场需求的变化情况及时调整生产进度,让生产去贴合市场,最大限度地减少生产过剩的情况。且智能化的生产过程可以更灵活地安排人员、资源和时间,实现远程操作,有助于推进能源结构的改变,强化绿色能源经济在国家发展中的地位。

第四,工厂从传统的批量化的扩大生产转向规模细化和精确化的生产,以高质量的产品和服务赢得竞争力。从某种意义上说,新一轮工业革命和数智思想让人们回到了最初的生产模式:用户可以以虚拟的方式全程参与下单、采购、设计、生产、物流等各个阶段;工厂再一次从庞大的集中控制生产回到灵活弹性的智能自控分散生产。

3. 数智产业正从全方位影响各行各业

从新一轮工业革命中不断发展的数智产业,也在同步融入其他产业领域。在前几次工业革命中发展的电力、化工、冶炼、航空、汽车、基础建设、能源、制造等领域在现阶段已遇上不同程度的瓶颈。在传统行业不同程度地呈现老化趋势时,已经有行业的领先者看到新一轮工业革命中数智产业所具备的优势和带来的红利。不少行业逐步出现类似 CPS 的控制系统,强调将实体世界与数字世界相互打通,将人、机、物彼此融合,利用先进的数智技术实现人在三维空间的延伸。如在房屋建造设计领域,人们将数据分析、增强现实等技术融入生物、设计、选材、制造、工程等专业知识,实现人、生物、实体、环境之间更为和谐的生存共生。如 3D 打印技术可以帮助传统手工业者完成手工无法完成的复杂精细的工作,可以实现更具有想象力的创造活动。

在产业端,"互联网＋"已经逐步被大家所感知,数智与产业的融合初显成效。在供给侧,更多行业涌现出新技术,不仅有满足现有需求的方式,也创造了全新的价值增值方式。生产企业可以选择更为灵活弹性的创新模式,通过搭建设计、研发、营销、销售的数字化平台,可使交通运输和多方沟通的成本下降,提高物流和供应链协作的效率,进一步改善生产作业质量,提高企业运转效率。这些方式帮助产业打开了新的市场,助力企业多样化发展。在需求侧上,数据的传递效率越来越高。消费者可以清晰地了解生产过程中人机料法环等各个要素的情况,新型的消费模式也应运而生。企业可以根据用户的移动网络和数据信息及时改变自身的原装设计、营销手段、销售模式和服务方式。传统与数智的融合,使原有产业出现了全新的产业结构,拥有了全新的商品和服务内容、全新的生产和消费方式,既丰富了企业和个人生产投资的路径,也改善了从业者的工作和生活条件。

在政府端,数据和信息公开共享的平台可以拉近人们与政府的距离,改变原有的单一单向的沟通和决策方式,通过数据信息、智能分析手段实行更加公开透明、执行高效的公共治理措施,更加有效地沟通意见看法,执行反馈互动,整合协调各方行动。如政府监管部门可以利用智能化的监测手段对实体和网络进行更准确的安全监控,从而应对不断变化更新的市场环境。

4. 新一轮工业革命与数智产业带来的机遇与挑战

新一轮工业革命和数智产业已经从各个方面切实提高了人类的生活水平,改善了生活质量。无论是线上预约订购、网络消费付款,还是共享出行、VR 游戏,数智化产品正在给人们带来更多的幸福感和获得感。但其在改善人们生活的同时,也带来一系列新问题,如客户信息的隐私保护。数据的存储、认证和保护难题,催生了区块链这一改变金融的运作方式以及保存财产的方式。政府部门也需要警惕因自动化智能化设备逐渐代替人力而加剧的不平等问题,这既是经济问题,也是社会问题。新技术的产生往往会先让智力和实物资本的提供者获益,可能会进一步拉大资本依赖者和劳动力依赖者的差距。此外,智能化、自动化的技术也使得黑客技术变得易于操作和实施,可能会产生全新的安全体系漏洞。政府部门需要考虑运用新技术催生新的保护模式以削弱暴力冲突、恐怖袭击、黑客入侵带来的影响。

5. 中国在新一轮工业革命中将数智产业作为发展驱动力

前两次工业革命,中国因历史原因未能参与其中。在改革开放后,中国取得了飞速发展,从农业大国变成世界上最大和最具活力的制造业大国,并在第三次工业革命中跟上了信息化步伐。现阶段,中国已经在部分领域不断突破,以独有的技术跻身全球前列。在新一轮工业革命和数智产业浪潮中,中国必须明确自己的定位和目标。特别是投资、消费和贸易这领导中国经济发展的"三驾马车",各自的角色和比重均在发生变化。中国必须推动数智产业发展,让数智产业成为中国经济新的发动机,让数智化成为中国新一轮真正意义上的技术和经济革命。中国推出的一系列政策,包括数字革命、新基建政策等,将推动中国在数智化方面走在世界前列。让数智产业能覆盖所有实体经济行业,从衣食住行,到教育、医疗、养老等产业,对产业和社会发展产生推动、引领作用。

二、中国数字经济下数智产业发展格局与特征

根据中国信息通信研究院最新经济发展报告的数据,随着这一轮新的科技和产业融合变革的到来,中国正在大力推进"数字经济"这一全新的经济模式。截至 2019 年,中国数字经济的规模已突破 35 万亿元,在 GDP 中所占比重超过 36%,对经济增长的贡献率超过 67%,已经成为在经济下行压力下推动中国经济复苏的关键因素之一。在数字经济的发展框架下,以 5G、云计算、大数据、产业互联网、区块链、人工智能等技术为核心的数智产业快速发展。在这一领域,美国、德国、日本等发达国家都在抢先布局,中国在这一领域与他们站在了同一起跑线上,在部分领域甚至已领先于其他国家。

2015 年中国政府开始加码"互联网＋"行动,推行"中国制造 2025"、互联网金融、农村电子商务等政策。2017 年,中国相继完善大数据、产业互联网、云计算、区块链、数字平台、平台经济等方面的政策,在探索经济社会发展新形态中将数据作为一种核心要素。2020 年,国务院常务会议等高层会议先后发布,要将以大数据、云计算、互联网、区块链、人工智能等高科技为代表的新型基础设施建设作为当前实施中国数字经济建设任务的重中之重,进一步推动中国经济社会的转型升级。数智产业在中国数字经济的发展指导下被赋予了全新的角色和发展特征,将持续带动数智产业化、产业数智化,形成中国经济发展的新模式。

(一)政策导向作用突出

2014 年,"大数据"技术首次出现在了国务院《政府工作报告》中,一时间数据的开放共享和流通应用成为各行业关注的焦点。2015 年起,中国

政府积极推进"互联网+"行动,大数据技术与产业的融合已逐步成为国家重要战略,多地发布政策,大力推进核心技术和人才培养,加大数据的互联互通、公开共享,消除数据信息孤岛。2016—2017 年,工信部陆续发布《大数据产业五年发展规划(2016—2020 年)》《促进新一代人工智能产业三年发展行动计划(2018—2020 年)》,各地依据指导要求加强建设产业综合试验区,培育产业应用服务企业和核心龙头企业,逐步形成完善的产业体系。2018 年,工信部印发了详细具体的企业上云实施指南,鼓励各地政府加快上云的步伐,并形成了一系列产业云、行业云。2019 年,在中央关于区块链的指导文件下,30 多个省(区、市)发布了相关政策文件,通过试点项目寻找实际落地场景,探索将区块链与本地产业结合的路径,以培育区块链产业生态,使其在实际经济社会中发挥作用。2020 年,国家进一步规范了大数据、移动物联网、新一代人工智能等产业的全面健康发展。同时,大数据中心、工业互联网、区块链技术、人工智能等领域都被纳入新型基础设施范围。尤其是在遭遇新冠肺炎疫情后,国家加快了新基建的进度,进一步发挥数据等新型生产要素的作用,加快培育新型生产要素市场,扩大对新基建设施的投资。目前大数据、互联网、区块链、人工智能等数智产业已成为多地在新经济技术领域的重要突破口。

近几年,在国家宏观政策的导向下,地方不断完善数智化政策,从上至下推动了数智产业的发展。数智产业已成为国家重点鼓励发展的产业,已是政府、产业、企业手中重要的工具要素,帮助原有产业进行转型升级,鼓励模式创新、商业创新。中国信息通信研究院白皮书数据显示,2019 年,北京、上海、浙江、江苏、广东这些推行力度大的省份的数字经济规模均超过了 1 万亿元,且数字经济在地区生产总值中所占的比重均已超过 40%。全国大数据产业规模在 2018 年超过 4000 亿元,预计在 2021 年将翻一番。全国规模以上互联网相关服务企业在 2019 年营业收入超过 1 万亿元,同比增长 22%,营业利润突破 1000 亿元,同比增长 16.9%。全国人工智能产业规模在 2019 年接近 6500 亿元,同比增长 20%,全球排名第二。全国区块链市场规模已突破 12 亿元,技术的专利申请数量已经占据全球六成。数智产业各领域呈现百花齐放的态势,为中国向数字经济强国迈进提供了强大的产业支撑。

(二)产业集群效应显著

产业园、示范区、试验区是聚集产业资源和产业主体的重要载体,且中国部分传统产业已经形成了大量产业集群,有利于数智化技术应用的快速渗透。2016 年,我国已设立京津冀、珠三角、上海等八大国家级大数据综合试验区,通过一系列的政策指导文件以及基础设施和人才资源的优先建设,为产业后续的发展提供了有利条件。目前这些区域已成为我国大数据产业发展的第一梯队成员,具备合理的组织机构、健全的资源体系、清晰的发展规划,在与实体经济融合上不断发力。2019 年,我国开始建设国家新一代人工智能创新发展试验区,包括北京、上海、杭州、深圳等地区,目前这些地区拥有全国 80% 以上的人工智能企业,人工智能技术已覆盖安防、制造、金融、医疗、教育等关键产业领域。同时,杭州、广州、上海等沿海城市已成立区块链产业园,其中 90% 以上项目为政府主导推进项目,易于商业模式的发展和成熟,应用成果显著。

2018 年,工信部中国电子信息产业发展研究院发布的报告显示,全国各省(区、市)之间大数据等产业发展水平不一,由于产业基础较弱、数据开放共享程度不足、创新能力不够等因素,部分地区仍处于产业的成长期。而拥有较多示范区的地区因具备更多技术资源支持、更完善的配套基础设施等有利条件,数智化技术与产品在集群内得到快速的响应扩散,整体发展水平明显高于其他地区。发展速度快的地区也为邻近的各省(区、市)提供了有效的发展经验参考,帮助其他地区落实基础设施建设。产业集群发挥了以点到面、从园区辐射至整体的扩散效应。通过整合资源,跨部门、跨企业、跨区域发挥协同作用,加快集群内部整体发展速度,提高区域整体数智化发展质量。

(三)应用落地方向多样

随着数智产业与工业、金融、商贸、政务、民生等领域的融合,一方面,对于传统行业,通过"＋数智化"的方式,改善固有模式,从获取用户到服务客户,提升产业效率,实现降本增效。另一方面,对于新市场、新需求,通过"数智化＋"的方式,如人工智能技术面向特定领域提供算力,带来新模式的拓展。各省(区、市)各产业根据实际应用基础与条件,在各领域的应用落地呈现多样化。

大数据产业发展迅速的东南沿海省(市)在金融、商业、工业等具有传统优势的行业进展可观,已具备较多的试点示范工程。如江苏省大力实施"一市一重点平台、一行业一重点平台"培育计划。经济发达地区在数字化政务应用和民生应用方面成果显著,已全面推进政务数据信息整合共享,开通线上一站式服务,充分发挥大数据、互联网等要素在便民利民工作中的作用,辅助政府部门准确掌握人民群众的社会需求,提高公共服务能力水平,节约社会资源,激发人民群众参与公共事务决策的热情。

基于原有产业的发展优势,中国在需求端呈现个性化、供给端分布分散的行业领域的数智化水平已处于世界领先地位,如消费、娱乐、社交等领域。特别是在消费领域,阿里巴巴、百度、腾讯等互联网巨头已处于全球领先的地位。中国庞大而活跃的市场为这些平台提供了源源不断的交互数据,不仅在消费端可以对消费者进行需求洞察,而且在供应端可以及时掌握需求变化,让人、商品、内容和服务之间的联系更紧密,强化了数字化智能化的供需联动,全面提升了商品和服务质量,带来运营效率和成本控制能力的提升,这极大推进了消费互联网平台上下游场景中企业的数智化进程。中国部分传统产业,如制造业,和消费领域相比存在着更高的行业知识门槛和标准化、规模化的推广阻力,产业结构更为复杂,痛点需求更为多样。因此,还需要资本、技术、数据等要素的长期试验和积累。

在人工智能应用市场,在交互端需求量大的语音助手、面部识别、自然语言处理等技术已成为我国发展最成熟的技术领域,主要集中应用于医疗、家居、教育、公共服务等场景。自动驾驶、类脑智能计算、人机混合智能等技术还处于早期发展阶段,随着需求量的增加也逐渐成为热点。

区块链技术因与金融存在天然的契合性,而最早在该领域发挥作用,包括共享风控信息、跟踪合同类关键证据、弥补信息不对称等。这些金融应用已在实际业务中取得应用成果。此外,区块链在解决信任问题、重塑信任关系等方面的应用也在不断深入,如电子存证、数字身份、产品溯源等,还可以帮助政府部门集中开展数据监管、金融监管、市场监管、城市监管等内容,推进民生治理、公共服务等。

在政府层面,中国一直致力于建设数字化服务型政府,展现以用户为核心的服务型思维,将被动响应转变为主动服务。充分调动企业、组织、群众的积极性,共同参与民生建设。不再完全依靠经验,而是更多地使用数据来科学辅助决策实施。从事后解决的方式转向事前预测模式,实现对公共安全治理的态势预测和先行预警,有效提升防范突发事件风险的能力。

(四)龙头企业带动积极

大数据等数智产业的龙头企业与传统产业的龙头企业,在不断扩展自身建设的同时,在细分行业的具体应用场景相互合作,利用彼此优势共同开发数智化产品和服务。如互联网龙头企业在产业互联网容易积累大量的用户数据,自身也具备数字化人才和工具的资源,而传统行业的龙头企业则掌握着行业内部的知识经验、业务场景等数据资源,各自具有优势。在产业数智化进程中,合理的推进模式不再是一家通吃,而往往需要多方协作,相辅相成,协作共赢。同时,龙头企业通过产学研、联盟协会等形式搭建资源共享平台,共享知识、资源、人才等要素。

(五)发展起步晚但进展迅速

中国数智产业发展起步相对较晚,但在中央政府的高度重视下,特别是 4G、5G 基站的大力建设为数智化基础设施提供了支撑,新基建的持续落地使数据中心、互联网等成为普惠的实用工具,为产业的数智化提供了良好的发展基础。多个省(区、市)建立了数据中心、云平台、产业互联网等设施。同时随着企业上云和实体经济的数智化转型,互联网金融、智慧化医疗、远程教育平台、自动驾驶汽车等新兴产业,为中国经济的发展带来全新的朝气,产生了一大批新技术、新产品、新服务。

尤其是在 2020 年遭遇新冠肺炎疫情之后,数据、信息等成为关键要素,数智产业已在复工复产中显露出巨大的经济价值,成为中国经济发展的一条韧带。实体经济在疫情中遭遇的困境倒逼企业加速与数智产业的融合,拓展线上业务,线上直播、线上销售、线上教学、线上拍卖、线上演唱会等新的线上服务模式不断出现。居家隔离催生了线上看病问诊、无人医疗医护、无接触物流配送、远程办公教育、远程维护维修等新需求,引发了智能机器人、无人机配送的新热点。数智技术还帮助政府对人力物资进行精确化的调动,加强对人员流动的监控,有效遏制疫情扩散,追溯传染源与感染途径,研发相关疫苗,及时掌握和发布动态疫情信息,使人民群众实时获取疫情信息并加强自我防护。数智产业的快速落地,降低了疫情对生产生活的影响,为人们正常生活、学习、工作提供了有力保障。这些都进一步加速了社会和产业数智化,全产业都已重新审视数智产业的重要性,数智化思想已深入人心。未来随着直播电商、农村电商的发展,线上服务水平还将进一步提升,必将掀起新一轮数智产业发展的高潮。

(六)信息安全与监管面临难题

企业上云、数据互联互通、产业互联网的发展也带来了信息安全与监管的挑战。如个人信息泄露问题不断凸显,区块链推进的去中心化导致监督主体离散问题,知识产权意识的增强带来版权问题。产业需要共享的数据信息资源平台,但也要防范其信息泄露风险。政府部门有必要完善法律体系,在两者之间找到平衡点,打造合理合法的开源开放的赋能平台。

此外,国家层面的网络和信息安全变得尤为重要。现代战争更多的是信息化战争,新兴技术的应用可能带来新的不安全因素,国家将不断加强公共安全。

(七)产业生态建设仍需不断完善

中国近几年在数智产业的成果已经为中国新一轮的经济发展打下了稳固根基,但仍需要与实体经济不断融合作为支撑。现阶段数智产业还面临着诸多问题,部分前沿理论基础落后,核心技术与设备受到国外限制,产业数据互联互通缺乏标准,开源开放的算法平台尚未完全建立,数据孤岛、网络安全问题仍然存在,对口人才资源缺乏,在传统产业的转型方面还存在战略决策不清晰、组织结构不灵活、数智化改造成本高、应用人才储备不足等问题。同时,数智产业的发展还会给就业带来一定程度的冲击,引发新的就业矛盾,国家需要采取相关举措来创造就业创业的良好氛围。这些既受到原有思想理念的影响,也受多方利益的约束。

但挑战也往往伴随着机遇,需要客观、全面地审视中国数智产业发展趋势。很长一段时间,中国都将处于数智产业发展的黄金时期,运用数智化手段推进两化融合、提升传统产业、挖掘新型产业仍是重点任务。这需要政府政策引导,产业集群联动,龙头企业带动,创新技术驱动,多方协作共同推进。这既需要资金、资源、知识、人力的储备,也需要技术和模式的探索。企业要积极探索新的发展空间,明确自身定位,找到合适的切入点积累优势,才能确保在数智产业的发展中不落后。政府一方面要培养企业与民众保护隐私安全的责任与意识,另一方面也要加强对行业的规范和监管。

数智经济在下一阶段仍需要不断完善发展战略规划,优化产业布局,打造健全的新型基础设施,加大产业资源共享平台的投入,加强信息安全体系的完善,鼓励资源开放共享和产业高效协同发展,完善产业发展生态体系,不断补充有关法律法规。

三、数智经济赋能传统产业发展的内在机理与发展格局

在中国大力发展数智经济的政策下,数智产业基于数字化、智能化等互联网技术,通过与传统产业的创新跨界融合,将海量数据信息转化为富有实际价值的信息,赋予产业多元化、多样化、个性化的发展方向,打造新形态的商业模式、新环节的业务途径、新组织的生态架构、新价值的产业链条,形成数智经济这一新模式。

数智经济是中国新型经济全面健康发展的活力因素,具有强大的发展潜力。特别是在新冠肺炎疫情之后,以远程办公、在线教育、互联网医疗等为代表的新业态、新模式加速成熟,以云端消费、线上生活、无接触配送等为特点的生活方式成为现阶段社会新常态。经济转型发展下新的供需变化产生,为中国现代化的经济体系建设注入了全新的动力。在这一发展趋势下,数智化成为传统产业不可忽视的影响因素。传统产业或适应数智经济的发展而变化,或彻底被其所颠覆。

(一)数智经济赋能发展的内在机理

1.数智技术的内驱力

数智技术的成熟为传统产业的内在发展提供了新途径。如大数据的推广可以帮助企业对海量复杂数据进行挖掘和分析,将大量低价值的数据转化为高价值的信息,从而优化生产流程或提升精准营销能力。云计算的

应用可以帮助企业方便快捷地收集和共享数据及资源,降低数据信息等资源的管理门槛,提高人与人之间的协同效率。边缘计算的使用可以帮助企业在本地就实现数据的快速处理分析,减少额外的云端传输成本,提高数据的应用效率。物联网的介入帮助企业将更多的实体内容融入虚拟网络中,为人、设备、系统的协同奠定基础。数字孪生的推进可以帮助企业加深实体世界与虚拟世界的互联互通和相互映射,让生产和设备针对实际情况进行精准分析、智能管控和决策优化。人工智能的普及还赋予了机器设备与外界互动和自我学习的能力。以这些领域为代表的新兴技术助力传统产业进行数据流通、资源流动和价值共享,进一步优化了资源配置,提升了工作效率,发挥了协同作用,帮助传统产业掌握了转型升级的关键内驱力,赋予了发掘新业态、新模式的内在动力。

传统产业通过数智化手段已经初步感受到了数智技术带来的价值红利。如电商平台增加了智能客服的应用,在优化用户反馈速度的同时节省了大量人力成本,从而改善了用户对产品和服务的体验价值,增加了用户黏性。互联网平台加强了对用户进行画像的能力,增加的"猜你喜欢""推荐内容"等,帮助用户更快、更精准地搜寻到自己喜欢的内容,优化用户搜寻使用体验,从而最大限度地挖掘用户潜在的消费需求和关注点。制造业利用大数据分析、人工智能和物联网等技术,将传统的生产商转化为新型的服务提供商,实现业务和销售模式的重构与升级,实现业务和价值的双重增长。未来随着数智经济的进一步发展,企业将通过更多新兴技术创造新的业务和价值的增长点,为企业全面健康发展提供支持。

2. 外部环境的推动力

近些年,中国企业在经济下行周期接连遇到了贸易冲突、新冠肺炎疫情等外部影响因素。工厂停工停产、资金回流困难、上下游供应链中断、用人紧缺等问题让大多数企业面临生死存亡的考验,尤其是中小企业的生存处境更加艰难。作为占据 97% 以上份额的市场主体的企业群体,各行各业的中小企业,在创造就业岗位、促进研发创新、带动经济增长方面起到了重要作用。保障中小企业发展,就是稳定社会经济,稳定就业环境,保障民生。外部环境的变化迫使传统产业中的中小企业更主动地寻找提升抵御风险能力、扩大自身业务价值的新方法。在如此艰难的环境下,企业利用数智技术帮助自己渡过难关已成为迫在眉睫的需求和目标。这一难题既需要政府的政策扶持,也需要企业结合自身情况进行转型升级,积极自救。

数智经济的兴起让中小企业看到了复工复产中数智化转型的力量。如商品的销售通过线上直播带货拓展了新的销售渠道。与销售平台配套的无接触物流配送和资源优化调度保障了生活必需品和防疫用品的及时补充。学校通过视频会议在线授课,为学生与老师搭建了新的交互式学习分享平台。社区防疫管理通过无人机巡逻、远程视频监控、实时疫情图等方式有效保障了各项疫情防控工作的实施。这些在帮助企业拓展复工复产新路径的同时,也发掘出企业运营和业务拓展上的更多优势。如围绕产业链形成的集创意设计、技术研发、产品制造等为一体的产业互联网,以及融合设计、定价、营销、交易、仓储、配送、售后等各个环节的平台服务,将资源在数字虚拟体系中全面整合,利用智能化手段实现精准调度和高效协同,大幅度提升企业运作效率。疫情期间人们长期居家隔离的情况,使人们倾向于将生产工作、生活社交的渠道从线下转移到线上的数字空间展开,催生了大量数智化产品和服务需求,如在线教育、远程医疗、云上服务,促进了数智化生活的发展,加速了全社会数智化发展进程,也为企业提供了新的业务方向。

3. 消费需求升级的助推

在大量需求可以随时得到满足的现阶段,消费者不再满足于标准化、规格化的商品。受到收入水平、消费观念等因素的影响,不同层次的消费者呈现多样化、差异化的需求,希望更多地在商品的设计和生产中融入自身独有的理念和个性。同时,消费者不仅注重商品的品质,更注重商品的售前体验和售后服务等配套服务内容。一方面,消费者可以通过电商平台、第三方测评软件获取商品透明可靠的评价信息,这对于商家来说需要更加提升自己的产品和服务质量。另一方面,平台数据帮助商家掌握市场消费者的信息特征,可以实行更有针对性的营销、售后增值等服务,不断满足消费者个性化需求。

4. 开源节流的价值追求

在经济下行和新冠肺炎疫情的压力下,传统产业除了开展新业务模式、挖掘市场新需求、挖掘商业新价值外,也通过数智化手段改善原本固有的生产经营模式以求突破困境。世界经济论坛《"工业4.0"对制造业的影响》报告指出,数字化转型为制造企业带来了巨大的经济效益,使制造成本降低17.6%,使物流成本降低34.2%。设备生产商和应用方纷纷搭建设备智能运维平台,实现设备故障的提前预警,有针对性地进行预防性维修,延长设备使用寿命,降低非计划停机概率,降低运营成本。一些制造企业通过信息共享平台,对供需变化和供应链配套情况进行监测,对可能出现停产断供的环节进行提前部署,保障重点资源的供给情况,合理调节生产资源。对于开源节流的价值追求一直是企业在追求价值最大化方向上思索的主题,也是技术创新、产业变革的原动力。

(二)数智经济赋能发展的发展格局

1. 绿色节约理念贯穿发展主线

数智经济倡导的是资源节约型和环境友好型的绿色、开放、共享理念。对于产能过剩、能源消耗大的传统企业,智能制造通过智能化分析手段优化生产控制环节,调节能源消耗,减少生产资源的浪费,提升原料的有效利用,减少环境污染,调节生产所需成本,甚至可以更有效地扩大产值规模,在提升经济效益的同时实现清洁、低能耗的生产,缓解资源和环境发展要求的压力,减少供给过剩。

2. 数据信息要素驱动价值发展

数智经济可以让数据信息跨越界限地连接成一体。打破区域和空间的障碍,跨越国家、产业、社会界限,将人类生产生活中所有应用场景打通。人们所有的生产和生活数据都在不断地产生并被记录下来。人们运用移动互联网、物联网、人工智能等技术对数据信息进行收集、处理、挖掘和分析,产生区别于过去的新知识、新能力、新价值,从单个产业的价值体系贯穿至跨越产业的价值体系,整合创造出全新的产业价值链。

和传统要素相比,数据信息的复制性强、复用价值高、更新速度快、供应源源不断。越来越多的企业用数据信息推动运营模式变革,促进转型升级,驱动价值发展,从传统生产销售模式转向用数据信息驱动的服务模式。如数据信息融入传统销售领域,诞生了精准营销等新消费服务。融入智慧家居,产生了产品和服务在客户价值上的转变。融入政府的公众社会治理中,推动形成了用数据信息驱动决策的全新治理模式。数据信息因其天然的优势,不断带动资金流、资源流、人才流,促进经济社会的价值不断发展。

3. 跨界协作集群成为参与主体

数智经济下,政府、企业、院校、社会组织、个人之间跨界协作形成的集群已成为常见的利益共同体。如个人通过平台短视频、直播带货等方式创造了大众可以广泛参与的新型个体经济。新冠肺炎疫情期间,政府与企业、社会组织、个人协同工作,企业研发健康码、疫情地图、数字出行证等应用产品,助力政府部门、社会组织、个人协调各类物质资源的物流运输渠道,有效补充了政府在公共产品与服务供给上的不足,发挥了重要作用。多方的利益相关者通力协作,使产业互动更为紧密,使技术、资源、能力得到最大化的共享和调度,创造以产业生态构建为核心的价值共创新生态。

4. "产品+服务"成为新型消费模式

除产品的实际内容外,产品的质量高低、材料来源、呈现方式都在影响消费者的购买意图。产品的售前体验和售后服务会直接对产品的销售产生巨大影响，在提供给消费者产品的同时，满足消费者消磨时间、获取资讯、追求个性化等深度消费需求，可以提升消费者对产品的评价，扩大产品品牌的知名度，增加消费者的黏性。也可以将产品通过增强智能、虚拟技术置于实际生活场景，用情感共鸣触及消费者的兴趣，激发消费者的购买欲望。

5.新业态新模式的出现成为常态

数智经济更加注重由创新、绿色、服务等高质量要素引导的价值驱动，可以在产业链各环节挖掘价值空间，改变甚至是颠覆原有的商业模式，使产品快速迭代更新，适应市场新出现的需求。多方协作共享资源的模式可以带动一批资源平台、共享平台、服务平台的兴起。线上服务、远程工作带来了工作效率的飞速提升。微经济、网约车、直播带货等新行业带动了落后地区的经济发展。电子商务与线上模式的融合效应，直接带动了广告营销、消费支付、仓储物流等服务业新模式的增长。已经有越来越多的企业和个人依托社交平台、自媒体平台、创客平台等渠道，分享经验、知识、技术、资源，带动全产业的共同发展，让新产品、新服务、新应用、新场景不断涌现，实现价值产出高持续性的循环倍增。

(三)数智经济赋能带来的机遇与挑战

数智经济在引领传统产业赋能发展的同时，也带来了许多挑战，全面实现数智化发展需要多方配合。首先，中国在新一轮工业革命下所倡导的"数智经济"需要先成为一种普遍被人们所接受的观念，然后需要合理的发展手段和工具。中国政府、企业、个人在积极参与的过程中，需要建立从观念到行为的新策略。其次，政府和产业需要全面完善新型基础设施建设，为数智化带来的数据存储、处理、分析、挖掘、安全保障、云端中心建设等方面提供支撑，为数智经济的发展奠定坚实基础。再次，数智产业企业需要和传统企业有更多的协作，来完成针对特定行业特定场景的应用服务，将业务和管理的更多场景和环节纳入数字化体系。产业规模越大、细分领域越多、业务场景越复杂，所需要用到的应用服务也越多样，其中包括了规范化的标准化应用，以及非标的个性化应用。最后，完善健全的产业生态将为传统产业与数智产业的融合提供更加全面的支持，帮助企业在转型升级中应对更多不确定的问题。此外，数智经济时代让传统企业在选择和培养人才方面变得更为关键。高价值的人才往往要具备高效的学习能力和适应能力、资源共享和跨界整合的能力，需要主动学习和理解新时代下不断变化的思维模式与数据分析能力。同时，艺术文化相关的思维模式和能力在人机交互、线上服务等应用领域中越发重要。

　　数智经济的来临到底是有助于改善社会矛盾还是会加剧新一轮社会不安一直是人们关心的议题。根据世界银行的报告，在数智技术在世界范围快速普及的现在，仍有 40 亿人口尚未迈入互联网时代。现阶段数智技术的发展确实极大地改善了人类的生活，但其所带来的红利还远未普及。数智经济也可能会带来一些传统行业的淘汰和岗位的消失。这是新技术新模式与生俱来的双面性，需要每一位决策者、生产者、消费者、投资者在进行日常决策的时候承担起引导经济变革方向的责任。中国应当利用数智经济的发展，倡导实现人类命运共同体的目标和价值观，培养人类命运共同体的意识。

区域科技创新篇

中国是区域市场分割的转型中国家,不同区域之间和同一区域内部的创新集聚效应与创新分化效应并存。以区域市场为着眼点来推动科技创新体制机制的一体化,是系统优化科技创新体制机制的重要构成。在双循环新发展格局下,中国区域科技创新体系建设需要坚持区域高质量协同发展的发展目标,构建开放式多区域协同创新体系,并加强区域间的创新合作与联动效应,发挥区域创新平台效应,最终以区域创新发展战略为牵引,实现区域内产业高质量创新与企业创新能力的系统强化。

第八章　双循环新发展格局下的中国区域科技创新

一、中国区域科技创新发展战略的历史演化

新中国成立以来,中国区域经济发展结构发生了重大变化,区域发展战略经历了三个发展阶段:均衡发展阶段、非均衡发展阶段以及协调发展阶段。改革开放以来,在非均衡发展战略和协调发展战略的指导下,中国创造了区域经济增长的奇迹,成为世界第二大经济体。然而,"效率"与"公平"一直是区域发展战略的权衡焦点,如何更好地平衡两者之间的关系,在增强国家整体竞争力的同时解决区域发展不平衡问题,避免一系列社会问题与矛盾,是关系到未来区域协调发展的重要问题。

在新中国成立初期的计划经济时期,我国区域创新体系经历了工农业发展阶段、重工业优先发展阶段,形成国内重工业导向的区域创新体系。改革开放后,我国区域创新体系经历了外向型经济体系建设阶段,把东部沿海地区的区域创新体系建设作为战略基点,长三角、珠三角地区成为我国加入国际大循环、融入全球价值链的代表性区域。2000年前后,随着国家有针对性地出台东部、中部、西部、东北地区的区域发展战略,国家区域

创新体系进一步完善,形成全面布局、重点发展的新型区域创新格局。

(一)计划经济时期:重工业导向的区域创新体系

新中国成立初期,面积总和约占国土面积88%的中西部地区现代工业发展基础薄弱。区域发展以均衡发展为主要战略思路,以中西部地区为重点,实施从沿海转向内地的均衡发展战略。20世纪50年代,中央将东部沿海地区的部分工业向中西部地区转移,大力投资发展中西部地区和东北地区工业。1953年,"一五"计划开始实施,党和政府将大部分的资源和项目安排在中西部地区以及东北地区,"一五"期间,东部沿海地区的基本建设投资额明显低于中西部地区。国家在政策支持和直接建设投资方面对内陆地区有明显的倾斜,内陆地区在基本建设方面的投资占比超过了55%,并在10年内呈现逐年提升的趋势。

从"一五"计划开始,国家大力建设国家工业体系。初期经济发展以农业、手工业发展为主,之后国家大力发展以钢铁产业为代表的重工业,东北老工业基地随之兴起,奠定了我国社会主义工业化的初步基础。东北地区在新中国成立前有一定的工业发展基础,同时紧邻苏联,因此在苏联援助项目中承接了大量关键的重工业发展项目,哈尔滨、沈阳、长春等重工业城市通过发展钢铁工业、汽车工业等,构建起了相对独立的工业体系,为我国的工业体系建设、国家竞争力增强、国家安全保障做出了重要贡献,推动了国家工业化和城市化进程。"大跃进"时期,国家重点投资重工业方面,进一步推进以钢铁为核心的重工业区域创新体系布局。

中苏关系恶化后,国家决定集中战略力量,加强后方建设,将区域创新布局的重心向西南地区、中部地区转移。为了保证国家战略安全,保护工业基础力量,国家实施地区产业转移,将我国的重工业发展项目和相关人才技术资源输送到中西部山区,范围主要限定在除新疆、西藏以外的西南、西北地区及中部的几个省份。这一时期的工业布局以备战为主要目的,以分散、隐蔽为原则,多利用深山、山洞等地形结构,进一步加强独立工业体系建设。但同时,"三线"建设特殊的战备策略也人为地割断了生产和消费之间的有机联系,对后期经济发展产生了一定的不利影响。

在"一五"计划到"五五"计划期间,国家在区域发展战略上主要采取均衡发展战略,表现出以下几个重要特征:产业布局的重点从沿海向内陆地区转移;重点项目布局上呈现"大分散、小集中"的特点;工业布局与原料地和能源产区相适应。均衡发展战略的实施,在一定程度上改变了旧中国不平衡的工业布局和经济格局,内陆地区经济发展迅速,建立起以重工业为主导的区域创新体系。沿海地区在加工工业方面也得到了快速发展,与内陆地区形成了相辅相成的分工关系。

计划经济时期,国家一方面采取重点投资中西部的均衡发展战略,使得本身具有发展基础的东部地区的资源和收入大量外流。另一方面在均衡发展战略实施期间以国防安全和均衡发展为发展重点,不求经济效率,在经济、社会、文化、生态等维度均表现出效率较低但公平水平上升幅度较高的特点。

(二)改革开放时期:外向型经济体系建设阶段

改革开放以来,我国经济社会的发展进入以经济建设为中心、鼓励东部沿海地区率先发展的新时期。这一时期,党和国家领导人对均衡发展战略进行了深刻反思,在改革开放之后确立了非均衡发展的区域战略思想。从改革开放初期到20世纪90年代初期,东部沿海地区加入国际大循环,经济迅猛发展,以东部沿海地区为重点实施区域的非均衡发展战略成为这一时期区域战略思想的代表。

非均衡发展时期的区域发展战略以东部沿海地区为开放窗口,通过建立四个经济特区,开放从北至南的一系列沿海开放城市和沿海经济开放区,开放上海浦东新区,推动东南沿海地区逐步加入国际大循环体系,融入全球创新网络、生产网络,在全球价值链中占据一席之地。在最早一批开放的经济特区和沿海开放城市中,长三角、珠三角地区形成了初步的区域集聚效应,并在1985年被设立为沿海经济开放区。随着长三角、珠三角地区的开放,我国区域创新体系进入政府主导型的外向型经济体系建设阶段。

改革开放后,长三角、珠三角地区积极加入国际分工,生产要素在国际、国内双向流动,对国际市场较为依赖,承担了大量出口加工业务。这也标志着长三角、珠三角地区在这一阶段正式融入全球生产网络,并以其廉价的劳动力、土地和优惠的政策吸引大量外资企业来中国建厂。从这一时期开始,中国长时期处于以出口、投资拉动经济增长的外向型经济体系建设阶段。在区域创新体系建设的后期,东部沿海地区从以发展贸易为主,向寻求经济和技术层面的国际合作转变。这一时期,我国引进技术数量不断增加,促进了我国关键产业的技术升级改造、产品种类丰富、产品结构优化、生产水平提高。这一时期,企业通常采取"引进—消化—吸收"的发展策略,但对国外技术的依赖制约了我国原始创新能力的提升,并且造成区域发展路径趋同,这逐渐成为制约我国产业升级的关键原因。

从创新绩效来看,1952—1978年,东部地区生产总值从257亿元增长到1514亿元,生产总值连翻几番,增幅惊人。中部地区生产总值从146亿元增长到750亿元,西部地区生产总值从127亿元增长到726亿元,而东北地区生产总值则从84亿元增长到486亿元。从增长幅度来看,东部地区增幅最大,东北地区次之,中部地区和西部地区较为接近。在一系列对外开放政策的影响下,这一时期外向性经济发展的区域创新体系在创新绩效方面成果卓著,长三角、珠三角地区也通过加入国际经济发展体系获得了经济的迅速腾飞,成为全国区域创新体系建设的龙头地区,大大提高了国家的整体经济实力和竞争力。

在外向型经济发展的区域创新体系下,我国经济效率上升明显,但经

济、社会、文化、生态等维度的公平性下降,特别是经济和生态层面的公平
程度下降显著。随着经济中心向东南地区偏移,各个区域在市场竞争中出
现产业趋同、重复建设的问题,区域经济发展特色不突出。随着区域创新
体系的不断发展,地方保护主义现象也开始增多。随着区域发展机遇差距
增大,各地方政府因利益冲突,以公开或隐蔽的方式限制本地资源流出,分
割本地市场。

(三)21 世纪:创新驱动的区域协调发展新格局

我国区域创新体系经历了计划经济时期以重工业为导向的区域创新
体系,以及改革开放时期的外向型经济发展体系,在 2000 年前后进入区域
协调创新发展的新时期。我国的区域发展战略经历了均衡发展阶段、非均
衡发展阶段以及协调发展阶段,在"九五"计划时期开始提出全国经济布局
合理化的发展目标,逐渐缩小地区经济发展差异。1999 年,党中央提出西
部大开发战略;2002 年提出东北老工业基地振兴;2006 年颁布《关于促进
中部地区崛起的若干意见》。由此,国家分别针对中部、西部、东北地区出
台了相对应的区域发展战略,再结合国家 2006 年提出的东部率先发展战
略,形成了"四大板块"的区域发展总体战略。这一时期,国家为推动中部、
西部和东北地区经济发展和创新能力提升,在投资、财税、金融、资源型城
市转型试点、国有企业改革、社会保障试点等方面提供了大量政策支持。
协调发展战略实施期间,经济、文化、社会等方面的效率和公平程度均上升
显著,但生态发展较为滞后,也对经济社会的发展产生了一定的负面影响。

2006 年,国家颁布了《关于实施科技规划纲要增强自主创新能力的决
定》和《国家中长期科学和技术发展规划纲要(2006—2020 年)》,提出建设
创新型国家的战略目标。长三角、珠三角、京津冀地区的相关政府部门对
于国家的创新驱动战略极度重视,出台了不同层面的创新政策。党的十八
大以来,国家确定了创新驱动发展的国家战略,各个区域也出台了相应的

区域创新政策。例如,长三角地区在 2017 年出台的创新政策达到 50 项以上,在长三角地区建立起区域创新政策体系。

长三角地区一直是我国发展外向型经济的代表,经济发展水平在全国处于领先地位,是我国区域创新能力最强、区域创新资源最丰富、创新要素最集中的区域之一。2003 年,时任浙江省委书记习近平提出了"八八战略"。2016 年 5 月,国务院颁布《长江三角洲城市群发展规划》。2019 年 12 月,在深化"八八战略"的基础上,国家发布《长江三角洲区域一体化发展规划纲要》,形成了不同类型区域战略相互支撑、有机耦合的国家区域发展战略体系。

粤港澳大湾区规划是在珠三角地区的基础上提出的,进一步突出了珠三角地区与港澳地区的协同作用和"湾区经济"的区位优势,以建成世界级城市群为发展目标。2019 年 2 月,国家印发《粤港澳大湾区发展规划纲要》。粤港澳大湾区以其优越的自然条件、活跃的市场经济以及较高的国际化程度,成为全面开放的前沿阵地和重要实践地。

京津冀地区是中国北方重要的城市群,以中国的政治、文化中心北京为核心,由首都经济圈发展而来。2017 年 4 月,国家决定设立河北雄安新区。京津冀地区的发展对于提高地区经济发展水平、区域创新水平,推动城市治理体制创新、实现区域内协同创新具有深刻意义。同时,在南北方区域发展差距逐渐扩大的背景下,京津冀地区的发展对于区域内、区域间协调发展,北方区域创新水平提升以及实现国家创新驱动发展转型具有重要的战略意义。同时,北京被定位为我国的科技中心,因此京津冀地区发挥北京在创新方面的辐射带动作用,提升区域内创新要素的配置效率,实现产业、人才、资源、资金的有序流动,对于我国区域科技创新发展具有代表性价值。

另外,基于中部、西部、东北地区的一些中心城市,国家也提出了成渝双城经济圈、关中城市群等区域发展方针,并围绕中西部部分省会城市、中心城市建立高新技术开发区,建设创新型城市。新中国成立以来,我国区域创新体系建设取得了突破性进展,进一步增强了区域的联动效应,形成了新的区域经济创新增长引擎。

二、中国区域创新体系建设的主要成就与现实问题

(一)我国区域创新体系建设的主要成就[①]

在国家区域发展战略的积极推动下,我国区域发展战略取得了重大成就,东部地区经济增长成效显著,中西部地区发展与转型呈现良好势头,老少边穷地区经济获得有效增长。同时,我国区域发展战略经历了从均衡发展到向东倾斜的非均衡发展,再到协调发展重大战略演化,探索出一条中国特色的区域协调发展道路,在区域协调发展方面取得显著成效,区域之间发展的协同作用和联动互补效应进一步增强。

1.形成"四大板块"区域经济格局

中国经济区划在早期采用沿海与内地的两分法和东部、中部、西部三大经济带的三分法,在"十一五"时期之后形成了东部板块、中部板块、西部板块、东北板块的四大板块区域格局。通过对 2008—2017 年四大板块经济总量占比的考察,我们发现,东部地区经济总量占全国比重基本保持在54%～57%,在稳定的基础上呈小幅下降的趋势。而中西部地区经济总量的占比均在 20% 上下,并呈现上升趋势。东北地区 2008 年经济总量在全国占比为 8.89%,2012 年上升至 9.34%,但从 2013 年开始下降,2017 年下降到 6.56%,降幅明显,如图 8-1 所示。在东部持续领先、中西部发展强劲的区域创新体系下,东北地区呈现出区域经济发展和创新能力的困境。

---

① 本小节数据来源于国家统计局。

在四大板块的基本格局下,国家还建立了若干区域发展的重点带区,以区域创新发展战略推动中国经济转型升级,加强协同创新,激活创新要素,构建起多层次、网络化的区域创新体系。

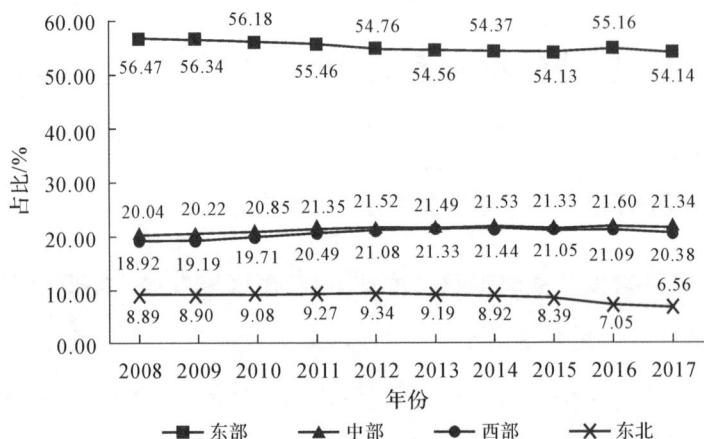

图 8-1　四大板块经济总量占全国经济总量比重对比

资料来源:王宁.中国区域发展的新特征与新思路[J].区域经济评论,2019(4):45-53.

2.区域发展总体战略成效显著

东部经济引领,创新驱动发展。东部沿海地区因其区位优势和政策先发优势,区域经济总量在全国处于"龙头"地位。

中部持续崛起,经济增速迅猛。近年来,中部地区经济发展表现出强劲的增长态势。2008—2017 年,中部地区经济总量占全国经济总量比重从 20.04% 提升到 21.34%;2017 年以来生产总值的增长速度在四大板块中拔得头筹。

西部持续发力,脱贫成绩斐然。2008—2017 年,西部地区经济总量占全国经济总量比重从 18.92% 提升到 20.38%,区域经济水平提高,地区经济差异不断缩小。西部地区是我国脱贫攻坚的主战场之一,在国家扶贫政策、少数民族政策、沿边政策的影响下,2012—2018 年,西部地区农村贫困发生率由 17.6% 下降到 3.2%,为实现区域的协调共进做出了重大贡献。

东北经济回升,推动全面振兴。2013 年以来,东北地区经济曾陷入工业衰退、投资下降、增速缓慢的困境,"十三五"时期实现了一定程度的增速回升,希望通过高集聚化、高附加值化等方式推动东北地区转型升级。

3.国家重点区域取得突破式发展

在四大板块的基本格局下,国家重点区域取得突破式发展,区域间形成有效的协同创新体系,促进区域间资源、要素和人才的流动和集聚,构建起多层次、网络化的区域创新体系。

京津冀地区在以下三个方面实现了关键突破。第一,北京作为全国科技中心,推动区域创新能力不断提升,实现产业转型升级,并推动区域内部的产业转移。河北作为北京、天津的腹地,重点承接北京地区的产业转移,雄安新区规划取得重要进展。同时,北京城市副中心建设搬迁以及北京大兴国际机场建设完成,有利于北京疏解首都非核心功能。第二,京津冀地区通过建设完善城际高铁、高速公路、地铁等交通工具,共建北京周围"半小时通勤圈",在交通一体化方面取得了重要突破。第三,京津冀地区在污染治理、雾霾改善、城市绿化等方面取得了显著成效,生态环境保护成为区域可持续发展的重要主题。长江经济带创新能力发展迅速,创新投入和创新产出均居全国前列;一体化进程逐渐加快,上海、杭州、南京、苏州等 10余个城市形成多动力发展格局;在发展的同时注重长江流域生态保护,坚持绿色发展的理念。粤港澳大湾区通过完善基础设施、提高交通便利度、加强贸易政策支持促进要素流动,区域创新水平不断提升。"一带一路"建设通过开展国际合作,促进互联互通,开辟了世界经济增长的新空间,提升了世界人民的福祉水平。"十三五"时期是脱贫攻坚的决胜期,国家积极扶持革命老区、少数民族地区、贫困地区、边境地区发展,实现"老少边穷"地区经济快速发展,为区域协调共进、人民生活水平提高做出重要贡献。

4.区域创新协同效应提升,网络化区域创新体系形成

随着我国区域发展战略的实施,国家区域发展的协同效应不断提升,区域协同创新网络趋势逐渐增强。各个区域之间、区域内主导城市和其他城市之间的发展联动作用和一体化发展效应有利于实现城市优势互补,协同共进。近年来高铁网络建设取得重要成就,城市群间快速连接网逐渐形成,交通网络的建设进一步加强了区域要素整合能力,构建起以关键城市节点为动力的多层级、网络化创新体系,通过资源的有效分配、城市的分工协同定位和优势互补以及相关区域创新平台的建设,推动区域制度协同创新、主体协同创新、要素协同创新以及网络协同创新,形成区域之间的创新要素互补、资源协同与创新人才集聚效应。

(二)我国区域创新体系建设的现实问题

尽管中国区域协调发展战略取得了重大成果,但我国区域发展仍然存在一些问题,例如部分区域经济发展不景气,不同区域间经济发展水平仍存在较大差异,区域间创新能力差异显著,区域间人口分布不平衡,区域城市群内协同效应有待增强,区域的政策联动效应不足。区域创新体系建设任重道远。

1.区域不平衡问题依然突出,区域创新质量差异大

虽然区域协调发展战略下我国区域发展的差距整体上在缩小,但我国南北方差距仍然显著,中西部地区、东北地区与东部地区的差距也不容忽视。虽然东部地区生产总值在全国的占比自 2009 年开始下降,但总量仍保持着较高的增长速度,且一直居于中部地区、西部地区生产总值之和以上。我国区域不平衡问题表现在区域经济水平、区域开放水平、区域创新水平、区域协同水平、生态环境协同治理水平等多个方面。

(1)南北差距成为新的关注点。近年来,南北方的区域不平衡问题越

发突出。与东西部之间在发展水平上的存量差距不同,南北方差距主要是增长速度的差距。"十三五"期间,北方区域在生产总值年均增长率上比南方区域低 1.2 个百分点,南北方发展水平差距逐渐扩大。人才资源流失、投资严重下滑、产业结构缺陷等是造成南北方差距不断扩大的重要原因。北方区域发展的困境主要在西北地区和东北地区,西北地区与西南地区发展分化严重,东北地区在发展增速、发展质量上均不容乐观。

(2)区域创新质量差异大。"十三五"时期,我国区域创新布局呈现分化趋势,区域创新质量差异大。从创新产出的角度看,中西部地区与东部地区间的绝对差距依然巨大。"十三五"期间,东部地区在发明专利申请量、发明专利授权量、研发人员数量等多个创新产出指标上在全国的占比超过 60%,在全国范围内依然占据主导地位。西部地区呈现出西南与西北地区分化现象,西南地区创新产出总体呈增长趋势,而西北地区自 2015 年起比重逐渐下降。东北地区创新资源流失严重,严重制约东北地区的转型升级和高质量发展。东北地区研发人员数量在 2015—2018 年减少了近 3 万人,降幅超过 10%;其国内发明专利授权量在全国的占比从 2009 年的 6.6% 下降至 2018 年的 4.2%。创新人才流失、创新氛围不足、创新体系固化成为制约中西部地区、东北地区发展的关键问题。南北区域创新能力也呈现出分化趋势。从创新产出来看,"十三五"期间南方发明专利申请量占据全国的 65% 以上,且所占比例呈上升趋势。从创新投入看,东部地区和南方地区的研发投入强度均超过全国平均水平。西北地区和东北地区的研发投入水平较低,使得北方区域在创新维度上的投入远远少于南方地区。

2.区域城市群内协同效应有待增强

在四大区域的基本格局下,重点城市群正在成为区域协调发展与高质量发展的核心载体。但区域城市群内部呈现创新能力分化的趋势,主导城市与其他城市之间创新能力分化明显,创新要素向区域内主导城市集聚,没有发挥出区域协同、要素流动和资源互补作用。以关中城市群为例，2016—2018 年该地区发明专利授权量有 90％以上集中在主导城市西安，而其他 9 个城市的发明专利授权总量加起来占比不足 10％。京津冀地区也面临着一体化水平偏低、区域发展不平衡、区域创新要素难以协同共享、产业链与创新链衔接不畅等难题。部分区域城市群内创新资源差距明显，创新能力分化严重，协同创新体系不健全，缺乏有效的创新合作平台，自主创新园区、区域创新走廊等协同创新平台数量少、运作效率低，发展模式不成熟。

3. 区域创新要素流动不充分

在以城市群为核心的区域协同发展战略之下，目前仍存在区域创新体系建设滞后，区域间创新要素的整合程度较低、要素流动不充分、协同效应不足的问题。区域的科技创新发展存在集聚规律，资源要素常常以单个或多个增长中心集聚后，辐射带动区域经济发展。但在各大城市群内，区域内高度集聚的人才、技术、信息、资金等创新要素配置存在扭曲，常受到不完善的体制机制、封闭式创新体系的限制，制约我国区域创新的高质量发展。以大院大所为代表的封闭创新体系和各个地区独立的政策环境都为区域内创新要素的流动、重组和高效配置设置了障碍，导致技术、知识、人才等生产要素难以在区域内实现协同共享、合理配置。区域内及区域间政府常以"项目制"的形式进行合作，但基于不同的利益点和不同的创新认知程度，仍然面临条块分割、争夺创新资源的现状。例如，京津冀地区面临着一体化水平偏低、城市群内发展严重失衡、城市极化效应明显等问题，区域创新要素难以协同共享。中西部地区以及东北地区高科技产业的技术交易额相对较低[①]，表明知识、技术的流动不频繁，区域的创新网络不发达。

---

① 数据来源：国家统计局，科学技术部.中国科技统计年鉴[M].北京：中国统计出版社，2013.

4. 区域的政策联动效应不足

区域创新体系建设存在政策联动效应不足的问题,在制度上缺乏顶层的体系支撑。当前宏观层面的区域发展战略主要以区域协调发展战略为主,区域创新相关政策主要呈现"点""线"结合的特征。国家发展改革委、科技部出台的相关政策多着眼于企业等创新主体和产业层面。着眼于"面"的区域创新政策缺失,区域的协调发展政策和创新建设政策间的联动效应不足,不利于区域创新能力的建设以及区域高质量发展战略目标的实现。另外,不同区域的创新政策缺乏国家战略的整体布局,各个区域在政策制定上出现各自为政的现象,在落实和考核中也出现盲目引进、形式主义的现象,未能在区域内打造协同共享、要素流动的创新生态。

5. 区域创新平台效应不足

区域创新平台效应不足,创新平台建设呈现碎片化特征,缺乏协同创新园区、区域创新走廊等涉及多地共建的区域整体性创新平台建设。当前各区域常见的创新平台形式包括产学研中心、企业创新中心、国家重点实验室、新型研发机构、联合实验室、高新技术开发区等,企业和科研机构作为主要的创新力量,承担了大部分的创新项目,但两者之间仍然是割裂的,难以在区域创新平台上形成协同共建。部分地方政府将区域创新体系的建设作为提高研发投入占比、增加创新产出的工具,创新平台发展水平不高,没有形成有效的要素协同和创新生态。这也直接导致了城市群内和城市群间缺失协同创新合作平台,区域协同创新机制不完善。

三、双循环新发展格局下中国区域科技创新体系建设的战略要求与方向

(一)坚持区域高质量协调发展的战略目标

在区域协调发展这一核心主题之外,区域高质量发展是近几年我国区域科技创新体系建设的另一个核心主题。2017年10月,习近平在党的十九大报告中提出,中国经济已由高速增长阶段转向高质量发展阶段,区域的高质量发展成为推动全国实现高质量发展的必然要求。由于中国各个区域的发展水平、自然条件、氛围文化等显著不同,各个区域也有不同的区域高质量发展路径,因此需要建立起有中国特色的区域高质量发展路径。针对四大板块不同的发展基础和增长速度,我国多样化的区域经济格局为我国经济的高质量发展提供了多样化的发展空间,从而形成多层次、多元化的创新发展路径,为不同区域、不同产业、不同企业提供多样化的转型升级路径,实现新旧动能的转化。

在以国内大循环为主体,国内国际双循环相互促进的新发展格局下,中国的区域创新体系逐渐向高质量、高水平、高效率、可持续的高质量协调发展转变。双循环新发展格局下,我国需要将区域协调发展的重心转移到创新要素的协调配置上,推动区域内、区域间创新要素的有序流动和协调共享,增强区域创新能力,转变区域发展动能,缩小创新要素在区域间分配的差距,推动全国经济高质量发展与人民生活水平提高。

(二)加强顶层设计,深化"4+X"区域发展总体战略

"十四五"时期,国家应以四大板块区域发展总体战略为基础,并以重点带区战略为主要发力点,形成点—线—面结合的国家区域高质量协调发

展战略体系。其中,四大板块战略是战略体系的基础,而重点区域和经济带则是双循环新发展格局下的重点发展区域。加强重点区域和经济带的建设符合未来大城市群集聚的趋势,有利于促进创新要素有序流动和科学配置,引领区域高质量协调发展。东北地区近年经济衰退趋势明显,经济总量在全国占比日益下降,国家应从顶层设计入手,加强区域政策联动效应,积极帮助东北地区实现经济脱困与老工业基地创新,通过推进产业重组和结构转型,加快国有企业体制改革,建立其他地区与东部地区的全面合作模式,提高东北地区资源到发展成果的转化效率,实现东北地区经济再振兴。

区域协调发展战略实施以来,国家对于生态保护的重视程度与日俱增。京津冀地区以污染治理、绿化改善为重点,长江经济带以"大保护"为口号,都在区域发展理念中贯彻了保护环境、绿色发展的理念。因此,在区域发展过程中梳理可持续发展理念,建立跨区域的生态环境协同治理机制,完善多元化、全方位生态补偿机制,对于双循环新发展格局下区域的可持续发展、高质量发展、协同共享共进有深刻意义。

(三)立足"双循环",建立高水平开放式区域协同创新体系

1. 加强国内大循环建设,促进创新要素有序流动

以国内大循环为主体是未来中国经济的新发展格局。首先,随着我国经济总量的不断提升,产业发展进入转型升级的关键拐点,推动原始创新、掌握核心技术、实现创新驱动发展、创新引领发展的需求不断增强,原有的依托于国际大循环的投资、出口拉动型经济增长方式面临转型需求。其次,新冠肺炎疫情使得全球产业链受到重创,国际经济整体进入衰退模式,外需不足;近年来以美国为首的发达国家大搞单边主义,"逆全球化"思潮涌现,美国对我国实行了关键技术"卡脖子"的策略。面对当前国际国内经济环境的变化,我国可以发挥中国大规模市场优势,以国内大循环为主体,

加强供给侧、需求侧改革,促进各种要素循环对接,建设国内产业链、供应链、创新链的有效协同,构建中国特色的现代化经济体系,带动国际市场繁荣与复苏。

高水平开放式区域协同创新体系是一个互联互通、协同共享的区域创新网络,其超越了相关的组织和体系边界,实现创新要素的有序流动和科学配置,将资源、生产、技术、知识、人才等生产要素有机整合起来,表现出鲜明的开放性特征。一方面,开放式区域协同创新体系可以整合外部资源,打破组织、地域和行政的限制,实现区域创新的协同互联;另一方面,开放式区域协同创新体系也可以向外部输出社会网络、知识能力和创新成果。开放式区域协同创新体系呈现出以下特点:一是开放式区域协同创新体系有助于调动各类创新主体形成协同互助模式,区域协同创新体系可以借助非实体型创新平台和协同创新园区、区域创新走廊等实体型创新平台进行知识交流、项目合作、成果转化,构建多层次开放互动的空间,促进区域创新要素的有序互动。二是开放式区域协同创新体系具有很强的适应力和自组织能力。面对新时代越来越复杂的外部环境,区域创新体系应不断进行动态调整和优化,增强区域经济的韧性和稳定性。一方面应利用其开放的属性和网络效应,实现跨区域资源整合功能,实现"向宽发展";另一方面应发挥其"苗圃"功能,建设根植性网络组织,深化区域创新孕育、孵化和转化能力,实现"向深发展"。

2. 优化产业集群建设,促进产业链与创新链协同升级

产业链和创新链的协同发展体系是高水平开放式区域协同创新体系的建设重点。我国制造业上的发展优势不仅表现在大企业的综合优势上,也表现在产业集群优势上。高集群化发展是经济结构转型的方向之一,产业集群是区域协调发展的重要抓手。"十四五"期间,政府应利用好不同区域产业集群的基础优势,运用好产业集群的生产组织、社会网络、知识能力、文化氛围和创新生态,实现人才的吸引、留存和集聚,从而实现创新资

源的迭代增加和创新要素的有序流动。政府应因势利导,结合不同区域的
发展特色,建立适应区域发展基础的特色产业基地,推动传统产业集群转
型升级或迭代淘汰,进一步向创新型集群转变;推动新兴产业集群快速成
长,实现资源到创新成果协同的有效转化,促进产业链与创新链相互适应、
高效匹配、协同共进、循环迭代。

3.国内国际双循环相互促进,加强国际创新合作

高水平开放式协同创新体系也包括了国际层面的开放协同,推动区域
创新体系融入全球创新网络。我国处于产业转型升级的重要转折点,创新
驱动发展应利用好国际国内的创新资源以及国际国内的创新市场。区域
创新体系的建设离不开全球创新资源和市场,借鉴利用国际在创新方面的
资源存量、组织经验以及知识结构,有利于构建国际创新网络,完善国内区
域创新协同体系。但我国也不能将区域创新协同体系完全建立在其他国
家的创新资源上。一方面,我国可能会面临关键技术"卡脖子"、产业链与
创新链不完整等风险;另一方面,知识的转化与主体的吸收能力有很大的
关系,我国必须着眼于自身,加强自身创新能力建设,促进产业链与创新链
的协同升级,才能在国内国际双循环中达到相互促进、循环发展的效果。

(四)发挥区域创新平台效应,探索新型服务模式

我国区域创新体系当前存在区域创新平台效应不足的问题。"十四
五"期间要充分发挥区域创新体系的平台效应,建立起多元化、多层次、全
方位的新型创新服务体系。区域创新体系建设的目标是实现资源的整合、
集聚、流动、重组和有效配置。在这一过程中,平台是促进创新要素有序流
动、协同发展的重要方式。从主体的角度,创新平台的建设应实现政府、科
研机构、企业、消费者以及其他利益相关者的有效协同,并实现主体在创新
平台上的身份转化。在同一个平台上,同一个主体既可以作为资源的提供
方,也可以作为资源的需求方,通过完善协同合作模式和利益分配机制,实

现创新要素的有序流动和配置。要实现区域协同体系的发展,就需要推动有具体机构、人员和设备的实体性平台建设,完善区域分工协作机制,构建信息共享平台,引入相关人力资源、金融服务、技术转移等中介服务机构,建立起一个多层次、高效率、服务性的区域创新平台,推动创新资源在区域内的有效流转,从而缓解城市群内大型城市的极化效应,实现区域高质量协同共享的目标。

(五)加强创新人才体系建设

人才已经成为区域创新体系建设中争夺最激烈的创新要素。各个地区人才之争打得火热,各地都在人才的引进和培育上下大功夫。创新人才的培养不仅仅需要积极的政策支持,还需要科研高校提供育人平台,产业活动提供发展空间。未来,各个区域都应将创新人才的引进和培育放在区域发展的核心位置,在创新实践中发现人才,在创新活动中培养人才,在创新事业中凝聚人才,孕育创新氛围,培育创新精神,培养创新思维,建设创新环境,做好国内人才的对外交流,做好国外人才的本土化适应工作,深化人才引进、培养和使用机制改革,培育打造一支结构优化、布局合理、素质优良的创新人才队伍。

第九章 京津冀区域创新体系建设

由北京、天津、河北"两市一省"所构成的京津冀区域是我国的核心政治、经济、科技与文化区域。在"构建国内国际双循环"的历史挑战下,京津冀区域作为此次深层次改革的开路先锋,响应创新驱动发展国策,依托北京市的政治、经济、科技与人才优势,天津市的百年工业积淀与港口优势,河北省的产业基础与土地资源优势,加快建立京津冀区域创新体系。一方面,要围绕"科技＋产业",发挥高新产业园区的聚集效应,推动创新链、产业链与资本链的"三链"深度融合;另一方面,要优化京津冀区域的产业结构与分工,推进创新资源的开放与共享,实现区域经济一体化,参与到开放型国内大循环的发展格局之中。

自 1996 年"首都经济圈"概念的首次提出,到 2014 年"雄安新区"的横空出世,京津冀区域协同发展稳步前行。2014 年,习近平总书记指示,京津冀区域要遵循"优势互补、互利共赢、扎实推进"的原则,要朝着面向未来协调发展、优化城市圈布局、空间结构一体化、产业转移与转型升级、引领辐射环渤海等周边地区等发展目标努力,将京津冀建设成为具有世界影响力的大都市圈和我国创新驱动发展的示范区域。

一、政策演变：迈向协同发展

（一）第一阶段：创新合作起步阶段（1986—2003 年）

自 20 世纪 80 年代起，华北地区陆续出现了一些通过商品和技术流通来实现经济技术协作的例子。例如，河北省通过引进北京、天津等地高等院校的关键技术来催化本地的高新技术产业项目。伴随着我国改革开放的全面深入与经济技术制度的逐步建立，"首都经济圈"的概念于 1996 年在《北京市经济发展战略研究报告》中正式出现，以北京和天津为核心，包括河北省的唐山、秦皇岛、承德、张家口、保定、廊坊、沧州等 7 个城市。京津冀区域发展的战略和政策得到了社会各界有识之士的响应。2000 年，吴良镛院士在《面向新世纪 建设"大北京"》一文中提到，北京市与相邻的天津市、河北省各城市之间缺乏互利互惠的整体发展战略。北京要想发展成为世界级大都市，就必须制定区域整体发展战略。北京与周边城市优势互补，可以将部分城市功能进行"疏解"和"重新集中"，探索行之有效的区域协调机制，以带动区域整体可持续发展。

（二）第二阶段：创新合作发展阶段（2004—2013 年）

2004 年 2 月，国家发展改革委召集京津冀三地政府编制京津冀都市圈区域发展规划，并最终达成"廊坊共识"。2004 年 6 月，三地政府签订了《环渤海区域合作框架协议》。"廊坊共识"的达成与《环渤海区域合作框架协议》的签订是这一阶段京津冀区域发展的标志性事件。三地政府开展了一系列工作，首先表明了京津冀区域经济一体化的历史使命，肯定了京津冀跨区域合作的重要意义，初步讨论了京津冀三地的合作内容、组织架构与沟通机制，共商共建行业及企业间的技术合作，促成了京津冀区域合作活动的推行,将京津冀协同发展的构想落到实处。比如,建立了京津高速公路沿线的高新技术产业带、基于区域合作的技术产业链条等。一些位于北京的传统制造业转移至河北,北京首都机场和天津滨海机场实现了跨区域的联合,北京与天津港口岸开通,北京城市公交线路连接河北的涿州、廊坊等地。此外,京津冀区域发展的关注点还从商品流通、基础设施建设、技术合作、资源配置,逐步延伸至生态建设和环境保护等方面。

(三)第三阶段:京津冀协同发展战略阶段(2014年至今)

2014年2月,习近平总书记在听取京津冀协同发展工作汇报时指出,京津冀协同一体化发展是国家重大区域发展战略。同年,国务院成立京津冀协同发展领导小组,这为京津冀三地合作发展带来宝贵机遇。三地政府开展了一系列工作,包括签署了多份合作协议,在以下十个方面展开合作:推进区域一体化进程;完善交通网络体系;深化港口物流合作;提高水资源保障能力;推动产业转移升级;加强科技研发合作;加强农副产品对接;加快旅游会展融合;拓宽金融合作领域;建立协调机制。2014年起,北京与天津借助中关村核心区创新经验的东风,共同建设中关村科技创新中心、滨海新区产业创新中心以及武清、北辰、宝坻、东丽、滨海科技园五大创新社区。

2015年6月,《京津冀协同发展规划纲要》问世,为京津冀区域科技合作构建了高层合作推进机制。随后,三地政府分别发布了《中共北京市委、北京市人民政府关于贯彻〈京津冀协同发展规划纲要〉的意见》《中共河北省委、河北省人民政府关于贯彻落实〈京津冀协同发展规划纲要〉的实施意见》《天津市贯彻落实〈京津冀协同发展规划纲要〉实施方案》,为京津冀展开跨区域合作提供了针对性的指导意见。2016年,国务院出台了《京津冀系统推进全面创新改革试验方案》,梳理京津冀重点产业园区与创新示范区的发展历程,总结政策经验并加以推广,加快"三链"建设,推动京津冀区域创新体系建设,提升三地协同发展的质量与可持续性。

2017年4月，雄安新区正式设立，为京津冀三地跨区域合作提供了新的机遇，极大地推动了京津冀区域均衡发展。2019年，《中共中央、国务院关于支持河北雄安新区全面深化改革和扩大开放的指导意见》再次强调雄安新区对于京津冀协同一体化发展的重要意义，推动雄安新区优势产业向周边地区辐射拓展形成产业集群，走出一条新时代高质量发展路径。

二、创新绩效：中关村科技创新成就显著

（一）建成京津冀区域创新体系的三大核心区

1. 中关村核心区

北京中关村核心区在全国乃至全球科技创新方面都占有一席之地。自改革开放以来，中关村核心区已发展至"一区十六园"，空间规模达到488平方千米，将大数据产业、文创产业、现代商务服务业、软件和信息服务业、新材料产业、软件产业等高新产业纳入版图。中关村核心区实施的是典型的"一链三带多社区"模式，以园区为核心，拓展多元产业布局，推动上下游企业间的衔接与企业间的竞合，进而形成产业集群，辅以能够提供综合服务的创新社区，实现各类创新主体与服务机构之间的联动，最终形成一个完整的创新生态体系。北京市始终积极推进与津冀产业的对接协作，在中关村核心区的带动下，天津滨海中关村科技园、曹妃甸新兴产业园等产业集群纷纷竣工投产；中关村与雄安签订共建科技园的合作协议；保定·中关村创新中心实现运营。

2. 天津自贸试验区

天津自贸试验区的设立初衷是探索可复制、可推广的体制机制创新，按照"边试点、边总结、边推广"的运营模式，在政府职能转变、投资管理制

度和行政审批、金融服务等领域积极变革,累计推出制度创新措施 400 余项,彰显了天津自贸区的"试验田"作用。毗邻京冀两地,天津自贸区在京津冀区域创新体系中扮演了重要角色。一方面,天津自贸区在制度创新方面大胆探索,借助跨区域合作,将自贸试验区的创新举措与业务模式推广到周边地区,依靠制度创新提速三地一体化发展进程。另一方面,天津自贸区在招商引资方面做出新的尝试,积极探索开放型经济新体制,引育新动能,完善产业链,创造京津冀经济全面开放的新格局。

3. 雄安新区

2019 年 1 月,《国务院关于河北雄安新区总体规划(2018—2035 年)的批复》发布,规划中指出,我国将高起点规划、高标准建设雄安新区,创造雄安质量,建设廉洁雄安,将其建设成为京津冀经济体系的新引擎。在雄安,一是要打造创新驱动发展样板,形成示范效应。雄安应吸收利用北京和天津丰厚的科技与人才资源,建设一批跨区域创新平台,推动产学研深度融合,探索区域协同创新的新模式,发挥科技创新体制优势,聚焦重点行业"卡脖子"问题,着力攻关。二是要缓解工业生产与资源环境之间的矛盾,建立基于绿色、共生与可持续的经济生产和自然生态关系,实现"一淀、三带、九片、多廊"的生态格局。三是要吸引顶尖高校与科研院所到雄安来建分校或分院,吸引巨头企业到雄安来建立分部或研发中心,吸引创新型和高成长型企业到雄安落户。四是要借雄安疏解并重新集中北京的非首都功能,优化城市群布局,协助打造面向未来的首都经济圈。五是要提升京津冀区域的开放型经济水平,自上而下地推动雄安新区的制度创新、行政体制机制创新与治理创新。

(二)京津冀三地创新能力与绩效对比

京津冀三地在社会、文化、经济、技术方面有紧密联系,但其差异性也相当明显。在创新层面,以知识资源、科技基础和区域创新能力为对比指标,北京聚集了全国最优质、数量最大的知识资源,天津具有仅次于北京的知识资源,河北相对较差。北京拥有技术深度与广度的优势,天津具有夯实的产业技术基础,两地产业以央企、大型企业、跨国企业为构成主体;而河北有相当多的中小企业、民营企业,鲜有跨国公司的重要分支机构。对比研发经费投入、研发人员数量、创新产出,北京在京津冀区域占据绝对优势。这意味着北京在创新资源、创新成果转化、创新绩效方面遥遥领先。还可以看到,北京的创新资源集中在一家高新技术园区(中关村),而天津本市与河北本省内的创新资源则较为分散。京津冀三地高新技术企业情况、高新技术产业开发区内的企业情况、技术合同登记情况分别如表 9-1、表 9-2 和表 9-3 所示。

表 9-1　京津冀三地高新技术企业情况

项目	北京	天津	河北
高新技术企业数量/家	16267	4009	3122
从业人员数量/万人	214.5	56.1	85.3
研发人员数量/万人	27.0	12.5	10.5
营业收入/亿元	27417.1	7203.9	9857.9
技术收入/亿元	8921.2	986.5	465.8
研发经费/亿元	758.5	241.2	229.4

表 9-2　京津冀三地高新技术产业开发区内的企业情况

项目	北京	天津	河北
国家高新区数量/家	1	1	5
高新区内的高新技术企业数量/家	13022	1458	618
从业人员数量/万人	262.1	35.3	32.3
研发人员数量/万人	27.6	4.2	3.7
营业收入/亿元	53025.7	4472.5	4643.6

续　表

项目	北京	天津	河北
技术收入/亿元	9369.5	473.7	379.6
出口总额/亿元	2084.3	367.3	130.8
研发经费/亿元	767.4	75.5	85.9

表 9-3　京津冀三地技术合同登记情况

项目	北京	天津	河北
合同数量/份	81266	12512	4411
成交金额/亿元	4485.3	658.5	93.3
全国排名	1	7	21

三、突出问题:内部不平衡凸显

习近平总书记指出,实现京津冀协同发展,要坚持优势互补、互利共赢、扎实推进。京津冀三地应直面现有问题,共同努力缩小区域发展差距,同时要针对各自的问题对症下药,如北京的大城市病、天津的产业能级提升问题、河北的化解落后产能与加速经济转型问题,将京津冀三地的创新资源和协同发展优势转化为经济一体化发展优势,对全国其他地区的发展起到引领示范作用。

(一)产业链衔接不畅,部分产业同构

区域集聚可以有效降低企业成本,促进产业链上下游企业间的合作以及知识与资源的流通。与珠三角、长三角等沿海地区的产业结构相比,京津冀区域面临产业链衔接不畅、产业链结构松散、部分产业同构等问题,尚未形成良好的分工协作机制,难以形成区域发展合力,而且创新资源在产业链、创新链布局时未能向产业基础相对薄弱的河北倾斜。

在产业结构方面,北京地区以知识密集型服务业为主,天津地区以中高技术制造业为主,河北地区以中高技术和基础制造业为主。北京地区由于明显的技术优势,产业集聚现象明显,技术产业结构多样化。而天津和河北两地的产业结构欠成熟且相对单一,企业知识利用水平较低,创新活动分工有待提高,难以形成"京津研发、河北转化"的协同创新格局。特别是,京津冀产业间的关联度较低,京津地区与河北之间的产业差异性较大,导致河北在承接京津产业、推行跨区域产业合作中要克服相当大的困难。

(二)创新资源差距显著,资源共享机制薄弱

京津冀三地的创新主体、创新投入、创新产出等落差较大。北京的创新资源数量与密度远远高于津冀两地,且虹吸效应进一步加剧了区域内创新资源的分布不均衡。在高等院校与科研机构数量、国家重点实验室、科研人员总量、研发经费支出、研发课题数量、发明专利数量等方面,河北均远低于北京与天津。创新资源与创新能力的悬殊差距为京津冀区域的协同发展增添了障碍。再加之城市定位不明确、协同的职责分配不清晰,各地区在区域创新体系内的预期功能将很难实现。

此外,资源共享机制薄弱也是困扰京津冀协同创新的关键因素。在跨区域合作中存在"重项目、轻人才、轻机制"的现象,导致大量创新资源仍处于封闭和难以扩散的状态,创新资源的利用率和分配效率没有明显提高,重复建设和研发的现象并不少见。比如,缺少跨区域的科研成果转化制度、科技人才评审制度与科技信息共享的服务平台等,延缓了京津冀区域内创新要素的合理流通。因此,京津冀区域不仅要提升自主创新能力,继续重视创新投入与人才团队建设,还亟须打造一套开放、灵活、完善的创新资源共享机制。

(三)合作协同机制不完善,利益协调机制缺失

近年来,京津冀各级政府签订了系列合作协议,发表了各种合作宣言。

这些协议和宣言旨在促进京津冀展开科技合作、共建区域创新体系。但是在现实运作中,要使京津冀区域的科技合作方案落地,仍需要建立起更高层次的协调机制。目前,京津冀区域缺乏一个能够统筹协调并兼顾各地利益的组织机构,以打破三地的行政壁垒与利益格局。

在区域创新体系中牵涉的科技合作活动领域繁多,形式和内容不同,其具体组织管理工作涉及三地的多个部门和机构。缺少高层次的协调机制,部门之间缺乏了解和默契,往往会导致项目重复申请和审批,不同部门的意见不一致、"踢皮球"等缺乏整体观的治理现象,造成创新资源的浪费。京津冀区域创新体系的基础是围绕科技资源配置,创新主体激励和创新环境营造的健全的政策体系。有了顶层设计的保驾护航,京津冀区域创新体系才可以如预期一样,促进产学研政多个创新主体的参与,建立密切的分工合作网络,推进信息、人才、资金、技术等创新资源要素的通畅流动。

(四)区域创新体系的创新支撑条件不完备

完善且成熟的投融资体系是创新活动的重要支撑条件。目前,京津冀区域金融服务体系尚不够完善,高风险、长周期的高新技术项目在争取风险投资上存在难度。特别是,京津冀三地金融市场发达程度不同,北京是全面金融管理中心和科技金融创新中心,初步建立起覆盖科技创新全链条的金融体系,而天津、河北的科技金融发展相对滞后,科技金融资源流动不畅。同样,京津冀区域的各种中介服务机构,包括人力资源机构、财务和法律服务的水平有待提高和统一。

四、双循环新发展格局下京津冀区域创新体系建设的战略要求与实现路径

(一)京津冀区域创新体系的战略要求

2015 年 6 月,《京津冀协同发展规划纲要》在战略上明确了京津冀三地的角色定位。北京要承担科技创新的任务,重点提升原始创新和技术服务能力;天津要聚焦先进制造、工程化技术、金融创新等;河北则要实现产业结构调整,重塑京津冀绿色生态等。

围绕构建京津冀协同创新共同体的目标要求,结合三地各自创新发展的功能定位与责任担当,考虑区域内各城市创新发展能力与条件,确定京津冀区域创新体系的战略定位如下。

建成世界级的战略性城市圈。紧密围绕国家创新驱动发展战略,发挥北京全国科技创新中心优势,提升区域整体自主创新能力,组建全国领先的科研院所和创新团队,瞄准基础前沿领域与"卡脖子"问题,集中攻关。以园区为核心,做大做强"三链"融合,建设世界级战略性新兴产业集群,使之成为我国参与全球新一轮科技与产业竞争的战略新引擎。

建立开创性的跨区域综合创新服务中心。探索联合攻关、技术交易、产业联盟、共建园区、跨区域产业协同、人才互通等适宜路径,构建合理分工、有序协作的创新发展格局,大胆探索创新服务的体制机制,做好创新要素的共享与交流,不断强化对全国其他地区自主创新、产业创新的引领辐射及服务支撑能力,将开创性的跨区域综合创新服务中心做成京津冀区域创新体系的又一个里程碑式的成果。

打造区域创新、协同发展的京津冀示范区。强化京津冀协同创新对经济社会发展的支撑作用,在基础设施建设、产业转型升级、城市建设与治

理、生态环境改善等领域展开深入合作,力争在全国率先形成区域创新、协同发展的广阔格局,沿着京津冀经济社会发展的新路径大步迈进。

(二)京津冀区域创新体系的实现路径

1. 以北京科技创新中心引领提升区域创新能力

北京全国科技创新中心建设成果丰硕,逐步成为全球科技创新引领者、高端经济增长极、创新人才首选地、文化创新先行区和生态建设示范城。在创新方面,北京领跑津冀两地。为了建设京津冀区域创新体系,实现三地优势互补与资源配置调整,需要把创新驱动作为区域协同发展的逻辑起点,把科技创新中心作为核心,将北京丰富的科技资源和创新成果加以转化利用,服务区域、服务全国,协同发展。

重视中关村核心区专利标准的维护、创新创业品牌的营销,探索促进北京的技术、人才、资本与津冀产业、空间、劳动力等资源充分协同和互补合作的渠道和路径,建立产学研政结合的跨区域创新链、产业链与园区链,优化提升首都核心功能,提升区域创新发展能力。同时,发挥北京顶尖高校院所的科研成果、高层次人才密集的优势,担负起提升我国自主创新能力的历史重任,布局基础前沿研究与未来产业,在新型举国体制下集中力量攻关量子科学、新一代信息技术、医疗与大健康、现代农业、新材料、轨道交通、航空航天等领域,力争在全球新一轮科技和产业革命中拔得头筹,收获一批具有全球影响力的重大创新成果,打造多个京津冀区域新的经济增长点。

2. 加快推动雄安新区规划建设,打造京津冀区域协同创新体系

雄安新区要承接北京的非首都功能,更多的是接收和拓展部分创新功能。一要重点吸引与高新技术产业相关的机构入驻,以央企、高校院所等优质资源为引导,强化特色优势产业培育,并有选择地引入一些配套产业和功能,实现可持续发展。二要激发创新意愿,从创新活动的激励点切入,完善科技投融资机制与创新分配机制,打造一流的创新创业环境,进而带动全国乃至全球科技创新资源等向雄安新区转移集聚。三要着眼于增强雄安新区对高端人才的吸引力,在制约人才流动的制度上重点突破,在房地产政策、社会保障等环节探索创新。四要掀起简政放权、社会资本参与等方向的改革浪潮,将投资和创新的选择权交给企业,妥善利用社会资本,活跃创新氛围,增强创新区域体系的原生动力。雄安新区的设立,不仅会疏解并重新集中部分创新功能,还将书写城市建设的新篇章。其将成为我国进行创新体制机制改革,培育经济发展新模式,探索绿色、宜居、协调、创新、开放城市的一片乐土。

3. 加速全球高端创新资源落地,疏通创新资源与创新要素的合理流动

积极推动京津冀区域创新服务理念、服务标准与国际接轨,引进一批掌握核心知识和技能、能够引领新兴学科发展的人才队伍,充实各类创新载体与平台,提升其科研实力与国内外影响力。充分调动京津冀三地的企业、高校院所等研发资源来解决关键核心技术的技术壁垒、产业发展中的"卡脖子"问题、城市建设与治理难题,以跨区域合作的模式推动创新要素在更大范围内的流动与整合。

着力突破制约创新资源合理配置、开放共享、高效利用的体制障碍,加强三地创新资源互联互通与统筹利用。构建京津冀区域创新体系,实现协同发展,就必须打破固守的行政管理体制,超越地方利益为先的思想束缚,在科技资源配置、重大科技项目布局等方面加强统筹协调,减少京津冀三地在人才、技术、信息方面的不对称和不均衡,推动科技创新政策互动衔接。同时,支持高校院所、领军企业、产业联盟等创新主体联合申请国家重大创新项目,争取在京津冀区域落地一批国家级重大创新项目,增强对产业核心技术突破、共性技术攻关及区域创新发展的支撑和引领作用。

4. 构筑充满活力的有充分保障的区域创新体系

通过京津冀三地的共商、共建、共管、共享机制,出台一批有利于促进跨行政区域协同发展的创新制度。通过共建信息化管理平台,利用大数据来实现京津冀区域人才、资源、信息共享,提升协同治理的水平。具体有以下几个方向。

建立完善支持创新的保障体系。增加各级政府科技发展专项资金投入,确保研发项目经费一步到位,为科技创新搭建科技金融服务平台。加强知识产权保护,完善相关法律制度,加大执法力度。搭建知识产权公共服务平台,注重知识产权的保护和运用。

加强创新成果的应用转化。推动"政产学研"四位一体的有效协作,构建强关联的协同创新网络,发挥高校、科研机构、综合服务平台、创客空间、孵化器等主体的协同联动,打造完整的"科教产创"链条。

营造区域一体化的创新环境,需要借鉴中关村核心区成熟的创新创业生态系统,在企业、高校和科研机构、人才、资本、服务体系、创业文化这六大要素上下功夫,形成以高校知识创新为支撑、以企业技术创新为主体、以中介服务机构为保障的区域体系,建设多层次创投服务体系与科技成果转化体系,加快创新要素与创新成果的跨区域流动,最终实现京津冀区域创新功能的协调整合、优势互补。此外,京津冀还要积极探索重点区域创新政策交叉与延伸,推动京津冀的国家自主创新示范区、自由贸易试验区、国家科技成果转移转化示范区、服务业扩大开放综合试点等相关政策互通互认,促进国际化协同创新,探索区域协同创新的有效模式。

第十章　长三角区域创新体系建设

一、政策演变：区域一体化发展

2016 年 5 月，国务院颁布了《长江三角洲城市群发展规划》，重新规划了长三角区域，主要包括上海市，南京市、苏州市等 9 个江苏省地级市，杭州市、宁波市等 8 个浙江省地级市，合肥市、芜湖市等 8 个安徽省地级市，区域面积大约 21.17 万平方千米。长三角地区一直都是我国改革和经济发展的"排头兵"，吸引了技术、资本、人才等众多创新要素汇聚，成为我国经济发展水平最高的地区之一，其拥有发达的外向型经济和活跃的科技创新。

在国家 2006 年颁布《关于实施科技规划纲要增强自主创新能力的决定》之后，长三角地区的浙江省、江苏省、安徽省和上海市的相关政府部门对于区域创新发展极度重视，不同层面创新政策密集出台。特别是在 2012 年党的十八大报告确定创新驱动发展的国家战略后，长三角地区的创新政策数量大幅提升，如 2017 年的创新政策出台数达到 50 项以上，其涵盖范围也从创新政策逐步扩展为以创新政策为核心的产业、财税、金融、知识产权等政策,建立了区域创新政策体系。

针对创新政策的分类研究,我国创新领域著名学者连燕华基于我国的情景构建了整合目标及创新链视角下的研究方法,形成了非常成熟的政策研究方法。基于上述研究基础,可以将长三角地区的区域创新政策目标分为六个主要方面,梳理长三角地区浙江省、江苏省、安徽省和上海市从2006年颁布《长江三角洲城市群发展规划》至2018年之间颁布的主要创新政策,结果如表10-1所示。

表 10-1　2006—2018 年长三角地区浙江省、江苏省、安徽省和

上海市以目标为基础的创新政策颁布数量

单位:项

创新政策目标类型	上海市	江苏省	浙江省	安徽省
综合规划	8	9	13	11
自主创新	15	18	43	33
人才队伍建设与技术引进	4	5	5	6
资金支持与外资引进	18	22	11	21
知识产权保护与管理	15	7	10	7
科技成果转化	10	6	10	6

资料来源:根据网络资料整理。

通过上述梳理可见,支持自主创新成为区域创新政策颁布的最重要目标,资金支持与外资引进、综合规划分列第二位和第三位。自主创新类政策的"抓手"是对企业、高校及科研机构等创新主体的培育,其主要目的可以归纳为:一是直接提升企业创新能力;二是构建产业、高校、科研院所的协同创新体系;三是加快区域创新发展进程。资金支持与外资引进政策多聚焦研发资金投入、营造市场环境等方面,以及从各个不同层面对创新活动的影响。综合规划类政策作为浙江省、江苏省、安徽省和上海市政府引导和调控创新活动的基本手段,更多的是关注顶层设计的建立与改进,整

体调控区域创新绩效。

同时,通过上述研究还可发现,区域创新政策整体还呈现出从"政府导向"为主向"政府导向—市场调节"的协同型变化的趋势。在 2009 年之前,长三角地区的创新政策明显聚焦于科技本身的发展,引导本地企业创新与创新成果的商业化,相对应的地区经济政策也主要集中于财政政策方面,政府在其中发挥了绝对的引导作用。而在 2009 年之后,为宏观调控科技领域与金融领域相结合的程度与效果,政府发布了诸多相关政策,并通过与其他创新政策之间在政策制定、政策实施、政策监督等层面的配合与协调,促进了金融工具在区域创新中实现创新资源的合理配置,使其发挥了更为重要的作用,直接或间接地推动创新与市场更为密切的连接。

当前,长三角地区的创新政策演变重点围绕推行创新一体化、发展一体化展开,通过促进加强浙江省、江苏省、安徽省和上海市之间的科研合作、技术溢出和产业关联,向形成制度一体化的大方向演进。国内学者徐宁等(2020)通过长时间的实地调研和总结,从三个视角解析了长三角地区当前区域创新的基本环境,佐证了深化长三角创新一体化发展思路的正确性,具体包括以下几个方面。

(一)区域联系视角

区域一直是各类创新主体从事创新活动的重要载体,不同的地方政策和资源环境可以影响创新主体从事创新活动的效果。区域视角下的长三角产业创新一体化,可以从空间地理的角度来解析各个不同地区的创新合作、扩散与溢出。地缘相近,人文相通,市场相连,相似的发展历史促进长三角地区科技和产业创新一体化逐步形成。推进长三角区域一体化发展,需要各地区加强创新要素在长三角地区间的自由流动,建立长三角地区不同产业合理分工的生产体系。

（二）主体协同视角

长三角地区是我国对创新资源需求最多、最希望科技创新成果成功转化的地区之一。在国家一体化发展战略总纲领的指引下,长三角地区全面探索各个主体协同创新模式,让科技成果为产业增长点提供可靠动力,成为区域高质量一体化发展的重要核心推动力。从创新主体来看,区域创新协同发展的主要成员通常包括政府、企业和高等院校等,区域创新一体化发展应当充分协同上述主体,举区域之合力。首先,政府是创新资源投入（如资金、设备等）的主体,其投入也包括环境投入（如政策、文化等）,都是构建创新生态体系的基础。其次,企业扮演着创新投入与创新执行两个重要的角色。最后,高等院校可以为企业创新执行提供有力支撑。

（三）环节连接视角

环节连接是指科技与产业两个创新环节的耦合过程。创新行为可以从经济活动的视角分为两个基本阶段:第一个阶段是"知识生产",即把投入转化为新的知识,主体应该聚焦高校及科研院所。该过程具有外部性特征,其核心目标是尽可能地产出对产业发展有贡献的关键知识点。第二个阶段是"知识应用",即把知识转化为资产,并利用合理的方式加以应用,主体应该聚焦企业,并通过市场行为予以实现,目标是尽可能完成利润最大化。

2019年5月,国家颁布的《长江三角洲区域一体化发展规划纲要》指出,长三角地区要强化创新驱动,建设现代产业体系,成为高质量发展的区域集群。2019年长三角地区主要领导座谈会确定,继续推进2018年制定的《长三角地区一体化发展三年行动计划（2018—2020年）》,将科技产业创新列为三年行动计划的重中之重任务。同年,浙江省、江苏省、安徽省和上海市分别出台相应的实施方案或行动计划,将长三角创新圈的建设定位为地区发展重要的目标之一,试图通过建立科技创新共同体、产业创新带和共建创新平台等具体措施,加强协同创新在区域的执行力度,在整体的层面上进一步提升区域协同创新能力。

中央在制度层面出台了对应的规划纲要,从顶层设计层面进行总体性的战略指引;长三角各省(市)配合中央出台的规划纲要,制定具体的实施方案或行动计划,夯实了国家规划落实的基础;而区域层面部署了近三年所要实施的具体项目和工程,进一步为深化区域内不同地区间的协同提供平台。通过上述纵向"国家—地区"、横向"省—市"的双向联动,形成了三个层面的制度架构:国家制度政策、区域共同政策、区域内各地方政策。调节与治理共建、共保、共通、共享的具体形式及各个主体间的利益关系,形成宏观层面的区域共同政策,推动区域从行政区划利益分割转向区域利益一体化,成为当前长三角地区政策发展的主线。

但是,创新生态体系与创新一体化不同,是区域创新一体化实现之后通过利益共同体更为深度的融合,形成区域共生型创新环境的实践结果。陈立民(2019)认为,不同主体的发展利益诉求存在差异,导致长三角地区一些企业、高校、科研机构甚至地方政府融入一体化战略的意愿有差别。被动融入、患得患失,融入一体化的内生动力不足,加上浙江省、江苏省、安徽省和上海市之间的地域性、行政性壁垒,又给创新要素的有序流动造成阻碍。所以,创新一体化应更多注重优势互补、深度融合、共建共享,更好地发挥协同效应,形成名副其实的"创新联盟"和竞合有序的"产业集群"。但是创新生态体系的建设,则需要在区域创新一体化的基础之上,由政策层面从构建创新文化的角度推动,调动和协调更为广泛的创新资源,在共生型创新环境的激励下,实现不同创新主体之间平等、互惠的创新要素聚合。

二、创新绩效:创新生态圈稳步实现

在微观层面,为更全面地考察长三角创新生态系统的发展情况,由张宏洲等学者(2020)组成的课题组借鉴目前区域创新生态系统的相关理论和研究成果,结合长三角地区城市创新生态系统的实际发展实践,构建了长三角创新生态指数指标体系,从四个维度聚焦长三角 41 个城市创新生态体系的最新发展状况。

(一)创新人才、创新资本、创新平台构成的创新生态资源

上海市及长三角地区各省会城市在创新资源方面,由于历史积累及政策倾斜等诸多因素,占有较大优势,是生态创新发展的基地。相关调查报告显示,上海人才流入/人才流出比达到 1.41,是长三角城市中的佼佼者;而在数字人才领域,上海人才流入/人才流出比也达到了 1.35,可见上海市人才聚集效应之强。此外,上海的金融、航运等领域的高层次人才,也在全国占据了很大比例。而长三角地区部分地级市,如亳州市、安庆市和阜阳市等,低效企业较多,创新改革力度小,创新发展与上海市及各省会城市相比有非常大的差距。

(二)创新成果、成果转化构成的创新生态产出

在生态创新产出方面各地区表现差距较小。生态创新产出代表着创新对于城市的贡献能力,即创新成果和成果转化率高,说明城市的创新活力强。南京市的创新产出能力突出,是长三角区域的龙头城市;嘉兴市、上海市、苏州市、湖州市和杭州市依次排在其后。2018 年南京市的 PCT 专利数增长幅度达到 170%;发明专利授权量增长 10418 件,涨幅达 43%;万人发明专利拥有量 59.1 件,位列全国第三。

(三)产业结构、增量潜力、效率潜力构成的产业生态潜力

上海都市圈"1+1"城市群逐步建成,从区域经济的视角来看,其有效地盘活了区域产业分工体系,基于产业分工与城市功能重新定位与布局调

整，能够最大限度地撬动城市群内的劳动、土地、资本与创新要素等优化配置，增强产业间与产业内分工效应，最终实现产业结构的优化与转型升级。更为关键的是，以"1＋7"为基础的城市群能够有效地撬动城市化、工业化、信息化与农业现代化等"四化同步"的建设进程，基于城市间的产业创新协同效应实现产业发展的增量盘活、效率提升与创新生态重构。

(四)政策支撑、人才支撑、技术支撑、创新基础构成的创新生态环境支撑

苏州市、合肥市、南京市、上海市和杭州市在生态环境支出方面优势显著。据统计，2018年苏州市、合肥市、南京市、上海市和杭州市的普通高等学校数量分别为22所、50所、44所、64所和39所，合计占长三角普通高等学校数量的52％；同时，上述城市集聚了长三角地区90％以上的国家重点实验室。

在宏观层面，徐宁等(2020)则立足当前长三角区域创新一体化、发展一体化的实际情况，整理了长三角地区浙江省、江苏省、安徽省和上海市之间的区域合作专利、技术溢出和产业关联，从区域协同创新的视角，解析了长三角区域创新体系构建的最新进展。

(五)合作专利

浙江省、江苏省、安徽省和上海市合作申请国内专利数近几年整体呈上升趋势，从2010年的543件增加到2018年的1926件，8年间年均增长率达到17.15％。其中，区域合作申请专利数量最多的是上海市与江苏省，据统计，2010年两地合作专利仅299件，截至2018年合作申请专利数量增加至1164件，8年间年均增幅达到18.52％，占整个长三角区域合作申请专利总量的比重也增加了近5％。

上海市与浙江省之间合作申请专利数位居区域第二，合作专利申请数

量整体呈现的变化为先上升后下降。从 2010 年到 2015 年是以逐年增加为主要表现形式的上升期,2015 年达到两地合作申请专利数量的历史高点,达到 306 件,2018 年这一数据回落至 283 件。8 年间两地合作申请专利数占长三角整个区域合作申请专利数量的比重,基本保持在 15％~20％。

2010 年至 2018 年江苏省与浙江省合作申请专利数量整体呈现上升的态势,由 58 件波动上升至 262 件,8 年间两地合作申请专利数占长三角整个区域合作申请专利数量的比重,基本保持在 10％~15％。

安徽省与上海市、江苏省、浙江省之间合作申请专利的数量,与其他各个地区之间的合作专利数量相比而言较少。其中与其他地区相比,安徽省与浙江省合作申请专利的数量最少。

城市之间合作申请国内专利的网络结构呈现以下四个特征和趋势。

第一,专利合作网络密度不断提升,网络节点持续增加。具体表现为:参与合作申请专利的城市数量不断增加,合作申请专利数总体呈现上升趋势。例如,2010 年与上海合作申请专利的长三角区域内城市数量仅为 17 个,合作申请专利共计 454 件。2018 年这一数据增加至 31 个,范围几乎涵盖了江苏省和浙江省所有的城市,而且与安徽省内各个城市间的研发合作程度也不断加深,合作申请专利数量达到了 1559 件,与 2010 年相比增加了近两倍。

第二,以上海市、南京市、苏州市、无锡市和常州市等为基础,形成的"沪宁创新带"基本成为长三角科研合作网络的基础,属于第一圈层。

第三,江苏省的泰州市、南通市、盐城市,浙江省的宁波市和杭州市,安徽省的合肥市,属于长三角区域科研合作网络中第二圈层的核心位置,地区间专利合作频繁程度和合作网络稠密程度仅次于第一圈层。

第四,合肥市和杭州市对周边地区的辐射效应弱于南京市,研发合作程度的提升相对缓慢。从 2010 年到 2018 年,长三角各城市与浙江省会杭州市之间的合作申请专利数量从 90 件增加到 238 件,但 8 年间占整个长三角合作专利总量的比重下降 4.21%;长三角各城市与安徽省会合肥市之间合作申请专利数量从 25 件增加到 142 件,8 年间占比提升 3.19%。

(六)技术溢出

技术溢出,用以反映长三角地理单元之间的技术扩散效应。现有研究显示,当前长三角的技术溢出主要呈现以下四个主要特征。

第一,上海市对江苏省、浙江省、安徽省均表现出了正的技术外部性,其中对浙江省的技术溢出效应最强,江苏省第二,安徽省第三。

第二,江苏省对安徽省的辐射效应最为显著,帮助安徽省的科技产业快速发展,对上海市和浙江省的技术溢出量相比于安徽省则少了不少。

第三,浙江省对上海市的技术溢出总体强于江苏省,安徽省最弱。

第四,安徽省是长三角地区合作规模下技术溢出最少的,对其他省(市)的溢出水平从高到低排列依次为对江苏省、浙江省和上海市。

(七)产业关联

徐宁等学者(2020)以长三角 41 个城市为研究对象,基于科技部列出的高新技术企业名单、天眼查官方网站、国家工商总局相关企业名录,以及谷歌地球、《中国科技统计年鉴》等多种不同层面的数据,对数据异常的企业名单进行初步清洗,借鉴全球化与世界城市研究网络团队(Globalization and World Cities Study Group and Network,GaWC)的方法,从母公司与子公司之间股权关联的角度,重点分析了长三角区域各个城市之间的产业创新网络特征。从研究结果来看,长三角产业创新网络主要呈现以下三个重要特征。

第一,以上海市及周边地区为中心的产业创新大格局不断强化。上海市是长三角区域产业创新网络的主要核心节点,杭州市、宁波市和苏州市等作为上海市周边接受辐射外溢的第一层级节点城市,区位优势显著,发挥着区域产业创新网络次级核心节点的作用。

第二,省会城市快速崛起。江苏省省会南京市、安徽省省会合肥市和浙江省省会杭州市在长三角区域产业创新网络中的地位在近几年提升迅速。其中杭州市和南京市反超了以传统工业为基础的苏州市。这主要得益于省会城市在教育、科技基础设施方面的优势,也得益于各省近些年对省会城市首位度提升的战略规划与具体政策落实。

第三,长三角整体产业创新网络密度逐年增大。长三角产业创新网络在 2013 年至 2018 年间,以上海市、苏州市、杭州市、南京市和合肥市等城市为核心,不断强化集聚趋势,并以这些各省的中心城市为节点,向周边地区辐射扩散,与周边城市之间互相扩散的程度逐渐加深。例如南京市对江苏省中部和北部地区,合肥市对安徽省中部和北部地区,杭州市对海西地区的纵向联系;江苏省中部和北部、安徽省中部和北部、海西地区之间的横向联系,近些年有逐渐增强的趋势。

三、突出问题:虹吸效应明显

微观层面的数据和分析显示,长三角地区各个城市创新生态体系的最新发展状况,主要聚焦在以下四个方面:一是长三角地区不同城市之间在生态创新的资源方面差距较大,例如人才吸引、资金聚集和创建平台能力等;二是浙江省其他城市相比于长三角地区其他城市(除南京市外)而言,在创新产出能力方面更为优秀,成为区域协同创新的主导;三是长三角地区,以上海市为龙头,杭州、南京和合肥三个省会城市的辐射效应强,产业承接能力也明显强于区域其他地区;四是长三角地区苏州市、合肥市、上海市、南京市和杭州市的虹吸效应强,人才、技术、政策基础等环境优于其他城市。

宏观层面的数据和分析显示,长三角地区各省(市)之间的区域合作专利数量、技术溢出效应和产业关联程度出现了明显差异,主要有以下三个方面:一是从合作专利数量来看,虽然区域内专利合作网络密度不断提升,但是"沪宁创新带"的引领作用突显。区域形成了创新合作网络的第一梯队、第二梯队和第三梯队,梯队之间的创新合作"距离"正在拉大。二是从技术溢出效应来看,区域内不同地区之间的技术溢出效应存在较大差别,未来区域内极有可能出现安徽和江苏、浙江和上海两个独立的、更小范围的创新合作网络,不利于区域整体创新生态体系的形成。三是从产业关联程度来看,以上海为典型,其余三省的省会城市正在迅速成为地区创新网络的中心,拉大了与非省会城市之间的创新能力的差距,未来有可能出现多层次的区域创新生态体系。

综上所述,微观层面,长三角地区内各个城市之间的人才差异大,分布不均衡;资本市场创新资源更向核心城市倾斜;高端创新平台集聚核心城市;江浙城市创新成果势头整体好于其他地区,形成各地区创新能力的高地;各个城市间成果转化差距大。宏观层面,长三角地区不同城市的创新网络边界扩张出现阻碍,跨梯队从事创新活动使创新能力不强的地区面临较大挑战;亟待基于整体视角重新审视区域推行创新发展的顶层设计,平衡不同地区之间的创新资源配置,避免出现阻碍不同地区主体协同创新发展的局面;一旦形成多层次的区域创新生态体系,各城市整合创新要素将可能出现较大问题,如何推进创新要素实现跨层流动、实现区域各地区创新驱动协同发展,将成为区域需要重点解决的创新发展难题之一。

从科技创新的角度来看,随着区域创新一体化、政策一体化的全面推进,各个地区之间的全面统筹、协调可持续发展进入了一个全新的阶段,产业结构、基础设施以及资源的利用都在区域内对分工协作提出了全新的要求。在创新范式层面,单一创新由于区域一体化进程的推进,逐渐向集群式创新的范式过渡,促进长三角地区浙江省、江苏省、安徽省和上海市之间对科技创新协同的诉求不断加强。科技创新协同一直都是我国科技创新发展重要的组成部分。早在 2016 年,国家就明确提出要在全国推动建立"协同高校"创新体系的目标,并提出创新主体、军民、区域等协同建设思路。但是,当前长三角地区在科技创新协同发展方面存在诸多瓶颈,亟待攻克,例如,实际推行区域科技创新协同的过程中,协调机制不完善;科技创新资源分散且区域间具有较大的差异性,无法协调一致;严重缺乏优秀的科技创新中介;市场化推行实际效果不佳,利益分配与风险承担机制存在较大不足;区域内的龙头企业对地区经济的支撑作用不足;等等。

四、双循环新发展格局下长三角区域创新体系建设的战略要求与实现路径

(一)双循环新发展格局与长三角区域创新体系建设的战略要求

刘鹤副总理在解析《中共中央关于制定国民经济和社会发展第十四个五年规划和二〇三五年远景目标的建议》(以下简称《建议》)的核心思想时指出,构建以国内大循环为主体、国内国际双循环相互促进的新发展格局,是适应我国经济发展阶段变化的主动选择,是应对错综复杂的国际环境变化的战略举措,是发挥我国超大规模经济体优势的内在要求。要准确把握构建新发展格局的科学内涵,把握好几个重大关系:①要坚持深化供给侧结构性改革这条主线;②国内循环是基础,两者是统一体;③构建新发展格局必须全面深化改革。要全面落实加快构建新发展格局的决策部署,推动科技创新在畅通循环中发挥关键作用;推动供给创造和引领需求,实现供需良性互动;推动金融更好服务实体经济,健全现代流通体系;推动新型城镇化和城乡区域协调发展;推动扩大就业和提高收入水平;推动更高水平的对外开放,更深度融入全球经济。

聚焦当前长三角地区创新生态体系建设的现存问题,深化推进区域"创新一体化、发展一体化"进程,推动创新资源在区域内流通,实现优化区域创新资源配置,构建区域共生型创新环境,成为长三角区域创新体系建设的重要战略要求,与《建议》中的核心思想高度吻合。从供给侧结构性改革的角度来看,长三角区域创新体系的建设要保证创新要素供给端的畅通,区域"政策一体化"进程的深入,要从政府的层面保证创新要素对不同地区、不同主体间的供给能力,既要"精准"也要"适度"。从国内国际双循环之间的关系来看,长三角区域创新体系的建设要保证区域内创新要素的充分流通,也要保证区域与国内其他地方创新要素和国际创新要素的交互水平逐步提升。从深化改革和推动发展的角度来看,长三角区域创新体系的建设要敢于试错,大胆创新,形成合力,形成区域良好的共生型创新文化。在具体的落实层面,长三角区域创新体系的建设要尽可能做到六个保证:①保证科技创新发挥关键作用,维护地区、区域、国家科技安全的基本保障;②保证区域创新要素在内外部交互流通过程中的良性互通;③保证金融对实体经济的支撑力度;④保证不同发展水平地区内和地区间创新活动的协调发展;⑤保证创新创造价值,推进共生型创新文化的形成;⑥保证对外合作程度稳步上升,反哺区域创新驱动发展战略的稳步实施。

(二)双循环新发展格局下长三角区域创新体系建设的实现路径

继续提高基础研发在整体投入中的比重,形成"从 0 到 1"基础研发资源补足,"从 1 到 100"市场引领应用研究的创新文化,为区域创新生态体系的建设夯实基础。基础研究的主要投入通常是政府推动的,为了达到经费支出效率和效果的最优化配置,应该设立专门负责资金投入与评估的团队;要提高对数学、物理等基础学科建设的重视程度,推动高校和科研院所以适当的方式加入基础研究、交叉研究的科研行列。在应用研究层面,建议政府颁布推进"创新公共品"等新基建项目政策,例如上海张江和安徽合肥属于综合性国家科学中心,应该重点聚焦针对国家重大战略需求的基础性研究专项,同时也应该在研发公共品、创新公共品等层面持续投入,树立标杆;江苏南京和浙江杭州等产业较为发达的区域,应当重点服务于产业发展,聚焦建设产业实验室,鼓励民间资本介入研究过程和对研究成果价值进行合理获取,推动建设区域创新服务和转化的中介市场,以市场机制促进创新链和产业链深度融合,让企业成为区域创新要素流通的重要载体,让市场引领区域的创新要素整合,实现共生型创新环境的培育与发展。

深化区域"政策一体化"进程,加快推进区域"创新一体化"发展,从顶层设计的角度为区域创新生态体系建设指明方向。推进长三角区域创新一体化与政策一体化的协同发展,首先就是要开放思想,打破行政区划的限制,消除体制机制对创新资源自由配置的扭曲作用,让市场在这一过程中发挥调节的关键作用。可考虑通过调整长三角区域中各省(市)政绩考核指标实现,例如涉及浙江省、江苏省、安徽省和上海市公共利益的应通过协同性指标考核,实质性推动区域创新一体化与政策一体化的协同发展。同时,在上述基础之上应当从政策层面,由长三角区域各省(市)政府统一制定短期、中长期区域协同创新发展目标,并形成符合区域内地市一级不同地区发展现状的"创新发展路线图",辅助区域内各创新主体找准定位和创新发展方向,引导区域创新资源以区域整体发展目标为基础协同调配,达到"有的放矢"的最终目的。

打通区域资本市场与创新主体间的壁垒,形成资本市场与创新活动的良性循环,为区域创新生态体系的建设提供动力。在促进创新和实体经济高水平循环方面,资本市场具有其独特的作用,是创新体系在区域双循环新发展格局下平稳运行的重要支撑。在资产端,资本市场对不同发展阶段、不同类型创新主体融资需求的精准匹配,可以有效助力区域产业链稳步发展。在资金端,对不同种类资金风险偏好的匹配,使得资本市场可以推动社会财富的滚动增值。在资本市场培育下,创新主体才能实现做大做强的长期愿景,同时只有让创新成果为资本市场的发展巩固根基,才能够吸引更多的资金进入长三角地区。例如美国资本市场哺育科技企业各个阶段成长,科技创新成就资本市场繁荣发展和长牛。美国风险投资产业发达,对企业初创期的投资额占世界的比重达到52%。企业上市后,资本市场可以通过为其打造公平、透明的竞争环境,保证企业的健康成长。当企业成长为优质标的时,以401k(美国一种由雇员、雇主共同缴费建立起来的完全基金式的养老保险制度)、IRA(Inpidual Retirement Accounts,美国的个人退休账户)为代表的长线资金将会介入,助力企业的长线发展。在美股,机构投资占比高达62.3%,基金和退休金投资是主力。高质量上市公司、发达资本市场、庞大长线资金成为资本市场长牛、慢牛的根基。纵观美国资本市场与创新主体间的互动历史可发现,风险投资机构的蓬勃发展,是区域初创型创新主体发展的基本条件;严格监管资本市场的运行,为资本市场公平与效率护航是其蓬勃发展的基础;养老金等机构投资者为优质投资标的提供充足的长线资金。当前,我国在上述方面还有诸多不足,特别是监管实施力度、长线资金使用等方面的问题成为掣肘我国区域创新发展的重要问题。综上所述,建议在资产端发挥创新龙头企业的作用,在长三角区域内明确其绝对的创新主体地位,同时利用区域内一体化的政策倒逼其产业链上下游创新能力的提升;深化改革,形成良好的风险投资市场环境,必须对扰乱风险投资市场的行为"重拳出击",绝不姑息;引导私募股权和创投基金投早、投小、投科技,确立区域创新科技优先的风险投资文化,形成区域内"基础研究—风险投资—科技创新—长线投资—成果落地—价值分配—反哺基础研究"的资本市场对创新活动的介入链,最终实现区域内资本安全、通畅、合理的循环体系,使之为区域创新生态体系的建设提供根本动力。

推进长三角区域科教融合,推动基础研究本地化支撑长三角创新生态体系发展,打造创新生态体系内的区域知识内循环系统。提升高等院校关键核心技术相关学科的发展水平,对于深入推进长三角创新生态体系发展十分重要。因此,有关部门应结合地区高校所承担的任务,进一步加强高校对于关键核心技术基础性研究设施和能力的建设。围绕创新生态体系建设技术前端科技发展需要,通过学科链对接产业链,以及科教融合,在支撑产业关键核心技术发展的基础上,实现高校学科特色和优势的提升。同时,应支持推动区域内高等院校建立"大学—企业"创新网络中心。通过"大学—企业"创新网络中心,让大学有实力的研究机构在有充足研究经费来源保障、专注领域技术研究开发的基础上,与行业领先企业保持密切联系,为其发展提供基础性共性技术支撑和应用性共性技术解决。同时,通过合作创新和科教融合机制,为领先企业培养一批高水平领域技术创新人才。最终在长三角区域实现创新生态体系下的知识内循环系统,提升区域高校、科研院所对产业发展的支撑力度。

　　加强产业链与创新链融合发展,培植技术经理人队伍,推进长三角产业链与创新链融合的创新生态体系的形成与发展。产业链断裂是产业关键核心技术发展的症结。因此,推进产业链与创新链融合发展,建立产业链与创新链融合的区域创新生态体系,完善并重塑产业链,是解决产业链和供应链断裂的重要方法。区域可依据产业链和供应链的实际情况,组建成立关键核心技术产业发展共同体,开展产业协作和创新协同,激发市场主体活力,促进产业主体企业与相关企业共同发展和共同成长。区域有关部门应为关键核心技术产业发展共同体的建立积极创造条件,包括资金融通、创新支持,以及税收优惠等。国内外发展经验表明,在推进关键核心技术产业链与创新链融合发展、形成产业链与创新链融合的区域创新生态体系过程中,具有技术和产业发展跨界能力的技术经理人非常关键,他们是技术和产业融合发展的桥梁和纽带。为此,区域应加强技术经理人队伍建设,建立技术创新经理人培养与发展体系。技术经理人由于横跨技术和产业两大领域,是兼备多学科专业知识和跨界组织运营能力的复合型人才。

因此建议,区域政府应重点关注技术经理人队伍发展,为技术经理人发展创造良好的政策环境和法制环境。应在高等教育学科体系中加强科技创新管理专业建设,在现有 MBA 教育中专设技术经理人领域,并建立相应的课程和能力培养体系。同时,进一步完善我国技术创新经理人执业培训和认证标准,建立技术经理人协会,加强技术创新经理人培训体系建设,强化技术经理人行为规范和行业自律管理。

面对当前我国关键核心技术被"卡脖子"的不利局面,长三角区域应当聚集创新资源和人才,由长三角三省一市共同成立"卡脖子"技术发展产业技术创新中心,强化"卡脖子"技术研发创新体系建设,破除区域社会和经济发展障碍。"卡脖子"技术发展是一项复杂的系统工程。其发展既涉及技术的方方面面,也涉及不同创新主体,需要各方合力。我国"卡脖子"技术发展的问题有很多,如研究力量分散、各自为政、自我发展和低水平重复建设,以及创新与市场脱节等。要破解此类问题,一是要进行研究资源和力量整合;二是要打通创新与市场间障碍,让创新与市场连接起来。因此,加强顶层设计,由长三角三省一市共同制定不同产业的"卡脖子"技术跃迁发展技术路线图及发展规划,并依据规划设立多主体共同参与的"卡脖子"技术发展产业技术创新中心,以及依托中心建立"卡脖子"技术研发创新体系非常重要。"卡脖子"技术跃迁发展技术路线图及发展规划,不同于我们以往的技术规划和产业规划,是技术和产业发展的有机统一。规划应以产业发展需求为牵引,依照产业发展的技术需求,通过专家调查法,梳理其中的技术体系,以及需要解决的核心技术课题,建立技术突破路线图。应针对上述课题及其技术路线图,考虑现有技术资源和条件,建立课题可望解决的时间窗。在此基础上,才能制定出技术和产业发展有机统一的"卡脖子"技术发展规划,最终实现引领全国产业"卡脖子"技术突破,彰显长三角区域的创新能力,并依托区域完整的技术体系建立创新生态体系,增强长三角区域创新生态体系对全国其他地区的技术辐射效应。

加强区域间科技创新协同,统筹创新资源配置,推动区域创新生态体系高质量发展。科技创新本身涉及多部门、多层级、多事物的特点,由于长三角区域各地方之间具有较大的经济和文化差异,很难形成真正意义上的全方位协同。所以,应该从合作"点"入手,引导合作"线"和合作"面"的形成。抓科技创新协同规划"点",可以夯实地区间科技创新协同的基础,特别是在功能布局上要加强协同规划,在一些跨区域的重要调控目标设定、重大基础设施建设、重点科技资源开发等要点上,要实现区域内的高度统一。对于区域内的科技创新项目要重点关注,尽可能多地让不同地区的科研机构参与,力求通过重大项目的推进,从思想上实现地区间的磨合与统一。在民生科技与生态环保科技层面,各个地区的文化可能有所差异,但是民生问题是不分文化基础的重大问题之一,所以需要地区政府重点关注。产业升级中的科技创新协同,也是重要的协同发力"点",一旦加以妥善利用,就可以实现地区间产业的高度协同发展,进而辐射至其他层面的协同,最终实现资源的协同调配,支撑地区间科技创新协同目标的实现。

建立地区协同发展保障机制,支撑区域创新生态体系健康发展,促进区域经济协同快速发展。创新合作需要市场主导,要形成各个创新主体之间的良性互惠机制。其中,信息共享机制是地区间合作的重要合作基础之一,可通过建立区域信息公布平台,整合信息发布渠道,减少错误信息对地区协同造成的不良后果,形成良好的创新发展环境。共决互信机制是政策出台的重要决策依据,区域内不同主体间的共同研发、共同决策都需要以共决互信机制为依托。风险共担和利益互惠机制是地区间合作的另一重要基础,是不同地区企业合作、协同创新的重要依据,必须通过对区域内专家的成体系访谈以及对企业的多批次调研,形成符合地区发展实际规律的相关机制。制度共信和共守机制是地区间合作的基本底线,如果没有成熟的共信和共守环境,地区间的学术与产业合作将无法正常进行,协同创新更是无从谈起。综上所述,对上述四大机制的落实情况,决定了长三角地区创新生态体系构建的成败,必须引起区域政府、高校、科研院所及企业等多层次群体的重点关注,通过共同维护区域内良好的协同创新环境,支撑区域创新生态体系健康发展,促进区域经济协同快速发展。

第十一章 珠三角与粤港澳大湾区区域创新体系建设

新形势下,国际环境的持续动荡对国民经济的持续、稳定与健康发展提出了挑战。新时代,中国以创新驱动发展为核心的国家战略正在全面展开,一系列以区域创新体系为核心的大纵深经济改革在持续推进中。在此背景下,珠三角与粤港澳大湾区建设尤为引人关注,作为"一国两制"政治体制与"改革开放"经济体制改革的前沿与示范,其经济意义、政治意义、战略意义不言而喻。

《粤港澳大湾区发展规划纲要》与《深化粤港澳合作推进大湾区建设框架协议》等文件提出,大湾区要打造国际科技创新中心,统筹利用全球科技创新资源,完善创新合作体制机制,优化跨区域合作创新发展模式,构建国际化、开放型区域创新体系,不断提高科研成果转化水平和效率,加快形成以创新为主要引领和支撑的经济体系和发展模式。

一、政策演变:泛珠三角创新融合

新中国成立以来,尤其是改革开放伊始,泛珠三角经济区的跨越式发展取得了令世界瞩目的成就,从"珠三角"到"泛珠江三角区"再到"粤港澳大湾区",区域创新体系的建设逐渐成熟。从总体上看,珠三角与粤港澳大湾区区域创新体系的发展大体可分为三个阶段:起飞阶段、转型阶段和创新驱动阶段。

(一)起飞阶段(1978—1997年):珠三角与世界工厂

珠三角地区是我国最早实行对外开放政策的经济特区的所在地之一,自1978年改革开放政策实施以来,珠三角的发展进入了腾飞时期,逐渐发展成为"世界制造业基地"。最开始,港澳地区的企业抓住内地新一轮发展的历史性机遇,将低增加值和劳动密集型的生产工序转移至以珠三角为核心的地区,形成了粤港澳三地在制造业领域"前店后厂"式的跨地域产业分工体系,由此开启了粤港澳区域合作的进程(任思儒,李郇,陈婷婷,2017)。"前店后厂"的产业分工模式和体系顺应全球产业链的转移,充分挖掘和释放了珠江三角洲地区的劳工潜力与土地优势,同时有效依托港澳地区发达便捷的贸易网络与领先的生产服务能力,使港澳与广东的比较优势互补得到了最大限度的发挥,使经济效率大幅度提升,在珠三角地区得到了迅速推广(陈广汉,2006)。具体来讲,珠三角发展的"起飞阶段"可以细分为两个阶段。

1. 1979—1989年

1979年,国家设立深圳市。1980年5月,中共中央和国务院决定将深圳、珠海、汕头和厦门这4个出口特区改称为经济特区,由此拉开了珠海经济特区发展的序幕。

这一阶段,在对外开放这一基本国策的指引下,珠三角逐步利用其劳动力资源丰富、侨乡优势等特征优势,以及发达国家与地区第一轮产业结构调整的契机,在国家政策的支持下,打破了原有工业基础薄弱等困境,迅速推进了工业化,同时加快了城市化进程。为了进一步扩大对外开放,1985年1月,中共中央和国务院正式将珠江三角洲划为沿海经济开放区,从而形成了从经济特区到沿海开放城市再到沿海经济开放区的多层次对外开放格局。这一政策的推行,推动了珠三角在外资、技术和设备引进上的进一步发展,形成了举国瞩目的"珠江模式"。

2. 1990—1997 年

1994 年 10 月 8 日,广东省委在七届三次全会上提出,要大力建设"珠江三角洲经济区","珠三角"概念首次在官方渠道被正式提出。在此之前,被广泛讨论的"珠三角"地区涵盖广州、深圳、佛山、珠海、东莞、中山、惠州等 7 个城市。而在这一版的正式文件中,珠三角地区被重新划分为囊括珠江沿岸广州、深圳、佛山、珠海、东莞、中山、惠州、江门、肇庆等 9 个城市的地区。至此,"珠三角经济区"的概念被正式确定。

此后,伴随着经济体制改革的深入推进与经济全球化浪潮的涌现,珠三角经济区迎来了发展的"大机遇"时期。其间,恰逢发达国家和地区产业结构调整,珠三角借此逐步将产业集群从原有的以生产生活用品与轻工业产品为主的劳动密集型产业集群向代工与自主研发信息和通信产业电子产品为核心的高附加值、知识密集型产业集群转型。

在这一阶段,"珠三角"与港澳地区的关系是相对独立的"代工"关系,二者通过资源的优势互补形成了长期稳定的合作局面,即"前店后厂"的产业分工模式。在这一模式的主导下,"珠三角"迅速崛起并实现了初步的工业化。到 20 世纪 90 年代中期,约 80% 的香港制造业企业在珠三角地区设厂,比如 90% 左右的钟表业和玩具业、80%～90% 的塑胶业、85% 以上的电子业企业都迁到了珠三角地区(薛凤旋,杨春,1997)。"前店后厂"模式以香港为生产服务中心、珠三角为直接生产制造腹地,既推动确立了香港金融、贸易、航运中心的地位,也促成了广东省实质上成为"世界级制造业基地"。

(二)转型阶段(1998—2014 年):泛珠三角与经济转型

毗邻港澳地区一直是珠三角地区发展的一大优势,进入 21 世纪后,如何进一步加强与香港、澳门等地区的合作成为亟待解决的重大问题。受到

1997 年亚洲金融危机及劳动力成本上升、资源进一步紧缺等发展制约因素的综合影响，珠三角的经济转型升级迫在眉睫。1997 年与 1999 年，香港与澳门的相继回归使得珠三角与港澳地区在政策、制度与经济依存度等方面的连接进一步加强，初步推动了制度层面上由"珠三角"到"泛珠三角"的转变。

2001 年，我国正式加入世界贸易组织。以此为契机，原有"珠三角"范围已不能适应进一步对外开放的需求。为此三地逐步开展了基于政策支持的进一步融合发展，一系列合作框架被提出，诸多政策文件被签署，其中包含 2003 年 6 月 29 日签署的《内地与香港关于建立更紧密经贸关系的安排》和《内地与澳门关于建立更紧密经贸关系的安排》（英文简称"CEPA"），以及同年由广东省委提出的"泛珠三角"构想。在中央支持下，泛珠三角区域合作的框架得到了云南、福建、贵州、江西、四川、湖南、海南、广西等 8 个省（区）政府和香港、澳门特别行政区政府的积极响应，泛珠三角（"9＋2"）区域合作的序幕由此拉开。

在经济转型的中后期，香港工业总会通过问卷形式调查了香港制造业向珠三角转移的最新情况，发现 2009 年后投资珠三角的制造业企业仅占 7％，制造业向珠三角的转移趋于停滞，因此金融合作成为转型新阶段的关键。为了充分挖掘港澳地区的服务业优势与珠三角地区的巨大市场潜力，深化优势互补与利益交汇，2003—2013 年，内地与香港、澳门特区政府分别签署了内地与香港、澳门关于建立更紧密经贸关系的安排及其 10 项补充协议，以加强内地与港澳地区之间的贸易、投资、金融合作，促进双方的共同发展，逐步实现减少或取消双方之间实质上所有货物贸易的关税和非关税壁垒，推进服务贸易自由化，促进贸易投资便利化，推动区域服务业深度整合。截至 2013 年 12 月底，港资银行在广东省设置营业机构 166 家，总资产超过 3000 亿元人民币；粤港跨境人民币结算业务金额达 1.29 万亿元，占广东全省 75％以上；粤企赴港上市企业达 166 家，总筹资额达 2080 亿美元。2015 年，《〈内地与香港关于建立更紧密经贸关系的安排〉关于内地在广东与香港基本实现服务贸易自由化的协议》正式实施,广东服务业对港开放度达到 95% 以上,粤港澳三地的服务贸易自由化基本实现,香港成为内地企业面向国际市场的主要跳板与重要融资平台,并通过沪港通、深港通及债券通等,逐渐消除金融业跨境投资、交易的制度障碍,推动人民币国际化和跨境金融融通,不断提高区域要素集聚和优化配置的能力。香港的中国世界金融枢纽和全球最大的离岸人民币业务中心地位也由此不断稳固。

(三)创新驱动阶段(2015 年至今):粤港澳大湾区与国家战略

2015 年 3 月 28 日,国家发展改革委、外交部、商务部联合发布了《推动共建丝绸之路经济带和 21 世纪海上丝绸之路的愿景与行动》,明确提出了继续深化深圳、广州、珠海与福建省相关毗邻区域与港澳地区的经济联系,共同打造"粤港澳大湾区"的战略构想得以首次提出。

2016 年,在《中华人民共和国国民经济和社会发展第十三个五年规划纲要》文件中,有关泛珠三角地区一体化协同发展、推动"粤港澳大湾区"建设的宏伟蓝图得到了进一步深化。同年 3 月,在《国务院关于深化泛珠三角区域合作的指导意见》中,系统阐述了以"粤港澳大湾区"为核心驱动力,以"珠江—江西"经济带为经济纵深全面带动相关区域实现跨越式发展,进而辐射东南亚乃至南亚地区的战略构想。

2017 年 3 月,国务院总理李克强在十二届全国人大五次会议作《政府工作报告》时提出,要进一步推动内地优势区域与港澳大湾区的协同发展,发挥各自的资源与制度优势。同年 7 月,《深化粤港澳合作　推进大湾区建设框架协议》正式签署,建设"粤港澳大湾区"的战略构想上升到国家战略层次,融入全国经济社会发展的顶层设计之中。

2019 年 2 月 18 日,中共中央、国务院印发《粤港澳大湾区发展规划纲要》(以下简称《纲要》),明确指出要将粤港澳大湾区建设成充满活力的世界级城市群、具有全球影响力的"国际科技创新中心"①。《纲要》的发布标志着国家将粤港澳大湾区建设融入创新驱动发展的国家战略之中,使之成为培育与促进我国自主创新能力实现跨越式发展的重要推动力量。

同一时期,珠三角地区与粤港澳大湾区各级地方政府也配套出台了一系列政策文件(见表11-1),全方位推动粤港澳大湾区发展规划纲要和创新驱动发展战略落地生根(郭秀强,孙延明,2019),打造双循环新发展格局下的世界级城市群样板。

表 11-1　2015—2020 年珠三角地区推进科技创新的主要政策

层级	年份	政策名称
广东省	2015	广东省人力资源和社会保障厅、广东省科学技术厅关于进一步改革科技人员职称评价的若干意见(粤人社规〔2015〕4 号)
广东省	2015	广东省人民政府办公厅关于印发《广东省经营性领域技术入股改革实施方案》的通知(粤府办〔2015〕46 号)
广东省	2015	广东省科学技术厅等十部门关于支持新型研发机构发展的试行办法(粤科产学研字〔2015〕69 号)
广东省	2015	广东省人民政府关于印发《广东省企业投资项目实行清单管理意见(试行)》的通知(粤府〔2015〕26 号)
广东省	2015	广东省人民政府促进大型科学仪器设施开放共享的实施意见(粤府函〔2015〕347 号)
广东省	2016	广东省人民政府关于印发《深化广东省级财政科技计划(专项、基金等)管理改革实施方案》的通知(粤府〔2016〕14 号)
广东省	2016	广东省知识产权事业发展"十三五"规划
广东省	2016	广东省人民政府办公厅关于进一步促进科技成果转移转化的实施意见(粤府办〔2016〕118 号)
广东省	2016	广东省人民政府关于深化标准化工作改革推进广东先进标准体系建设的意见(粤府〔2016〕127 号)
广东省	2016	广东省人民政府关于印发《广东省科技创新平台体系建设方案》的通知(粤府函〔2016〕363 号)
广东省	2016	广东省促进科技成果转化条例

① 中共中央,国务院. 粤港澳大湾区发展规划纲要［EB/OL］.（2019-02-18）［2019-02-23］. https://baijiahao.baidu.com/s? id=1625804035881604454&wfr=spider&for=pc.

续　表

层级	年份	政策名称
广东省	2016	广东省自主创新促进条例
广东省	2016	广东省人民政府关于提升"三旧"改造水平促进节约集约用地的通知(粤府〔2016〕96号)
广东省	2017	广东省推进个体工商户转型升级促进经济结构优化若干政策措施(粤工商〔2017〕32号)
广东省	2017	关于粤港澳人才合作示范区人才管理改革的若干政策(粤组通〔2017〕47号)
广东省	2017	广东省人民政府关于印发《实施〈粤港合作框架协议〉2017年重点工作》的通知(粤府函〔2017〕38号)
广东省	2017	广东省发展改革委关于取消、下放和委托管理一批行政审批事项的通知(粤发改规〔2017〕10号)
广东省	2017	广东省高新技术企业树标提质行动计划(2017—2020年)(粤科高字〔2017〕129号)
广东省	2017	广东银监局关于广东银行业支持制造强省建设的实施意见(粤银监发〔2017〕27号)
广东省	2017	广东省人民政府关于印发《广东省加快促进创业投资持续健康发展实施方案》的通知(粤府〔2017〕62号)
广东省	2017	中共广东省委办公厅关于我省深化人才发展体制机制改革的实施意见(粤发〔2017〕1号)
广东省	2017	关于印发《广东省国有控股混合所有制企业开展员工持股试点的实施细则》的通知(粤国资资本〔2017〕2号)
广东省	2017	中共广东省委办公厅、广东省人民政府办公厅印发《关于进一步完善省级财政科研项目资金管理等政策的实施意见(试行)》的通知(粤委办〔2017〕13号)
广东省	2017	广东省科学技术厅关于新型研发机构管理的暂行办法(粤科产学研字〔2017〕69号)
广东省	2017	广东省人民政府关于印发《广东省进一步扩大对外开放积极利用外资若干政策措施》的通知(粤府〔2017〕125号)
广东省	2018	广东金融服务实体经济防控金融风险深化金融改革的若干政策措施(粤发〔2018〕4号)
广东省	2019	中共广东省委、广东省人民政府关于贯彻落实《粤港澳大湾区发展规划纲要》的实施意见
广东省	2020	广东省推进粤港澳大湾区建设领导小组关于印发《广州人工智能与数字经济试验区建设总体方案》的通知(粤大湾区〔2020〕1号)

续　表

层级	年份	政策名称
广州市	2015	广州市人民政府办公厅关于印发《广州市促进科技成果转化实施办法》的通知(穗府办〔2015〕57号)
广州市	2015	广州市人民政府办公厅关于促进科技、金融与产业融合发展的实施意见(穗府办〔2015〕26号)
广州市	2015	广州市科技型中小企业信贷风险补偿资金池管理办法
广州市	2016	广州市人民政府关于加快先进制造业创新发展的实施意见(穗府〔2016〕15号)
广州市	2016	中共广州市委、广州市人民政府关于加快聚集产业领军人才的意见(穗字〔2016〕1号)
广州市	2017	广州市知识产权局、广州市财政局关于印发《广州市专利工作专项资金管理办法》的通知(穗知规字〔2017〕4号)
广州市	2017	广州市人民政府办公厅关于实施鼓励海外人才来穗创业"红棉计划"的意见
广州市	2017	广州市人民政府办公厅关于印发《广州市新兴产业发展资金管理办法》的通知(穗府办规〔2017〕7号)
广州市	2018	广州市天河区人民政府办公室关于促进科技园区、孵化器、众创空间和天河中央商务区企业注册登记便利化的意见(穗天府办规〔2017〕1号)
广州市	2018	广州市科技创新委员会关于印发《广州市促进科技成果转移转化行动方案(2018－2020年)》的通知(穗科创字〔2018〕41号)
广州市	2018	广州市人民政府关于印发《广州市建设国际科技产业创新中心三年行动计划(2018－2020年)》的通知(穗府函〔2018〕224号)
广州市	2018	广州市人民政府办公厅关于印发《广州市鼓励创业投资促进创新创业发展若干政策规定》的通知(穗府办规〔2018〕18号)
广州市	2018	广州市科技成果产业化引导基金管理办法(穗科创规字〔2018〕4号)
深圳市	2016	深圳市人力资源和社会保障局关于印发《深圳市接收普通高校应届毕业生实施办法》的通知(深人社规〔2016〕24号)
深圳市	2016	深圳市人民政府办公厅关于印发《促进科技成果转移转化实施方案》的通知
深圳市	2016	中共深圳市委、深圳市人民政府印发《关于促进人才优先发展的若干措施》的通知(深发〔2016〕9号)
深圳市	2016	关于促进科技创新的若干措施(深发〔2016〕7号)
深圳市	2017	深圳市人民政府关于印发《扶持金融业发展若干措施》的通知(深府规〔2018〕26号)

层级	年份	政策名称
深圳市	2017	深圳市财政委员会关于进一步完善高等院校和科研机构教学科研设备采购管理有关事项的通知(深财购〔2017〕30号)
深圳市	2017	关于支持企业提升竞争力的若干措施
深圳市	2017	深圳市人民政府关于印发《深圳市院士(专家)工作站管理与资助办法(试行)》的通知(深府规〔2017〕1号)
深圳市	2018	深圳市人民政府关于印发《进一步促进就业若干措施》的通知(深府规〔2018〕30号)
深圳市	2018	深圳市人民政府印发《关于加强基础科学研究实施办法》的通知(深府规〔2018〕25号)
深圳市	2018	深圳市人民政府印发《关于以更大力度支持民营经济发展若干措施》的通知(深府规〔2018〕23号)
深圳市	2018	深圳市人民政府关于印发《战略性新兴产业发展专项资金扶持政策》的通知
深圳市	2018	深圳市人民政府关于印发《强化中小微企业金融服务若干措施》的通知
深圳市	2018	深圳市人民政府关于加强和改进市级财政科研项目资金管理的实施意见(试行)(深府规〔2018〕9号)
东莞市	2015	广东省东莞市人民政府关于印发《东莞市鼓励柔性引进海外专家来莞工作试行办法》的通知(东府〔2015〕115号)
东莞市	2017	东莞市人民政府办公室关于印发《东莞市加快新型研发机构发展实施办法(修订)》的通知(东府办〔2017〕133号)
东莞市	2017	中共东莞市委、东莞市人民政府印发《关于打造创新驱动发展升级版的行动计划(2017-2020年)》的通知(东委发〔2017〕15号)
东莞市	2018	东莞市人民政府关于印发《东莞市进一步促进就业若干政策措施实施意见》的通知(东府〔2018〕165号)
东莞市	2018	东莞市人民政府办公室关于印发《东莞市培养高层次人才特殊支持计划》的通知(东府办〔2018〕107号)
东莞市	2018	东莞市人民政府办公室关于印发《东莞市新时代创新人才引进培养实施方案》的通知(东府办〔2018〕106号)
东莞市	2018	东莞市人民政府关于印发《东莞市"十百千万百万"人才工程行动方案》的通知(东府〔2018〕147号)
东莞市	2018	东莞市人民政府办公室关于印发《东莞市降低制造业企业成本全面推进实体经济高质量倍增发展实施方案》的通知(东府办〔2018〕100号)

续 表

层级	年份	政策名称
东莞市	2018	东莞市人民政府关于促进总部经济发展的若干意见（东府〔2018〕80 号）
东莞市	2018	东莞市产业发展与科技创新人才经济贡献奖励实施办法（东府〔2018〕75 号）
东莞市	2018	东莞市人民政府关于调整《东莞市鼓励柔性引进海外专家来莞工作试行办法》的通知（东府〔2018〕35 号）
东莞市	2018	东莞市人民政府关于调整《东莞市成长型企业人才扶持试行办法》的通知（东府〔2018〕34 号）
东莞市	2018	东莞市人民政府关于印发《"科技东莞"工程专项资金财务管理办法》的通知（东府办〔2018〕3 号）
东莞市	2018	东莞市人民政府关于印发《高新技术企业树标提质行动计划（2018—2020 年）》的通知（东府办〔2018〕74 号）
东莞市	2018	东莞市人民政府办公室关于印发《东莞市科技成果双转化行动计划（2018—2020 年）》的通知（东府办〔2018〕28 号）
东莞市	2018	东莞市人民政府办公室关于印发《东莞市引进组建重大公共科技创新平台管理办法》的通知（东府办〔2017〕135 号）
惠州市	2016	广东惠州大学生创业孵化基地管理办法
惠州市	2018	惠州市人民政府关于印发《惠州市总部企业认定和奖励资金管理办法》的通知（惠府〔2018〕49 号）
惠州市	2018	惠州市人民政府关于印发《惠州市促进外资发展若干政策措施》的通知（惠府〔2018〕35 号）
惠州市	2018	惠州市科学技术局关于印发《关于促进科技孵化育成体系建设的意见》的通知（惠市科字〔2018〕212 号）
惠州市	2018	关于印发《惠州市科学技术局促进新型研发机构发展的扶持办法（修订）》的通知（惠市科字〔2019〕112 号）
惠州市	2019	中共惠州市委办公室、惠州市人民政府办公室关于印发《惠州市促进民营经济高质量发展的十条政策措施》的通知（惠市委办发电〔2019〕6 号）
中山市	2018	中山市科技企业知识产权质押融资贷款风险补偿办法
中山市	2018	中山市人民政府办公室关于印发《中山市小微企业上规上限融资扶持专项资金管理办法》的通知（中府办〔2018〕54 号）
中山市	2018	中山市人民政府办公室关于促进小微工业企业上规模的实施意见（中府办〔2018〕49 号）
中山市	2018	中山市人民政府办公室关于印发《中山市优势传统产业转型升级行动计划（2018—2022 年）》的通知（中府办〔2018〕29 号）

层级	年份	政策名称
中山市	2018	中山市人民政府办公室关于印发《中山市科技创新创业投资引导基金管理办法》的通知(中府办〔2018〕24 号)
中山市	2018	中山市科学技术局关于印发《中山市引进高端科研机构创新专项资金使用办法》的通知(中山科发〔2018〕336 号)
中山市	2019	中山市市场采购贸易专利保护办法(试行)
江门市	2017	江门市科学技术局关于印发《江门市科学技术局关于江门市科技型小微企业技术交易的扶持办法》(修订)的通知(江科〔2017〕248 号)
江门市	2017	江门市人民政府金融工作局、江门市科学技术局、江门市财政局、江门市统计局、人民银行江门市中心支行关于支持上市企业、上市后备企业、股权挂牌企业和信用良好级企业开展研发融资的奖补办法
江门市	2017	江门市科学技术局、江门市人力资源和社会保障局、江门市经济和信息化局、江门市外事侨务局、江门市财政局关于激励创新型人才促进产业发展和创办科技型小微企业的奖励暂行办法
江门市	2018	江门市促进小微工业企业上规模工作方案
江门市	2018	江门市人民政府办公室关于印发《江门市降低制造业企业成本支持实体经济发展实施方案(修订)》的通知(江府办〔2018〕30 号)
珠海市	2016	珠海市民营及中小微企业发展专项资金管理暂行办法
珠海市	2017	珠海市人民政府关于印发《珠海市实施工业企业培育"十百千计划"若干政策措施》的通知(珠府函〔2017〕168 号)
珠海市	2018	珠海市高层次人才住房保障办法
珠海市	2018	珠海市科技和工业信息化局、珠海市财政局关于印发《珠海市院士工作站管理办法》的通知(珠科工信〔2018〕1334 号)
珠海市	2018	珠海市科技信贷和科技企业孵化器创业投资风险补偿金资金管理办法(试行)
珠海市	2018	珠海市科技创新公共平台专项资金管理办法
珠海市	2018	珠海市科技和工业信息化局办公室关于印发《珠海市独角兽企业培育库入库实施细则》的通知(珠科工信〔2018〕1257 号)
珠海市	2018	珠海市产业核心和关键技术攻关方向项目实施暂行办法(珠科工信〔2018〕742 号)
肇庆市	2017	肇庆市人民政府关于印发《肇庆市新型研发机构认定和扶持暂行办法》的通知(肇府规〔2017〕23 号)

续　表

层级	年份	政策名称
肇庆市	2018	肇庆市科技孵化育成载体扶持办法
肇庆市	2018	肇庆市促进金融服务业发展的扶持办法
肇庆市	2018	肇庆市人民政府关于印发《肇庆市高新技术企业扶持暂行办法》的通知
佛山市	2016	佛山市人民政府办公室关于印发《佛山市扶持新型研发机构发展试行办法》的通知（佛府办〔2016〕18 号）
佛山市	2017	佛山市商务局关于印发《佛山市服务贸易示范园区和示范企业认定管理试行办法》的通知（佛商务服字〔2017〕47 号）
佛山市	2018	佛山市人民政府办公室关于促进科技成果转移转化的实施意见（佛府办函〔2018〕770 号）
佛山市	2018	佛山市人民政府办公室关于印发《佛山市高新技术企业树标提质行动计划（2018－2020 年）》的通知（佛府办函〔2018〕765 号）
佛山市	2018	关于进一步完善省级财政科研项目资金管理等政策的实施意见（试行）（粤委办〔2017〕13 号）
佛山市	2018	佛山市人民政府办公室关于印发《佛山市科技创新载体后补助试行办法》的通知（佛府办〔2018〕6 号）
佛山市	2018	佛山市促进高校科技成果服务产业发展若干扶持政策（佛教高〔2018〕5 号）
佛山市	2019	《佛山市进一步扩大对外开放实现利用外资高质量发展若干政策措施 》政策解读
佛山市	2019	佛山市人民政府关于印发《佛山市全面建设国家创新型城市促进科技创新推动高质量发展若干政策措施》的通知（佛府〔2019〕1 号）
佛山市	2020	佛山市科学技术局关于印发《佛山市科技创新券实施方案（2020－2022）》的通知（佛科〔2020〕12 号）

二、创新绩效：制造业创新世界领先

随着粤港澳大湾区建设正式上升为国家战略,珠三角 9 市作为大湾区的重要组成部分,有望在金融、制造和创新方面发挥核心驱动作用。未来,珠三角地将承载国家区域创新体系发展战略的核心功能与引领作用。

（一）区域创新整体绩效处于全国领先地位

从整体上看,珠三角地区的区域创新绩效处于全国前列,与我国主要经济区域相比,创新产出的数量与质量都处于领先地位。根据赵婉颖等(2020)的研究,可运用因子分析法和 SBM-DEA 窗口分析法对 2006—2018 年京津冀、长三角、珠三角、长江中游等 10 个主要区域的创新绩效进行差异化分析与趋势描绘(见表 11-2)。

研究结果显示,与京津冀、长三角、长江中游、东北、成渝、中原、关中平原、北部湾与海峡西岸等区域相比,珠三角地区在 2006—2018 年的时间窗口内显示出明显的创新优势。在这一时段的大多数时间里,珠三角区域的创新绩效与上述经济区相比都处于首位。

表 11-2　2006—2018 年我国主要区域创新绩效评价结果

年份	京津冀	长三角	珠三角	长江中游	东北	成渝	中原	关中平原	北部湾	海峡西岸	均值
2006—2008	0.805	0.839	1	0.526	0.551	0.475	0.548	0.445	0.535	0.576	0.630
2007—2009	0.82	0.855	0.581	0.66	0.691	0.511	0.583	0.536	0.754	0.661	0.665
2008—2010	0.968	0.928	0.606	0.905	0.876	0.825	0.884	0.755	0.992	0.823	0.856
2009—2011	0.602	0.815	1	0.559	0.556	0.604	0.638	0.533	0.72	0.603	0.663
2010—2012	0.78	0.897	1	0.779	0.803	0.863	0.881	0.701	0.851	0.683	0.824
2011—2013	0.664	0.819	1	0.671	0.643	0.643	0.833	0.651	0.758	0.591	0.727
2012—2014	0.797	0.82	1	0.81	0.846	0.846	1	0.809	0.996	0.672	0.860
2013—2015	0.642	0.861	1	0.655	0.685	0.685	1	0.647	0.748	0.592	0.752
2014—2016	0.767	0.881	1	0.748	0.786	0.786	0.863	0.741	0.828	0.701	0.810
2015—2017	0.847	0.903	1	0.821	0.848	0.848	0.943	0.833	0.844	0.811	0.870
2016—2018	0.977	0.954	1	0.857	0.868	0.868	1	0.837	0.894	0.81	0.907
均值	0.788	0.870	0.926	0.726	0.741	0.723	0.834	0.681	0.811	0.684	0.778

资料来源:赵婉颖,赵志耘,高芳,等.我国主要区域创新绩效评价研究[J].情报工程,2020(5):66-77.

具体来看,在考察期内,珠三角地区的创新绩效水平明显高于其他区域,除 2007—2009 年和 2008—2010 年两个时间段外,创新绩效值均为 1,其具体含义在于,在该统计期内,目标区域的创新绩效处于所有区域的最高位。此外,可以看到海峡西岸和关中平原地区的创新绩效水平最低,且与长三角与珠三角地区相差较大。如果将 10 个区域的创新绩效水平分为高、中、低三个档次,则珠三角地区和长三角地区处于第一档,创新绩效值平均水平均高于 0.85。中原地区、北部湾地区和京津冀地区的创新绩效值在 0.75~0.85,处于中等水平。东北、长江中游、成渝、关中平原和海峡西岸地区的创新绩效值处于低档水平,都在 0.75 以下。

总体来看,珠三角地区的整体创新绩效处于较高水平。但若从结构视角透视该区域的创新发展现状,则不难看出,其结构性差异依然显著,其创新系统的整体效率在未来仍有较大的提升空间。

(二)各城市创新绩效的结构性差异显著

根据李燕鸿(2020)的研究,以广东省 21 个地级市 2008—2016 年的面板数据为基础,可计算出泛珠三角地区的创新绩效,以此为基础对创新区域内部的机构性差异进行分析(见表 11-3)。

表 11-3　2008—2016 年泛珠三角地区各地级市创新绩效评价结果

地区	2008 年	2009 年	2010 年	2011 年	2012 年	2013 年	2014 年	2015 年	2016 年	均值	排名
广州	1	1	1	1	0.94	0.9	1	1	1	0.982	5
深圳	1	1	1	1	1	0.744	0.722	1	1	0.946	7
珠海	1	0.655	0.654	0.794	0.792	0.904	1	0.903	0.636	0.815	10
汕头	0.552	0.57	0.598	0.614	0.532	0.557	0.527	0.622	0.546	0.569	14
佛山	0.924	0.945	1	1	1	1	1	1	1	0.985	4
韶关	0.457	0.46	0.427	0.446	0.429	0.408	0.575	0.46	0.448	0.457	21
河源	0.597	0.478	0.419	0.436	0.48	0.461	0.567	0.475	0.448	0.485	19

续　表

地区	2008 年	2009 年	2010 年	2011 年	2012 年	2013 年	2014 年	2015 年	2016 年	均值	排名
梅州	0.532	0.478	0.499	0.533	0.605	0.636	1	0.717	0.65	0.628	13
惠州	0.838	0.65	0.686	0.87	1	1	1	1	0.882	0.881	8
汕尾	1	1	1	1	1	1	1	1	1	1	1
东莞	1	1	1	1	1	1	0.946	0.925	1	0.986	3
中山	0.554	0.658	0.654	0.788	0.86	0.966	1	0.972	1	0.986	9
江门	0.968	0.954	0.984	1	0.925	1	1	1	1	0.981	6
阳江	0.9	0.821	0.727	0.716	0.599	0.552	1	0.614	0.509	0.715	12
湛江	0.908	0.827	0.814	0.755	0.773	0.765	0.866	0.822	0.667	0.8	11
茂名	1	1	1	1	1	1	1	1	1	1	1
肇庆	0.604	0.545	0.486	0.501	0.525	0.502	0.424	0.524	0.515	0.514	18
清远	0.513	0.449	0.411	0.406	0.415	0.4	0.799	0.554	0.347	0.477	20
潮州	0.547	0.519	0.485	0.51	0.529	0.534	0.762	0.544	0.553	0.551	15
揭阳	0.525	0.497	0.512	0.51	0.505	0.492	0.535	0.592	0.506	0.519	17
云浮	0.596	0.569	0.529	0.541	0.556	0.512	0.663	0.478	0.507	0.55	16
均值	0.763	0.718	0.709	0.734	0.736	0.730	0.828	0.772	0.724	0.746	

资料来源:李燕鸿.珠三角城市创新绩效研究——基于粤港澳大湾区国家战略背景[J].科技管理研究,2020(1):6-12.

在表 11-3 中,广东省内属于传统"珠三角"的地区,如广州、深圳等城市与"非珠三角"的云浮、韶关等城市的创新水平存在显著差异。具体地,从截面数据的横向比较来看,广东省 21 个地级市的平均综合技术效率值是 0.746,整体的创新绩效表现较好。其中,珠三角地区有 8 个城市排名前 10,只有肇庆的综合技术效率值低于全省平均水平。说明珠三角地区的科技创新绩效总体上优于广东省其他地区,这是因为珠三角地区自改革开放以来累积了大量的人力、物力和财力资源,其科学技术水平与创新氛围均好于省内其他地区。尤其是深圳,截至 2016 年,其专利申请量高达

145294 项,统计期间的平均申请量为 75368 项,居于省内首位,比第二位的广州(40137 项)多了将近一倍,成为全国领先的创新城市。但是,消除了管理无效率、环境因素和统计噪声的影响,把 21 个地级市置于同等的经济环境之后,非珠三角地区的茂名和汕头的综合排名稳居第一,且效率值为 1。比较而言,深圳、广州等珠三角 9 市的平均综合技术效率值均不如这两个地级市。这说明珠三角地区依然存在创新资源配置无效、资源投入浪费和产出效率未能达到最大化的情况。

根据粤港澳大湾区高质量创新发展水平指标体系(锁箭,汤瑞丰,2020),2018 年粤港澳大湾区主要区域的创新发展指标的测算结果如表 11-4 所示。从人均地区生产总值上看,澳门得分最高,是最低的肇庆市的 9.7 倍,凸显了现阶段粤港澳大湾区经济社会发展水平不平衡的问题。总体上看,广州、深圳、香港、澳门、珠海等 5 个城市的人均地区生产总值水平较高,创新发展的经济基础较好。而中山、东莞、惠州、江门、肇庆等城市的人均地区生产总值较低,创新发展的经济基础薄弱,大湾区城市经济协调发展还存在巨大的提升空间。从高等教育人口占比上看,广州、珠海、澳门、香港排名领先,创新技术人才储备较充足,为可持续发展提供了有利条件,惠州、江门等地相对落后,首尾差距达到 8 倍;高等教育水平不平衡问题十分严峻,半数以上城市的高等教育水平亟待提升。从工业企业 R&D 人员数量上看,排名第一的深圳是末位肇庆的 7 倍以上,区域间工业企业 R&D 人员投入水平存在较大差距。具体来看,深圳和珠海工业企业 R&D 人员数量领先明显,已经显现出高质量创新发展的基本特征;东莞、佛山、中山、惠州表现不错,为高质量发展打下了良好基础;而澳门、江门、广州、香港、肇庆等地的研发人员数量水平相对较低,应该引起足够重视。从 R&D 经费占地区生产总值的比重来看,排名首位的依然是深圳,相比之下,澳门的研发投入微乎其微,区域间经济结构与发展导向性差异较大。总体来看,深圳、珠海、东莞的研发投入水平较高,具备推动高质量创新发

展的条件,而其他城市仍有较大的创新投入提升空间。从科技支出占财政
支出比重上看,排名前五位的城市依次为深圳、中山、珠海、佛山和广州,凸
显了这些地区政府对科技发展的高度重视,但结合 R&D 经费排名来看,
部分地区的资金多元化投入水平还有待提升。从 R&D 经费内部人均支
出以及 R&D 人员折合全时当量来看,深圳、广州、珠海、东莞、佛山的表
现较好,R&D 人员集聚性投入水平较高,为科研人员提供了更加坚实的
支撑。在人均新产品销售收入方面,东莞、深圳、珠海排在前三位,突出
了其工业制造核心基地定位。从专利授权量上看,深圳、中山、珠海排名
领先,而深圳得分仍然最高,体现了这座城市蓬勃的创新活力。人均技
术市场合同成交金额方面,广州、深圳表现最佳,远远高于江门、惠州、佛
山、中山、肇庆等地,体现出了巨大的城市间差距,技术市场的充分、协调
发展还存在巨大的提升空间。

表 11-4　2018 年粤港澳大湾区创新发展各子目标水平

城市	创新环境			创新投入				创新产出		
	人均地区生产总值/万元	高等教育人口占比/%	工业企业 R&D 人员/(人/百人)	R&D 经费占地区生产总值的比重/%	财政支出中科学技术支出的比重/%	R&D 经费内部人均支出/(万元/年)	R&D 人员折合全时当量/万人年	人均新产品销售收入/万元	专利授权量/(百件/万人)	人均技术市场合同成交金额/(万元/人)
广州	2.696	0.027	0.287	1.449	3.912	0.108	3.886	1.953	0.331	0.196
深圳	3.268	0.003	0.994	2.644	7.764	0.445	6.216	5.551	0.592	0.182
珠海	2.709	0.027	0.729	1.741	4.763	0.263	1.289	4.499	0.497	0.092
佛山	2.209	0.006	0.528	1.410	4.068	0.178	3.632	3.067	0.035	0.004
惠州	1.493	0.003	0.465	1.267	2.438	0.111	2.251	3.546	0.167	0.006
东莞	1.734	0.005	0.597	1.570	3.079	0.158	4.851	6.441	0.432	0.009
中山	1.929	0.006	0.495	0.925	5.614	0.107	1.414	2.050	0.567	0.003

续　表

城市	创新环境			创新投入				创新产出		
	人均地区生产总值/万元	高等教育人口占比/%	工业企业R&D人员/(人/百人)	R&D经费占地区生产总值的比重/%	财政支出中科学技术支出的比重/%	R&D经费内部人均支出/(万元/年)	R&D人员折合全时当量/万人年	人均新产品销售收入/万元	专利授权量/(百件/万人)	人均技术市场合同成交金额/(万元/人)
江门	1.109	0.004	0.293	1.190	2.103	0.076	1.203	1.446	0.147	0.006
肇庆	0.932	0.009	0.135	0.567	1.324	0.032	0.475	0.663	0.052	0.0002
香港	5.891	0.015	0.179	0.474	0.132	0.078	0.737	0.192	0.077	0.088
澳门	9.049	0.019	0.313	0.0002	0.001	0.021	0.180	0.079	0.074	0.033
均值	3.002	0.011	0.456	1.204	3.200	0.143	2.376	2.681	0.270	0.056

资料来源:锁箭,汤瑞丰.粤港澳大湾区高质量创新协同发展研究[J].科技进步与对策,2020(24):46-53.

三、突出问题:科技人才严重匮乏

经过40余年的发展,珠三角与粤港澳大湾区的各类创新资源极为丰富。近年来,珠三角与粤港澳大湾区着力推进区域创新体系建设,在不断探索中前进,已经取得了积极进展,与国内其他主要经济区域相比具有一定优势。然而,放眼全球,与世界各主要发达经济体的主要创新区域相比仍存在不小差距。其主要短板体现在原始创新能力仍待提高、创新人才的本地培养能力较弱、科技成果的转移与转化能力亟待增强等方面,仍存在一些妨碍粤港澳大湾地区区域创新发展的困难和问题。

作为改革开放的前沿阵地和国家对外交流的前沿窗口,改革开放40多年来,珠三角与粤港澳大湾区以其独特的制造优势和开放优势吸引了国内外大量人才、资本、企业、技术、制度等创新要素向该区域聚集,逐渐形成了我国乃至未来世界级创新高地,使之在全球区域创新集群排名第二位,仅次于日本"东京—横滨"城市群。尽管该区域内"9＋2"城市群(含珠三角9市)在经济体量、发展程度上领先于我国长三角、京津冀等区域,但其创新发展水平较纽约湾区、旧金山湾群、东京湾区等世界级三大湾区仍有较大差距。具体而言,主要面临创新资源分布与发展不均衡、缺乏区域协同创新的长效机制、缺乏高水平高质量的高等教育等问题与外部挑战。

(一)创新资源分布与发展不均衡

1. 创新资源要素分布不均衡

创新资源禀赋是一个地区建设高水平创新体系的基础和前置条件。珠三角与粤港澳大湾区历来是我国重要的生产制造、商品外贸、金融服务基地,聚集了大量的劳动、资本、技术、企业组织等创新资源,但是一直存在创新资源"东重西轻"、向中心城市高度聚集的现实情况。例如,珠江西岸(澳门、珠海、中山、佛山、肇庆、江门)在人口、企业组织、高等院校、研发投入等方面显著少于珠江东岸(深圳、香港、广州、东莞、惠州),同时,区域内的绝大多数创新资源都聚集在香港、澳门、广州、深圳等四大核心城市,这给该地区进一步整合创新资源、提升区域协同创新能力、打造世界科技创新高地带来了巨大挑战。

2. 区域内城市发展不均衡

随着区域发展空间演化,珠三角与粤港澳大湾区主要城市在城市综合实力方面出现了核心城市交替变化(深圳赶超香港、广州)、珠江东岸城市整体优于珠江西岸城市的空间演化特点。如表 11-5 所示,深圳 2019 年地区生产总值已经超过香港、广州两大核心城市,珠江东岸主要城市 2019 年累计生产总值 89225.36 亿元,远超同期珠江西岸城市水平。与之相应的是地区高等教育、研发投入、企业研发平台等创新资源均存在珠江两岸的分布差异,从而导致区域内城市创新水平存在差异,城市间发展差距明显。例如,从重点实验室的分布来看(见表 11-6),企业重点实验室主要分布于广州与深圳,其他城市尤其是珠江西岸城市分布数量极少,主要集中于佛山等制造业较为发达的城市。从城市专利申请/授权情况来看(见表11-7),2020年1—10月专利申请/授权数据显示,珠江东岸城市专利申请数与专利授权数分别是西岸城市的3.37倍和2.9倍,其中排名第一的深圳专利申请数与专利授权数分别是同期肇庆的38.25倍和36.52倍。同时,深圳、香港等核心城市高昂的城市房价在一定程度上也对该地区创新要素形成了"挤出效应"。

表 11-5 2019 年珠三角与粤港澳大湾区城市地区生产总值分布

单位:亿元

统计项目	珠江东岸城市					
	小计	深圳	香港	广州	东莞	惠州
地区生产总值	89225.36	26927.09	25009.76	23628.6	9482.5	4177.41
统计项目	珠江西岸城市					
	小计	佛山	澳门	珠海	江门	中山	肇庆
地区生产总值	26810.31	10751.02	4126.86	3435.89	3146.64	3101.1	2248.8

资料来源:根据世界经济信息网及国家统计局数据整理绘制。

表 11-6 2019 年珠三角城市广东省企业重点实验室分布情况

单位:个

统计项目	珠江东岸城市				
	小计	广州	深圳	东莞	惠州
企业重点实验室数量	57	33	12	9	3
统计项目	珠江西岸城市				
	小计	佛山	珠海	江门	中山	肇庆
企业重点实验室数量	36	24	2	1	5	4

资料来源:根据广东省科技厅、粤港澳网相关数据整理绘制。

表 11-7　2020 年 1—10 月珠三角城市专利申请/授权情况

单位:件

统计项目	珠江东岸城市				
	小计	深圳	广州	东莞	惠州
专利申请数	554359	244240	214077	75824	20218
专利授权数	390178	183752	128085	62354	15987

统计项目	珠江西岸城市				
	小计	佛山	中山	珠海	江门	肇庆
专利申请数	164653	75755	36801	28718	16998	6386
专利授权数	134559	61470	33625	20123	14310	5031

资料来源:根据"开放广东"数据平台相关数据整理绘制。

(二)缺乏区域协同创新的长效机制

1.尚未建立粤港澳三地统筹发展领导机制

目前,该区域内实行两种制度、拥有三个关税区、流通三种货币的最大"区情",使得协同创新成为珠三角与粤港澳大湾区建设高水平区域创新体系最核心的问题。尽管国家层面成立了粤港澳大湾区建设领导小组,广东与港澳分别签订了《粤港合作框架协议》《粤澳合作框架协议》,但原来各自施政、自成体系的地区治理惯性仍然存在,粤港澳三地的仍缺乏统筹产业经济规划、产学研合作、标准制度并轨的专属部门机构。

2.缺乏区域创新要素流通的协同机制

近年来,在国家和粤港澳三地的努力推动下,该区域一体化程度不断提高,区域内的人流、物流、资金流、技术流、信息流逐步畅通。但是,一方面,珠三角城市之间仍然存在地方竞争、无序发展的痼疾,例如深圳、东莞、惠州等地都将电子信息作为城市支柱性产业,一定程度上造成了产业恶性竞争,难以整合形成区域战略性创新核心能力;另一方面,粤港澳在社会体

261

制、关税制度、货币政策、人文环境等方面都存在较大差异,在教育、医疗、货币、人口管理等诸多方面尚未打通机制,导致区域创新要素(如人流、物流、信息流、资金流、技术流等)跨区跨境融通效率仍然不高。

(三)缺乏高水平高质量的高等教育

高等教育是建设国家创新体系的关键一环,由高等教育提供的基础知识、应用技术、知识劳动力是推动经济社会创新的原动力。珠三角与粤港澳大湾区是我国经济非常发达的地区,但其在教育特别是高等教育方面仍与长三角、京津冀地区存在较大差距。珠三角地区一流大学建设高校仅有 2 所(中山大学、华南理工大学),一流学科建设高校仅有 3 所(暨南大学、广州中医药大学、华南师范大学),且都聚集在广州。同时,根据 2020 年软科世界大学学术排名,粤港澳大湾区仅拥有世界排名前 1000 的高校 20 所(其中排名前 500 的仅 12 所),并主要分布在广州(9 所)、香港(7 所)、澳门(2 所)、深圳(2 所)等四大核心城市,大湾区其他 7 座城市均没有高水平高质量的大学(见表 11-8)。

表 11-8 2020 年珠三角与粤港澳大湾区世界大学学术排名前 1000 高校分布

单位:所

统计项目	珠江东岸城市					
	小计	广州	香港	深圳	东莞	惠州
高校数量	18	9	7	2	0	0
统计项目	珠江西岸城市					
	小计	澳门	佛山	珠海	江门	中山	肇庆
高校数量	2	2	0	0	0	0	0

资料来源:根据 2020 年软科世界大学学术排名整理绘制。

（四）面临较大的制度风险与外部挑战

1. 区域协同创新面临较大的制度性风险

珠三角与粤港澳大湾区目前存在"两种制度"，即珠三角9市实行中国特色社会主义制度，而港澳地区实行资本主义制度。因此，要实现粤港澳区域创新一体化，就必须在"一国两制"的根本前提下对原来束缚三地协同创新的经济、社会、文化等机制体制进行改革创新，既要确保三地的制度创新符合"一国两制"基本要求，保持港澳社会安全稳定，持续发挥港澳在国际金融贸易、高端休闲旅游、国际货运港的前沿窗口作用，使港澳社会发展融入国家发展战略全局，又要通过制度改革创新推动大湾区融通发展，以适应我国新一轮更高水平的改革开放。由于缺乏先例和样板经验，所有的制度创新必须稳中有序，确保安全稳定可控，防范制度性风险，确保国家政治安全。

2. 区域协同创新面临较大的外部挑战

粤港澳独特的地理区位和经济地位为落实国家"两个前沿"功能提供了坚实的基础。但是，从香港"修例风波"中可以看出，警惕和防范西方敌对势力在粤港澳大湾区的渗透破坏是粤港澳进行国际科技合作、金融科技创新、关税制度创新、社会治理创新等一切创新活动需要正视的巨大挑战。

四、双循环新发展格局下珠三角与粤港澳大湾区区域创新体系建设的战略要求与实现路径

（一）抓住"大湾区"发展机遇，回应国家重大战略需求

建设粤港澳大湾区是习近平总书记亲自谋划、亲自部署、亲自推动的

国家战略,是新时代推动形成我国全面开放新格局的重大举措,也是推进"一国两制"事业的实践创新,要以最高的使命感和责任感贯彻落实。要面向世界科技前沿和国家重大战略需求,着力整合珠三角与粤港澳大湾区高端创新资源,积极培育优势特色领域的国家战略科技力量,系统布局粤港澳大湾区协同创新重大科技基础设施和研发平台。基础研究是科技创新的源头,我国面临的很多"卡脖子"技术问题,根子是基础理论研究跟不上。长期以来,我国创新发展的主要困境来源于原始创新能力的不足,即"从 0 到 1"的创新能力短板。这一不足使得我国在诸多关键领域受制于人,形成了所谓关键核心"卡脖子"技术。粤港澳大湾区的建设,正是我国突破原始创新困境的系统性布局。以此为基础,珠三角与粤港澳大湾区应当积极回应国家重大战略需求,在诸多高精尖未来产业上有所布局,实现原始创新能力的突破式发展。

(二)坚持服务社会发展目标,推进经济与社会协同发展

社会进步与人民生活水平的提升是经济与科技发展的根本目标。从定量研究结果看,粤港澳大湾区的区域发展不平衡、不充分问题依然严峻,即使是创新发展水平最高的深圳,在高等教育方面依然存在明显短板,而香港和澳门虽然经济发展水平较高、人才储备条件较好、金融市场发达、贸易便利,但创新意愿、创新投入和产出水平均不理想。要坚持服务社会发展的根本目标,将环境问题、民生问题等根本性社会问题置于发展的核心地位。在制度设计与具体安排上,应当将区域经济发展的可持续性与环境、社会、民生的可持续发展相协同,抓住重点、有效突破,形成创新和资本的有效结合,提高创新成果的普惠性,让科技真正赋能产业发展,加快缩小城市间差距,实现新旧动能转换和区域协调发展,在推动区域间优势互补的同时,持续全面推进粤港澳大湾区各区域创新发展、经济发展、技术发展、社会进步与人民福利水平的综合协同提升。

（三）促进粤港澳"产、学、研"多主体协同创新

香港、澳门的第三产业占比高达 90％以上，是世界著名的国际金融中心、高端休闲旅游中心、国际贸易港，也是我国对外开放的前沿窗口。珠三角地区历来是我国重要的制造业基地，与港澳地区具有良好的产业互补性。三地具备形成深度协同融合的产学研创新体系的基础条件。但是当前，粤港澳大湾区创新发展综合水平整体不高，从创新指标测算结果来看，仅有深圳具有比较明显的创新发展优势，近 40％的城市创新指标表现都不理想。因此，要加快落实创新驱动发展战略和高质量发展理念，持续推进珠三角与粤港澳大湾区高质量创新协调发展。首先，应在目前"以政府主导的课题项目为主"的基础上，加大多元化资金及创新人员投入力度，拓展以龙头企业为核心的技术创新联合体，从而弥补科技成果转化能力的短板，促进原始基础研究、共性技术研究、应用技术研究等进一步发展，以市场化为导向，深入落实供给侧结构性改革，促进科技创新成果转化，提升新产品市场规模和水平，促进大湾区经济、产业结构调整和转型升级。其次，要更好地发挥以香港大学为代表的港澳高校优势，使高等教育资源成为区域经济发展与创新能力提升的重要引擎。再次，要加快推进鹏城实验室等新型研发机构建设，充分发挥华为、腾讯等龙头企业的总部优势，积极申请成立国家技术创新中心等国家级创新平台，全力打造国家战略科技力量。最后，要高度重视对标发展，根据高质量发展和创新发展的指标体系，结合各地区各城市的发展基础、定位和优势，统筹建立协同发展机制，制定和实施有针对性的政策和措施，持续推进高质量发展和创新发展的指标水平全面提升。

第十二章　成渝地区区域创新体系建设

在中国区域发展板块上,成渝地区一直具有重要的战略地位。成渝地区位于长江上游,地处四川盆地,北接陕甘,南连云贵,西通青藏,东邻湘鄂,是我国重要的人口、城镇、产业集聚区,是我国西部地区发展水平最高、发展潜力较大的城镇化区域,是实施长江经济带和"一带一路"倡议的重要节点。

一、政策演变:双城为核的创新驱动

中华人民共和国成立以来,尤其是改革开放以来,成渝地区科技经济发展取得了令人瞩目的成就,区域创新体系也随之不断发展。从总体上看,成渝地区区域创新体系的发展大体可分为三个时期:计划经济时期、转轨时期和创新发展时期。

(一)计划经济时期(1949—1978年):曲折发展中的科技创新力量

改革开放前,在计划经济体制下,成渝地区经济与科技处于分离与脱节的状态,经济活动与科技活动受到部门和条块的严重分割。"文化大革命"期间,成渝地区科技创新事业受到重大冲击,但是科技创新力量仍然在曲折中积蓄能量。"三线建设"时期,成渝地区建成了一批技术密集型科技企业,如成都的红光仪器厂、永光仪器厂、兴光机械厂、江华机器厂,重庆的华光仪器厂、明佳光电仪器厂等。通过"三线建设",成渝地区建立了门类较为齐备的以常规兵器制造为主,电子、造船、航天、核工业等相结合的工业生产体系。改革开放后,这些在"三线建设"时期建立的工业生产体系,经过调整改造,对振兴成渝地区科技和经济发挥着重要作用。成渝地区的科技人才队伍也在这些国家大型重点科技工程建设的过程中逐渐发展壮大,这些都为改革开放后成渝地区科技事业迎来春天奠定了基础。

(二)转轨时期(1979—1998年):推进科技体制改革,促进科技与经济结合

1978年改革开放以来,随着经济体制改革的逐步开展,成渝地区在全国率先对科技体制进行改革。1983年,重庆市率先成为全国经济体制综合改革试点城市。1984年,四川省政府发布了《关于加快科技体制改革的几点意见》。

1992年,邓小平同志发表南方谈话,同年党的十四大召开,成渝地区科技体制逐步从计划经济体制向市场经济体制转变。1992年,四川实施"科教兴川"战略。1994年,四川实施"科技兴川千亿工程"。1997年,重庆升级为直辖市,抓住中央直辖、三峡工程建设、西部大开发三大历史性机遇,进一步深化改革推进社会经济发展。成渝地区科技体制改革和经济增长方式的转变使经济运行质量和效益得到提升,保持了经济持续快速增长的势头。

在这一阶段,成渝地区逐步建立了适应社会主义市场经济发展、科技与经济密切结合的新型科技体制和运行机制,构建了较为完整的科技体制改革方案和总体规划以及配套的科技体制改革的政策体系,为成渝地区区

域创新体系的构建提供了制度保障。

（三）创新发展时期（1999 年至今）：实施创新驱动发展战略，构建区域创新体系

建设区域创新体系是加快成渝地区经济和社会发展、加速工业化进程、促进产业结构的优化和升级、提升区域竞争力必然的战略选择。1999 年，国家推进创新体系建设，成渝地区开始探索以企业为主体、以科研院所和高校为依托、以中介机构为纽带、以科技投入为基本条件、以制度创新和政策法规为保障的区域创新体系建设。围绕建设国家和地方创新体系，促进资源高效配置和综合集成，提高总体创新能力的总体思路和目标，成渝地区以加强科技创新、促进产业化为核心，对科技体制结构进行了大幅度、实质性调整。技术创新试点工作开始由企业技术创新向区域性创新试点推进，由局部创新试点向以发达城市群组成的高科技产业带推进，成德绵高科技产业带被科技部列为国家技术创新工程区域性试点。

1. 成渝经济区

1999 年，党的十五届四中全会正式提出西部大开发战略，对成渝地区密切合作提出了更高的要求。2001 年，成都和重庆签订《重庆—成都经济合作会谈纪要》，提出携手打造"成渝经济走廊"。2004 年，国务院西部开发办规划组在《中国西部大开发中重点经济带研究》中指出："长江上游经济带的空间布局特征是'蝌蚪型经济带'，区域中心是成渝经济区。"2004年起，四川、重庆分别成立成渝经济区区域合作领导小组，每年进行一次高层互访，共同召开合作论坛和区市县长联席会议，对成渝经济区建设发展和区域创新体系的构建起到了明显的推动作用。2005 年 10 月，国家发展改革委将成渝经济区纳入了国家"十一五"前期规划，成渝经济区首次进入了中央政府的视野。

2006 年，国家西部大开发"十一五"规划出台，明确提出建设成渝经济

区,同年,成渝双方签订《关于推进川渝合作共建成渝经济区合作协议》,达成共识共建"成渝经济区"。2007 年 4 月,重庆市党政代表团赴四川省考察,双方签署了《关于推进川渝合作共建成渝经济区的协议》,确立了进一步加强川渝联合与协作的总体框架,宣告双方将携手打造中国"第四增长极"。2009 年,重庆市政协成渝经济区建设调研团到四川省进行调研,并达成共识:促成成渝经济区建设上升为国家战略,纳入"十二五"规划,并形成专项规划和实施方案。

2011 年,国务院正式批复了《成渝经济区区域规划》,并明确了成渝经济区发展的近期目标和远期目标。成渝经济区获批后,重庆着力两江新区建设,成都力推天府新区建设,成渝两地携手共同带动成渝经济区发展。2012 年,首个跨两地的科研创新平台——"特色生物资源研究与利用"川渝共建重点实验室,经两地科技主管部门批准成立。

2. 成渝城市群

党的十八大以来,川渝两地将创新驱动作为全局性、引领性战略。2015 年,四川省被确定为全国 8 个全面创新改革试验区之一。2015 年 5 月,重庆市和四川省签署《关于加强两省市合作共筑成渝城市群工作备忘录》,推动交通、信息和市场三个"一体化"。2016 年,国家发展改革委、住房和城乡建设部联合印发的《成渝城市群发展规划》明确提出,到 2020 年,成渝城市群要基本建成经济充满活力、生活品质优良、生态环境优美的国家级城市群;2030 年,成渝城市群完成由国家级城市群向世界级城市群的历史性跨越。

2018 年,四川省科技厅与重庆市科委签订《推动科技协同创新战略合作协议》,从促进科技成果双向转移转化、共同谋划和推进跨区域重大科技创新合作项目等 7 个方面推进区域协同创新。2019 年 7 月 9 日至 10 日,重庆市党政代表团赴四川省考察,双方签署《深化川渝合作推进成渝城市群一体化发展重点工作方案》。随后,国家发展改革委印发《2019 年新型城镇化建设重点任务》,明确将成渝城市群与京津冀城市群、长三角城市群和粤港澳城市群并列。

3.成渝地区双城经济圈

2020 年 1 月,中央财经委员会第六次会议明确提出,大力推动成渝地区双城经济圈建设,使成渝地区成为具有全国影响力的重要经济中心、科技创新中心、改革开放新高地、高品质生活宜居地,助推西部乃至全国高质量发展。2020 年 4 月,四川和重庆签订了《进一步深化川渝科技创新合作 增强协同创新发展能力 共建具有全国影响力的科技创新中心框架协议》,围绕技术攻关、成果转化、合作交流、优化环境等 7 个方面深化区域创新合作,以"一城多园"模式合作共建西部科学城,加快建设区域协同创新体系,增强川渝地区协同创新发展能力,推动成渝经济圈建设,共同打造中国"第四增长极"。

2020 年 10 月,中央政治局审议通过《成渝地区双城经济圈建设规划纲要》,并强调突出重庆、成都两个中心城市的协同带动,注重体现区域优势和特色,使成渝地区成为具有全国影响力的重要经济中心、科技创新中心、改革开放新高地、高品质生活宜居地,打造带动全国高质量发展的重要增长极和新的动力源。

从成渝经济区、成渝城市群,到成渝地区双城经济圈,在三个重要时段,对成渝地区运用了不同的称谓,意味着国家对成渝地区在区域发展和对外开放格局中寄予厚望,在国家层面上赋予成渝地区在西部大开发过程中的引领和带头作用,使其带动整个西部更广大地区的发展。成渝地区双城经济圈建设承担着构建新格局的新使命,通过让成渝地区在中国内陆地区率先发展起来,来探索寻找可行的区域协同发展解决方案,共同解决中国区域发展不平衡、不充分的问题。

城市群与经济区相比,更加注重城市发展对区域经济的辐射和带动作用。比如,《成渝城市群发展规划》就强调,以强化核心城市辐射带动作用和培育发展中小城市为着力点,加快推进新型城镇化,优化城镇体系,促进大中小城市和小城镇协调发展;双城经济圈与城市群相比,更加突出重庆、成都两大核心城市对整个川渝乃至西部地区的辐射带动作用,并以此促进产业、人口及各类生产要素的合理流动和高效聚集。从本质上来讲,三者是层层递进的关系。

"成渝地区"标定了战略方位,涵盖川渝两省市广大区域,具有很强的开放性。"双城"指明了战略特点,突出了重庆和成都两个国家中心城市的优势带动作用,彰显了成渝地区"双核引领"的显著特征。"经济圈建设"确定了战略性质,指向建设"一极两中心两地"的目标定位,对集聚高端资源要素、强化辐射带动功能提出更高要求。

在国家和区域创新体系的构建中,作为西部实力最强的成渝地区,必将在深入推进西部大开发、促进全国区域协调发展、增强国家综合实力上发挥其重要作用。推动成渝地区双城经济圈建设,正是党中央着眼"两个大局"、打造带动全国高质量发展重要增长极的战略决策,有利于推动形成优势互补高质量发展的区域经济布局,助推形成陆海内外联动、东西双向互济的对外开放新格局,有利于形成以国内大循环为主体、国内国际双循环相互促进的新发展格局。

二、创新绩效:领先西部创新

成渝山水相连,文化同源,是西部最具经济发展活力的地区之一。近年来,成渝地区在基础设施、产业发展、科技创新、平台搭建等方面持续加强合作,逐步从低水平简单协作进入创新引领、合作密切、联动性强的高水平协同发展阶段,创新要素互动越来越紧密,创新合作向纵深推进,开创了区域协同创新发展的新局面。

随着区域协同创新顶层框架的日益完善,成渝地区聚焦科技成果转化对接合作、农业科技合作等领域,探索共建西部技术转移联盟、西南数据治理联盟、成渝城市群综合科技服务平台,开展跨区域产学研合作等多项区域协同创新工作,区域创新体系不断健全,区域创新能力不断提升。

(一)区域创新资源西部领先

成渝地区是全国第五大科教资源集聚区,拥有全国约 6% 的科技人力资源;拥有高等院校 191 个,占全国的 6.5%,其中"双一流"高校 10 所,占全国的 7.3%;已建或在建国家技术创新中心 3 个;国家重点实验室、国家工程技术研究中心、国家工程研究中心 85 个,其中国家实验室和国家重点实验室 21 个;集聚了成都科学城、绵阳科技城、重庆科学城等重要创新平台。据世界知识产权组织全球创新指数之区域创新集群 2019 年排名,中国共有 19 个城市(或城市群)进入世界 100 强,其中成都名列中国第 10 位(全球第 52 位),重庆名列中国第 16 位(全球第 88 位);成都、重庆综合科技创新水平指数分别排在全国第 5 位、第 8 位。

成渝地区在一些学科领域具有雄厚的区域创新基础。成渝两地重点实验室在医药、材料科学、电子信息与自动控制、工程技术等领域均具有较强的优势,在生物医药、先进制造、电子信息、新材料、资源与环境、现代农业、现代服务业等方面具有较好的基础和一定的实力,拥有承担国家重点研发任务的高质量研究团队。在临床医学研究中心建设方面,成都和重庆共建有 3 个国家临床医学研究中心,分别是成都的口腔疾病国家临床医学研究中心、老年疾病国家临床医学研究中心和重庆的国家儿童健康与疾病临床医学研究中心,双方具有合作的基础。在生态环境保护方面具备区域协同研究的需求。两地地缘相近,同处四川盆地,自然条件相似,大气污染类型相同,可以在大气污染成因机理、技术治理手段等方面开展共同研究。

成渝地区区域创新资源布局存在差异,具有互补性。围绕产业链的创新布局,川渝两地在汽车制造、通用设备制造、电子设备制造、医药制造、专用设备制造、交通运输设备制造、化学制品制造、金属和非金属矿物制造、电气机械和器材制造等领域均有研发人员和经费投入,有重点实验室、工程技术中心等创新平台布局,但各有侧重。其中,四川在电子设备制造、交通设备制造、医药制造、能源化工等领域有着从基础研究的双一流学科、国家和省重点实验室到开展工程技术研究和产业化的国家和省工程(技术)研究中心、企业技术中心的较完整布局;重庆则在汽车制造、通用设备制造等领域拥有较完整的创新链布局。成渝地区双城经济圈有在产业技术创新中互补发展的基础。

总体来看,四川在基础研究和应用研究领域实力较强,重庆在产业技术应用领域基础较好。同时,川渝两地在电子信息、生物技术领域各有所长,并在生态环境、医学、交通、材料科学以及电子信息、生物技术等领域布局了不同层次和类型的省级创新平台,为双方进一步合作开展创新平台建设升级奠定了基础。

(二)区域创新高地取得新进展

成渝地区已经成为我国西部地区高质量发展的主阵地和区域创新资源与要素的集聚地。成渝地区共拥有科学城 2 个、科技城 1 个、国家自主创新示范区 2 个、国家高新区 12 家、国家农业科技园区 12 家、高新技术产业开发区 31 家、专业化众创空间 22 个、国家创新型城市 2 个、国家创新型县 4 个。成渝两地同为国家数字经济创新发展试验区和国家新一代人工智能创新发展试验区。

1.中心城市创新引领作用显著增强

2018 年,成渝地区经济体量位居全国城市群第 5 位,重庆和成都经济总量分别达到 2.36 万亿元、1.7 万亿元,位居全国第 5 位和第 7 位。成渝地区已形成电子信息、高端装备、汽摩、生物医药等具有全国影响力的优势产业集群,在互联网医疗、数字文创、航空航天等新产业新业态培育了若干爆发点,具备共同培育世界级产业集群、打造区域产业创新发展共同体的产业基础。

成都高新区和重庆高新区"双区联动",重点围绕优势产业合作、创新资源共享、全球资源链接、共建共赢模式探索、重大功能性平台打造等 5 个方面共同推进成渝地区双城经济圈建设工作。天府新区和两江新区发挥高端要素集聚平台作用,共同开展了一批共性重大问题和重点课题研究,联合打造了一批创新型园区和战略性新兴产业基地,形成电子核心部件、新材料、物联网及智能装备、高端交通装备、生物医药等产业集群。

近年来,成都、重庆两个特大城市与成渝地区其他城市开展了多层次多领域的科技合作,共建协同创新平台,取得明显成效。成都市早已在 2010 年与德阳、绵阳、雅安、眉山、资阳、遂宁、乐山共同签署了《成都经济区区域合作框架协议》,区域创新能力得到明显提升。

四川省绵阳市人民政府与重庆市北碚区人民政府签署合作框架协议,在科技创新、信息技术、主导产业、文化旅游等 8 个领域深度合作,并探索在两地分别建设绵阳—北碚特色产业合作园区,共享中国科技城、两江新区、重庆高新区、中国(重庆)自由贸易试验区政策叠加优势。绵阳猪八戒创新创业园运营管理有限公司依托重庆公司的线上资源,将订单推送给入园企业,打造线上线下互动园区,已孵化 80 余家绵阳当地企业。

重庆市和四川省广安市围绕创新能力建设和产业发展需求深入开展科技合作,鼓励支持校企院企和校地院地合作。重庆市科技局累计支持广安科技合作项目 47 个,项目资金 1600 万元,支持广安高端装备制造、电子信息、生物医药等一大批区域优势主导产业发展壮大。同时,按照广安市委、市政府以及重庆市科技局将高滩园区建成川渝合作先行区、示范区的要求,坚持科技先行先试,以高滩园区为载体,推动邻水探索渝广科技合作新模式,利用重庆市人才、资源、技术等优势联合共建川渝科技合作示范园区。

遂宁市引入"遂创汇·创客360新型众创空间"、赛伯乐(遂宁)双创中心、重庆猪八戒网络有限公司等3个重庆创业孵化平台落户遂宁,其中"遂创汇·创客360新型众创空间"成为遂宁首个国家级众创空间。

四川省内江市与重庆市荣昌区签订包括共建产业园在内的多项合作计划,与重庆市永川区、南岸区、大足区等围绕协同创新、共同发展达成初步共识。四川省达州市与重庆市万州区科技局达成《万州·达州科技创新合作框架协议》。重庆市江津区与四川省泸州市在七大领域开展合作,着力打造成渝地区双城经济圈、川南渝西地区一体化发展示范区。重庆市渝中区与成都市锦江区签署协议,全面深化对接打造川渝合作先行区、示范区。

2. 区域创新辐射区实现快速发展

成渝地区双城经济圈内各地创新活动日益频繁,不断优化区域创新功能,强化优势互补和区域协同,已经形成完整的区域创新网络。成德绵协同创新共同体建设深入推进。川南经济区建立协同创新联动机制。攀西战略资源创新开发试验区建设取得阶段性成效。川东北经济区加快农业科技创新、助力乡村振兴取得积极进展。川西北经济区依靠科技创新发展绿色生态经济成效明显。

泸州高新区、内江高新区与荣昌高新区、永川高新区签订《"泸内荣永"国家高新区产业联盟合作协议》,共创科技创新合作平台、共推区域产业品牌、共建特色产业集群,形成全方位、宽领域、多层次、高质量的国家高新区发展格局。

潼南国家农业科技园区和遂宁国家农业科技园区在园区发展规划、产业布局、项目孵化、计划管理等方面长期开展交流合作。遂宁、潼南签订一体化发展"1+N"合作协议,共同规划设立遂潼新区,探索行政区与经济区适度分离试点经验;两地科技局签订《科技合作协议》,推进双方高新区开展区域协同创新合作。

成渝地区省级高新区数量不断增加,近年来新增新都、绵竹、游仙、江油、眉山、遂宁、沿滩、南充、宜宾等省级高新区,成为区域创新发展的核心载体和重要引擎。举办东西部高新区合作交流会,自贡高新区与东莞松山湖高新区、遂宁高新区与嘉兴秀洲高新区、绵竹高新区与江苏省汾湖高新区签署了战略合作协议,探索建立东西部高新区常态化合作交流机制。

(三)优势产业、战略性新兴产业稳步向好发展

成渝地区经济基础较好、优势产业突出。从产业结构来看,成渝地区三次产业结构不断优化,第三产业稳步发展,占地区生产总值的比重持续提升。2019 年,四川省的三次产业比重优化为 10.3∶37.3∶52.4,其中成都市为 3.6∶30.8∶65.6,重庆市为 6.6∶40.2∶53.2,两个地区基本都实现了由工业主导向工业和服务业双轮驱动的转变,具备了新经济、新产业、新业态培育和发展的现实基础。

从产业布局来看,成渝地区主导产业相近,产业关联度较高。重庆 11 个 500 亿元以上制造业行业及 3 个 400 亿元行业均在四川 19 个 500 亿元以上行业内。两地优势产业相同,电子信息、汽车制造、高端装备制造、生物医药等多个产业在全国范围内具备较强规模优势。战略性新兴产业互补,四川布局的七大战略性新兴产业和重庆重点发展的十大战略性新兴产业中,部分产业已呈现出较好的协同发展态势。比如四川的新一代信息技术和重庆的电子核心基础部件,通过纵向发展形成了软硬件齐全的信息全产业链。成渝地区的大多数产业都有较高的产业关联度和创新互补性,具备了强强联合共同推动产业创新升级的基础。

(四)创新开放合作引领新局面

成渝地区位于我国西部内陆地区,处于"一带一路"西向、南向的中部位置,具备承东启西、连接南北的作用,区域开放意识强,开放包容度高,国际

科技合作资源丰富,为合力打造高水平国际科技合作平台奠定了坚实基础。

1.建设了一批高水平的科技开放合作平台

成渝两地共拥有国家级国际科技合作基地 42 个,涵盖生物医药、材料、通信、汽车、轨道交通、大数据等众多领域。其中,成都拥有中德、中法、中意、中韩、中新等国别合作园区,重庆正加快建设中德、中英、中意、中瑞、中以、中韩、中日等国别产业园区;四川拥有四川西部国际技术转移中心、国家技术转移西南中心和成都国际技术转移中心等技术转移中心,重庆拥有重庆市科学技术研究院国际技术转移中心等国家级国际技术转移中心,以及中国—匈牙利技术转移中心(重庆)等线上网站。这些合作平台综合功能日趋完善,辐射范围逐渐扩大,充分发挥了功能集成、资源融通和多向连接作用。

2.拥有丰富的科技外交官及领事资源

成渝两地共拥有 32 家领事馆。其中,四川建立了科技外交官创新资源库,开展了科技外交官服务地方行动计划,可共享遍布全球 70 多个国家和地区的 144 名科技外交官网络资源。

3.组织开展了一系列富有成效的国际活动

近年来,四川举办了"一带一路"四川国际友城合作与发展论坛、川泰科技创新合作交流会、中日大学展暨校长高层次论坛、中国(四川)—以色列科技经贸交流推介会、中韩科技论坛、中意创新合作周等重大科技交流对接活动,持续加强与德国、以色列、韩国、日本等国家和地区的合作。重庆举办了国际前沿科技创新大会、中国国际智能产业博览会、"一带一路"国际技能大赛和中国(重庆)—新加坡经济与贸易合作论坛等活动,发起成立"一带一路"中波大学联盟和中泰职业教育联盟,开通了中新(重庆)国际互联网数据专用通道。

4.对世界 500 强企业具有较强的吸引力

截至 2017 年,分别有 331 家和 287 家世界 500 强企业入驻四川省和重庆市,分列我国中西部地区的前两位。世界 500 强企业的入驻,为成渝地区国际科技合作提供了充沛的活力和动力。

三、突出问题:高端创新要素匮乏

成渝地区农业、人力、物产资源丰富,传统产业仍占绝对优势,与发达地区如京津冀、长三角、大湾区相比,科技含量高的项目相对较少,这也决定了成渝地区现阶段进行自主创新、大规模发展优势产业、追赶东部发达地区存在一定的难度。近年来,成渝地区着力推进区域创新体系建设,在不断探索中前进,虽然已经取得了积极进展,但在创新制度与政策、创新资源共享、科技人才流动、产学研合作、科技成果转化等方面,仍存在一些妨碍其区域创新发展的困难和问题。

(一)顶层设计不完善,政策协调不充分

1.区域创新顶层设计不完善

制约创新的思想障碍和制度藩篱还未完全破除,综合管理、综合规划、综合预算等充分体现创新理念的体制还没有建立。目前,虽然已经出台了《成渝地区双城经济圈建设规划纲要》,但是在区域创新资源整合、创新发展空间布局、创新政策一体化等方面尚未形成具体的、配套的、可操作的实施方案和细则。

2.跨行政区域的合作机制不健全

由于跨区域科技合作往往遭遇行政区划与市场跨界配置资源的矛盾,跨行政区域合作中普遍存在机制不稳定、组织形式不系统、战略规划不统一的现象。长久以来,成都和重庆在发展过程中存在一定的竞争关系,四川省内各城市和重庆之间尚未完全打破行政壁垒,各城市的科技创新彼此

自成体系,不同城市的创新定位缺乏互补,功能上缺乏分工协作,未能形成"相互开放、知识共享、联合攻关"的良性区域协同创新。

3.政策协调不充分

成渝地区政策异地共享机制还没有建立起来,政策互通互用还没有实现。例如,四川省的职务科技成果混合所有制改革试点政策、盈创动力科技金融服务模式等科技创新政策已经在全省范围内复制推广并取得了显著成效,但是还没有覆盖到重庆地区;成渝两地在科技项目经费管理等方面的创新举措在四川省还没有推行。

(二)高端创新资源少、区域分布不均衡

1.成渝地区高端创新资源较少,创新资源集聚不够

对比长三角、京津冀、粤港澳三大城市群,成渝地区缺少顶尖研究型大学和重大科技基础设施,基础研究能力偏弱。例如,四川省和重庆市的国家重点实验室数量分别是 14 个(其中成都 10 个)和 8 个,远少于北京(120个)、上海(44 个);四川拥有大科学装置 9 个(成都 1 个),重庆没有在建和已建的大科学装置。

2.成渝地区不同城市之间经济发展差异显著,城乡产业结构分化严重、收入差距悬殊、结构性差异明显导致创新资源分配不平衡

成都、重庆、绵阳相比于成渝其他地区,经济发展快、交通方便、人口集中,城镇化程度相对较高,区位优势明显。企业集聚的规模效应等有利条件使企业向经济发展快和城镇化程度高的城市集聚,导致了企业空间分布不均衡,进而加剧了财政补贴支持的创新资源地区分布不均衡。成渝地区整合和利用高校、院所、创新型企业等创新主体力量不够,成渝两地共同合作的重大科技成果较少,在大飞机、高铁、北斗等领域的研发上尚未形成协同研发体系。

(三)高端科技人才匮乏,创新人才流动不畅

1. 高端科技人才匮乏

2018 年,四川省、成都市、重庆市研发人员数量分别是 25.43 万人、14.33 万人、15.11 万人,远少于北京(39.7 万人)和上海(27.1 万人)。四川省、成都市、重庆市两院院士人数分别为 60 人、29 人、16 人,远少于北京(756 人)和上海(172 人)。区域内的高端型、实用型创新创业人才和团队数量偏少,研发人员素质总体上与发达地区存在差距。

2. 人才激励机制不健全

成渝地区人才激励机制不活,高端引智渠道尚需拓宽,高精尖创新人才缺乏,特别是重大科研项目、重点学科等领域领军人才严重不足,发展高端产业面临较大困难。引进的高技术人才还没有形成整体的研发创新团队,研发能力仍然有待提高。

3. 人才跨区域流动不顺畅

成渝地区各城市之间创新人才流动性偏弱,创新人才社会保障、住房、就医、子女入学等政策有待进一步完善,医疗保险未实现在成渝地区之间互联互通,影响人才流动,部门联动协作有待进一步加强。

(四)战略性新兴产业规模小,区域创新能力不足

战略性新兴产业规模较小,发展压力较大,企业研发投入不足,高端关键核心技术缺失。目前,成渝地区的区域创新能力与长三角、京津冀、珠三角等区域相比有较大差距且存在逐渐扩大的趋势,关键核心技术缺乏且受制于人的局面没有得到根本性改变,关键核心技术攻关没有发挥区域内研发的比较优势,没有形成协同攻关的格局,依旧独自为战,科技研发项目重复、产业技术恶性竞争的情况仍然存在。企业内部创新能力薄弱,关键技

术、核心设备制造和上下游产品尚未取得整体突破,科研成果本地转化率低,承接世界先进技术、产业转移和自主发展的能力不强,科技资源分散,中央和地方、各个部门之间利用市场力量实现有效整合不足,战略性新兴产业发展存在空心化的危险和低端化的倾向。

(五)技术转移体系不健全,产学研协同创新不够紧密

1.技术转移体系不健全

2018 年,四川有 22 家国家级技术转移示范机构,促成 4890 个项目成交,成交金额达 1147.71 亿元。重庆仅有 8 家国家级技术转移示范机构,促成 1365 个项目成交,成交金额为 75.77 亿元。[①] 近两年,成渝两地围绕技术转移体系相继出台了一系列政策措施,但在两地技术转移人才合作交流机制建设、技术转移人才培养、人才互认方面还缺乏切实可行的举措。

2.尚未建立起跨区域技术交易市场

成渝两地技术市场尚未建立起技术交易市场联盟和一体化交易市场,成果市场化、产业化运营商业模式仍不成熟,科技成果评估难、作价难、交易难的问题依然存在。

3.缺乏转化中试环节

2018 年,四川省工业企业引进技术支出与消化吸收支出之比为 1∶0.28,重庆市为 1∶0.013,远低于消化吸收再创新至少 1∶3 的比例。大多数企业反映,企业缺乏中试资金,无法开展中试,导致企业转化科技成果形成的产品较少。同时,成渝两地也尚未搭建起中试平台,不足以推进科技成果转化。

---

① 　数据来源:四川省科技厅。

四、双循环新发展格局下成渝地区区域创新体系建设的战略要求与实现路径

坚持以习近平新时代中国特色社会主义思想为指导,深入贯彻习近平总书记对重庆、四川工作系列重要指示精神,牢固树立一体化发展理念,围绕强化成都和重庆的中心城市示范带动作用,聚焦增强成渝地区协同创新发展能力,着力构建区域协同创新体系,推动形成区域科技创新平台共建、资源共享、项目共促、政策共通、成果共享局面,努力将成渝地区建设成为具有全国影响力的科技创新中心。

(一)主动融入国家重大区域发展战略

1.主动对接国家区域经济与创新发展战略,整合各类创新要素

当前,在推动区域协同发展的政策导向下,我国长三角地区、珠三角地区以及京津冀地区都基于本土的经济发展战略与区域创新要素禀赋,确定了面向区域范围的重大区域经济与创新发展战略。成渝地区作为西部对外开放的重要窗口,也是对接21世纪海上丝绸之路的重要节点,目前创新要素相对匮乏,特别是分布在成渝地区的高端创新要素极度匮乏,需要主动抓住东部发达地区创新要素溢出与转移的机会窗口期,积极融入长江经济带发展、新一轮西部大开发、粤港澳大湾区建设、长三角一体化发展、京津冀协同发展等国家战略。与此同时,积极融入西部陆海新通道建设,抓好川桂、川滇、川吉、川疆等科技创新合作协议落实落地和科技援藏、援疆、援青工作。基于地域毗邻的区位优势,推进泛珠三角区域科技合作。最后,面向世界科技前沿和国家重大战略需求,着力整合成渝两地高端创新资源,积极培育成渝优势特色领域国家战略科技力量,系统布局成渝协同创新重大科技基础设施和研发平台,提升基础研究、应用基础研究和前沿

技术研究领域的原始创新能力,打造西部科技创新战略高地。

2. 规划先行,加强区域创新的顶层制度设计

全面深化科技体制改革,推动以科技创新为核心的全面创新。破除制约创新的体制机制障碍,深化科技领域"放管服"改革,推进创新治理体系和治理能力现代化,不断激发创新创造活力,充分调动创新主体积极性。建立成渝地区共建具有全国影响力的科技创新中心重点工作推进机制,联合争取国家部委牵头编制具有全国影响力的科技创新中心规划,研究制定重点领域协同创新实施方案。加强成渝科技计划联动,联合设立成渝创新发展专项计划,共同编制项目指南,研究制定两地跨行政区划项目申报、经费使用管理办法。

(二)推动区域创新共同体建设

1. "一城多园"模式共建西部科学城

充分发挥成渝地区现有科技资源优势,按照"一城多园"模式,以成都科学城、重庆科学城、成都自主创新示范区、重庆两江新区、绵阳科学城、成都未来科技城等为重点园区,聚焦先进核能、航空航天、轨道交通、网络安全等重大领域,集聚高端创新要素资源,布局重大科技基础设施和重点实验室、工程技术研究中心、企业技术中心、产业技术研究院等科技创新平台,强化基础研究和关键核心技术攻关,抢占关键核心技术制高点,打造科技创新策源地。依托西部科学城共同推进综合性国家科学中心建设,构建成渝协同创新共同体。

共同推进成都、重庆国家新一代人工智能创新发展试验区建设,加强顶层谋划,探索体制机制创新,研究出台协同发展的政策举措;加强两地人工智能基础研究、前沿技术研发、技术集成和应用示范协同;推动创新链、产业链融合,共同在智能制造、智慧城市、智慧交通、智慧金融、智慧医疗等领域打造高端应用场景。

2.共建创新园区(基地)和联盟

建立成渝地区高新区联盟、大学科技园联盟、国际科技合作基地联盟和双创示范基地联盟。整合优化园区资源,按照集中布局、集约发展、产城融合的原则,统筹不同区域、不同类型、不同层次园区建设,推动园区联动、资源共享、优势互补、提质升级。支持成渝地区通过联合出资、项目合作、技术支持等多种方式,打破行政区划限制开展园区合作共建,以打造世界级产业集群为目标,合作共建新兴产业园区(基地),协同培育人工智能、集成电路、生物医药、数字文创等战略性新兴产业集群,探索建立利益共享和持续发展的长效机制,壮大园区经济,带动成渝双城经济圈产业升级。

3.共同搭建科技资源共享服务平台

整合科研仪器、科技平台、科技成果、科技人才、科普资源等科技资源,探索建立两地科技资源统一数据标准和共建共管机制,利用大数据、人工智能、区块链等先进技术,建设成渝科技资源互联互通共享平台,通过认证整合、统一授权等,构建跨区域的统一身份认证体系,实现成渝两地科技资源数据交互、共享共用。联合搭建大型科研仪器设备共享服务平台,形成开放共享、检验检测、设备处置、认证培训、仪器金融等服务体系。探索科研仪器设备共享市场化机制,通过专业团队开展信息咨询、供需对接、合作撮合、跟踪回访等市场化专业运营服务。

建设川渝科学数据中心,共同开展科学数据的整合汇交,做好科学数据的分级分类、加工整理和分析挖掘,推动科学数据开放共享,加强国内外科学数据交流与合作,推动建设区域科学数据中心。

(三)提升服务国家战略的区域创新能力

1.联合争取国家创新任务

积极融入国家科技创新战略,加强成渝两地联动和项目储备,发挥成渝地区共同优势或互补优势,联合争取更多重大任务、重大项目、重点计划落地成渝地区。

2.联合争取国家重大科技基础设施落地

统筹成渝地区大科学装置和重大科技基础设施建设,加快推进西部光源、超算中心、先进核能等国家重大科技基础设施,超瞬态物质科学实验装置、中国自然人群资源库重庆中心等大科学装置的建设,使其成为聚集国际化高端人才、开展前沿理论研究的前沿科学中心。

3.联合争创国家级创新平台

推进成渝共建联合实验室,加快实验室成熟进程,积极争创国家实验室。联合争取在信息科学技术、生命科学、环境科学、新材料、交通科技等领域创建一批国家重点实验室。强化创新链、产业链的优势互补,联合争取建设川藏铁路、高端航空装备、智能网联汽车、绿色制造、稀有金属材料等国家技术创新中心。联合成渝地区特色临床医学创新资源升级建设国家级临床医学研究中心。鼓励两地老年疾病、口腔疾病、儿童健康与疾病等国家临床医学中心互设分中心或开展跨地域联盟建设,带动区域疾病诊疗技术水平和服务能力提升。依托两地"双一流"高校和重点科研院所联合设立前沿交叉学科研究中心,共同争取国家重大基础研究计划,增强成渝两地原始创新能力。积极争取国家重大科技项目进一步布局成渝地区。

4.争取国家级研究院所布局

共同争取中国科学院、中国工程院等国家级研究院所落户成渝地区或建立分支机构,鼓励成渝地区现有国家级科研院所在两地互设分支机构,扩大重点领域在全国的影响力。

(四)提升区域创新策源能力,推动关键核心技术攻关

面向成渝地区经济、社会、生态环境领域共性问题,深化产学研合作,协同推进原始创新、技术创新和产业创新,推动区域高质量发展。

1.聚焦新兴技术及产业发展加强协同攻关

围绕成渝地区新兴产业培育和高技术产业发展需求,在云计算、类脑芯片、第三代半导体、新一代人工智能、数字经济、区块链等新兴领域超前布局基础研究、应用基础研究及前沿技术研究,力争在部分领域取得重大突破、形成领先优势,使成渝地区成为重要的战略性新兴产业策源地。

2.聚焦成渝地区高新技术产业、优势特色产业发展加强协同攻关

以打造世界级产业集群为目标,在新一代信息技术、航空航天、新材料、汽车摩托车、仪器仪表、生物医药、先进制造、现代农业、资源环境等成渝地区关联度较高的重点领域,瞄准产业发展关键环节、薄弱环节和缺失环节,集成国内外科技创新力量,共同开展具有全局性影响、带动性强的重大技术攻关和重大战略产品研发,为抢占引领产业发展战略制高点、构建产业竞争新优势、培育新的经济增长点提供技术支撑,推动产业链升级和价值链提升。

3.聚焦社会发展、生态环境领域加强协同攻关和应用示范

加强公共卫生领域科技创新,协同推进烈性传染病防治技术和公共卫生防控技术研发,有效增强公共卫生的科技支撑能力。加强生态环保领域科技创新,联合推进长江经济带上游地区大气污染防治等生态环境保护联防联控技术研发和集成示范。

(五)大力推动科技成果转化和产业化

1.构建跨区域技术交易市场

推动成渝两地重要技术交易网络节点互联互通,打造一体化的技术交易市场,实现资源共享、信息扩散、服务整合和交易溯源;建立跨区域技术交易机制,共同开展协议定价、挂牌、拍卖等技术交易模式,探索技术入股等股权交易模式。

2. 协同共建技术转移机构

共建国家技术转移西南中心与重庆、广元、资阳、宜宾、泸州、遂宁等分中心共享平台，支持成渝地区联合布局建设一批高水平技术转移机构。推动共建成渝地区技术转移机构联盟，促进两地科技成果双向转移。完善跨区域、多层次的技术转移人才发展机制，推动实现成渝地区人才互认、合理流动。

3. 协同推进科技成果转化对接

构建常态化的科技成果信息共享机制，推动两地成果转移转化对接交易平台互联互通。定期召开细分领域和单位类别的科技成果转化对接活动，加速科技成果在两地转化和产业化。

建立成渝地区创业孵化"双城联动"合作机制，深化成都菁蓉汇、重庆创新创业大赛等品牌"双创"活动协作，协同组织高峰论坛、创新创业大赛等各类"双创"活动，共同打造有影响力的"双创"品牌。

4. 创新科技金融服务模式

共建多元化、跨区域的科技创新投融资体系。推广"盈创动力"科技金融服务模式，构建成渝两地具有较大规模和比较优势的产品体系、基金体系和服务体系。共同举办科技金融对接活动，打造西部高新技术产业融资中心。

5. 打造科技成果转化中试基地

联合争取国家科技成果转化基金设立西部科技成果转化专项基金，共同设立科技成果转化中试基金。依托成渝两地国家科技成果转移转化示范区，鼓励企业牵头、政府引导、产学研协同，围绕新一代信息技术、生物医药、汽车制造等领域联合打造一批市场化运行、面向产业发展需求的科技成果转化专业中试基地。

(六)进一步深化国际科技合作交流

1. 推进成渝地区科技创新国际合作

在优势学科领域瞄准国际重大科技创新方向,共同参与国际大科学计划和大科学工程。围绕国家科技发展战略和成渝地区产业发展,征集重大技术需求,在人工智能、生物医药、信息技术、现代农业、装备制造等领域,加强与重点国别,特别是"一带一路"沿线国家开展合作研究。搭建技术先进国家地区与成渝地区的技术引进网络,打通服务成渝产业需求的国际科技合作"引进来"通道。鼓励成渝地区机构在"一带一路"沿线国家共建科技产业园区、联合实验室(研发中心)、技术转移中心和示范推广基地等创新节点,打通成渝地区优势领域国际科技合作"走出去"通道。

2. 共建"一带一路"科技创新合作区

围绕"一带一路"技术研发的关键引领地、科技成果的核心枢纽地、产业创新的重要开放地三大定位共建合作区,加强与国家"一带一路"科技创新行动计划对接,搭建内外并行的国际科技合作平台,共同提升"一带一路"创新平台集聚能力,助力直接吸收、引入国际优质创新资源,协同推进重大科技创新合作事项落地,力争成为具有国际影响力的"一带一路"开放创新枢纽。

3. 共建国际技术转移中心

联合推进中国—欧洲中心、西部国际技术转移中心、中国—匈牙利技术转移中心(重庆)等国际技术转移中心建设,形成数据互联互通的技术信息平台和交易体系,共同开展线上、线下相结合的成渝地区国际技术转移服务。

4. 共同举办国际科技交流活动

围绕成渝地区产业发展需求和重大项目(技术)需求,不定期举办科技外交官川渝行活动、驻成渝使领馆科技参赞论坛、专题项目对接洽谈会等形式多样、内容丰富的交流对接活动,实现关键技术、人才和资金"引进来",优势产业、技术和产品"走出去",打造成渝科技创新合作新优势。联合举办"一带一路"科技交流大会等各类国际科技交流会议,打造"一带一路"科技创新合作品牌活动和具有高显示度、高影响力的国际性科技创新交流平台,提升成渝地区双城经济圈在全球科技界的知名度。

(七)协同推进区域一体化创新发展

打破地域限制,破除行政壁垒,推动毗邻地区深度合作。发挥中心城市和重要节点城市作用,打造以成都、重庆为核心的区域协同创新网络,促进创新资源跨区域流动、共享。

1. 推动川内地区一体化创新发展

发挥成都创新极核辐射带动作用,按照"研发在成都,转化在市州"的总体格局,支持成都高校、科研院所与市州企业等创新主体建立创新共同体,开展联合攻关、科技成果转化活动。加强成都平原经济圈、川南地区、川东北地区、攀西地区、川西北地区科技创新一体化发展,聚焦区域产业发展关键、共性技术需求,产学研协同,打造区域产业技术创新中心,在区域创新资源共享、创新人才合理流动等方面加强协同。

2. 推动成渝毗邻地区协同创新发展

以成都和重庆创新极核为依托,构建连接毗邻地区和其他创新节点城市的科创廊带。促进成渝地区毗邻城市协同创新、融合发展,通过联合共建、模式输出、异地孵化等方式,引导毗邻地区园区基地等载体开展战略合作,促进资金、技术、人才等创新创业要素跨区域流动和精准对接。

(1)推动川东北、渝东北地区一体化发展。创建万达开川渝统筹发展示范区,充分发挥万达开山地农业发展主导优势,以科技创新推动农业转型升级,共同构建现代农业创新产业链,支持万达开三地共建国家农业高新技术产业示范区,为建设成渝现代高效特色农业带提供示范。围绕川东北、渝东北马铃薯、蔬菜、茶、柑橘、银耳等特色农业资源开发,共建区域性特色资源技术研究中心。支持深化广安市与重庆两江新区科技合作,打造渝广科技合作示范园区。

(2)推动成渝中部地区一体化发展。打造遂宁—潼南、资阳—大足科创走廊,弥补成渝科技创新中心"中部塌陷"短板。发挥区位优势,强化功能协作,配套服务成渝,主动吸纳成渝产业链延伸和创新成果溢出。围绕电子信息、装备制造、航空航天等产业共建一批科技创新载体,实施一批重大项目,打造创新驱动特色产业集聚带,强化对成渝主轴的支撑作用。支持资阳与大足建设科技文旅融合示范区。支持遂宁与潼南共建科技园区,探索建立遂潼科创中心。

(3)推动川南、渝西地区一体化发展。推动泸州、宜宾、内江、永川、荣昌等地共建川渝毗邻地区创新融合发展试验区,支持内江、泸州、荣昌、永川等国家高新区组建国家高新区区域联盟,共建川渝产业集聚示范区;发挥内江毗邻重庆的地域优势,支持内江建设成渝重大科技成果转化中心,打造成渝地区科技成果转化目的地、承载地;支持内江与重庆大学共建固体废物综合利用技术中心。发挥泸州、宜宾、长寿、涪陵、万州等长江沿岸创新节点城市作用,依托宜宾大学城、科创城,打造长江上游绿色科创带。支持宜宾与重庆共建成渝林竹产业协同创新中心、西南(成渝两地)新能源汽车技术创新中心。支持泸州与江津深化创新合作,与重庆大学共建重庆大学(泸州)技术转移中心。

(八)持续优化区域创新生态环境

1.加强区域科技人才资源共引共享

共同开展人才引进,共同争取国家级科研单位向成渝地区选派高端人才,实现引进人才资源和引智成果共享。推动创新人才跨区域流动,探索户口不迁、关系不转、身份互认、能出能进的科技人才和研修交流人才柔性流动机制,推行院士专家工作站等人才共用模式。共建科技专家库,实现科技决策支持和技术服务专家资源共享。建立区域一体化的创新人才评价制度,实行人才评价标准互认。推动两地"英才卡"互认,使人才能够在两地对等享受安居置业、医疗教育、社会保险等公共服务。

2. 加强区域创新政策协同

研究制定覆盖成渝地区的全面创新改革试验方案,共同争取国家科技创新政策在成渝地区先行先试,联合争取国家更多创新政策。强化科技、产业、改革等各专项规划间的统筹、协调和衔接,使创新发展的改革措施、激励政策和配套文件相互统一、协调一致,形成创新驱动发展的强大合力。探索建立科技政策异地共享、互认机制,打破行政壁垒,消除两地政策差异,促进创新资源合理流动。协调人才招引政策。推行跨区域协同的创新券政策,探索科技创新券在川渝区域内"通用通兑",实现企业异地采购科技服务。建立知识产权合作机制,加强知识产权联合保护,共同营造优良作风学风,科研诚信记录互通互用。

参考文献

"创新型国家支持科技创新的财政政策"课题组,2007.创新型国家支持科技创新的财政政策[J].经济研究参考(22):2-29.

白俊红,2011.中国的政府 R&D 资助有效吗？来自大中型工业企业的经验证据[J].经济学(季刊)(4):1375-1400.

柏宇光,2015.创新型企业技术创新能力测度及提升策略研究——以辽宁省为例[J].生产力研究(4):123-127.

包海波,林纯静,2019.长三角城市群创新能力的空间特征及影响因素分析[J].治理研究(5):51-58.

蔡之兵,张可云,2015.中国区域发展战略的 60 年历程回顾(1953—2013)[J].甘肃社会科学(2):153-157.

陈传明,2002.企业战略调整的路径依赖特征及其超越[J].管理世界(6):94-101.

陈春明,金大伟,2006.我国创新型企业发展对策研究[J].学习与探索(5):195-197.

陈凤,2015.后发国家高新技术企业技术创新模式演化研究——以华为为例[D].南京:南京信息工程大学.

陈广汉,2006.粤港澳经济关系走向研究[M].广州:广东人民出版社.

陈劲,1994.从技术引进到自主创新的学习模式[J].科研管理(2):31-34.

陈劲,2020.科技创新:中国未来30年强国之路[M].北京:中国大百科全书出版社.

陈劲,陈钰芬,2006.开放创新体系与企业技术创新资源配置[J].科研管理(3):1-8.

陈劲,吴欣桐,2020.面向2035年的中国科技创新范式探索:整合式创新[J].中国科技论坛(10):1-3.

陈劲,阳银娟,2012a.协同创新的理论基础与内涵[J].科学学研究(2):161-164.

陈劲,阳银娟,2012b.协同创新的驱动机理[J].技术经济(8):6-11.

陈劲,阳银娟,刘畅,2020a.面向2035年的中国科技创新范式探索:融通创新[J].中国科技论坛(10):7-10.

陈劲,阳银娟,刘畅,2020b.融通创新的理论内涵与实践探索[J].创新科技(2):1-9.

陈劲,阳镇,2021.新发展格局下的产业技术政策:理论逻辑、突出问题与优化[J].经济学家(2):33-42.

陈劲,阳镇,尹西明,2021.双循环新发展格局下的中国科技创新战略[J].当代经济科学(1):1-9.

陈劲,阳镇,朱子钦,2020."十四五"时期"卡脖子"技术的破解:识别框架、战略转向与突破路径[J].改革(12):5-15.

陈劲,尹西明,梅亮,2017.整合式创新:基于东方智慧的新兴创新范式[J].技术经济(12):1-10,29.

陈劲,尹西明,阳镇,2020.新时代科技创新强国建设的战略思考[J].科学与管理(6):1-5.

陈劲,朱子钦,2020.关键核心技术"卡脖子"问题突破路径研究[J].创新科技(7):1-8.

陈劲.以全球视野推动科技创新[N].人民日报,2018-09-06(7).

陈立民,2019.以"创新一体化"赋能"发展一体化"[N].新华日报,2019-09-06(1).

陈喜乐,朱本用,杨洋,2015.试论二战后科技政策的范式转变[J].自然辩证法研究(6):72-77.

陈永清,夏青,周小樱,2016.产业政策研究及其争论述评[J].经济评论(6):150-158.

程磊,2019.新中国 70 年科技创新发展:从技术模仿到自主创新[J].宏观质量研究(3):17-37.

迟福林,2021.建设更高水平开放型经济新体制[J].当代经济科学(1):10-17.

戴显红,侯强,2019.新中国 70 年科技发展战略的政策跃迁[J].邓小平研究(4):70-79.

党兴华,张晨,2015.基于 FANP 的创新型企业评价模型研究[J].科学学与科学技术管理(3):114-122.

邓元慧,2018.日本建立科技强国的轨迹和发展战略[J].今日科苑(2):35-46.

樊春良,2005.全球化时代的科技政策[M].北京:北京理工大学出版社.

樊春良,2019.中国 70 年来科技追赶战略的演变[J].科学学研究(10):1735-1743.

范柏乃,段忠贤,江蕾,2013.中国自主创新政策:演进、效应与优化[J].中国科技论坛(9):5-12.

范恒山,2012.中国区域协调发展研究[M].北京:商务印书馆.

范恒山.十八大以来我国区域战略的创新发展[N].人民日报,2017-06-14(7).

方炜,王莉丽,2018.协同创新网络的研究现状与展望[J].科研管理

(9):30-41.

高良谋,马文甲,2014.开放式创新:内涵、框架与中国情境[J].管理世界(6):157-169.

郭晴,2020."双循环"新发展格局的现实逻辑与实现路径[J].求索(6):100-107.

郭秀强,孙延明,2019.广东珠三角地区创新政策分析——基于科技型中小企业技术创新视角[J].科技管理研究(11):55-62.

郭旭,孙晓华,徐冉,2017.论产业技术政策的创新效应——需求拉动,还是供给推动?[J].科学学研究(10):1469-1482.

何添锦,2010.我国区域经济发展格局与政策演变的回顾及启示[J].经济论坛(5):21-23.

何郁冰,2012.产学研协同创新的理论模式[J].科学学研究(2):165-174.

贺俊,陶思宇,2019.创新体系与技术能力协同演进:中国工业技术进步70年[J].经济纵横(10):64-73.

洪银兴,2019.围绕产业链部署创新链——论科技创新与产业创新的深度融合[J].经济理论与经济管理(8):4-10.

侯越,2007.论宽容失败在我国技术创新中的重要性[D].南宁:广西大学.

胡智慧,王溯,2018."科技立国"战略与"诺贝尔奖计划"——日本建设世界科技强国之路[J].中国科学院院刊(5):520-526.

黄海霞,陈劲,2015.主要发达国家创新战略最新动态研究[J].科技进步与对策(7):102-105.

黄海霞,陈劲,2016.创新生态系统的协同创新网络模式[J].技术经济(8):31-37.

黄群慧,2017.中国产业政策的根本特征与未来走向[J].探索与争鸣

(1):38-41.

黄群慧,2018.改革开放 40 年中国的产业发展与工业化进程[J].中国工业经济(9):5-23.

黄群慧,2020.从当前经济形势看我国"双循环"新发展格局[N].学习时报,2020-07-08(6).

黄群慧,刘湘丽,邓洲,等,2014.新工业革命塑造全球竞争新格局[J].电气时代(11):44-45.

黄群慧,余菁,王涛,2017.培育世界一流企业:国际经验与中国情境[J].中国工业经济(11):5-25.

黄速建,刘建丽,2014.当前中国区域创新体系的突出问题[J].人民论坛·学术前沿(17):78-89.

黄速建,肖红军,王欣,2018.论国有企业高质量发展[J].中国工业经济(10):19-41.

黄阳华,2015.德国"工业 4.0"计划及其对我国产业创新的启示[J].经济社会体制比较(2):1-10.

江飞涛,李晓萍,2018.改革开放四十年中国产业政策演进与发展——兼论中国产业政策体系的转型[J].管理世界(10):73-85.

江鸿,石云鸣,2019.共性技术创新的关键障碍及其应对——基于创新链的分析框架[J].经济与管理研究(5):74-84.

姜彤彤,吴修国,2017.产学研协同创新效率评价及影响因素分析[J].统计与决策(14):72-75.

蒋勤峰,2016.苏南地区创新型企业社会资本与创业绩效关系研究[J].科研管理(S1):225-237.

解学梅,王宏伟,2020.开放式创新生态系统价值共创模式与机制研究[J].科学学研究(5):912-924.

金碚,2020.安全畅通:中国经济的战略取向[J].南京社会科学(6):

1-8.

金世斌,2015.新中国科技政策的演进路径与趋势展望[J].中国科技论坛(10):5-9.

康科,2015.德国高科技创新战略剖析[J].中国工业评论(9):44-50.

科学发展观丛书编委会,2012.统筹区域协调发展[M].北京:党建读物出版社.

李国平,2014.京津冀地区科技创新一体化发展政策研究[J].经济与管理(6):13-18.

李纪珍,吴贵生,2001.新形势下产业技术政策研究[J].科研管理(2):1-8.

李建花,2010.科技政策与产业政策的协同整合[J].科技进步与对策(15):25-27.

李腾,2020.创新生态系统对非核心企业反向知识溢出的影响研究[D].沈阳:辽宁大学.

李晓梅,武梦欣,2019.突破性创新驱动因素元分析[J].科技进步与对策(18):1-6.

李妍,梅强,2008.科技型企业技术创新培育内生机制与外生机制互动机理研究[J].科技管理研究(12):37-39.

李燕鸿,2020.珠三角城市创新绩效研究——基于粤港澳大湾区国家战略背景[J].科技管理研究(1):6-12.

李哲,韩军徽,2019.中国技术开发类公共科研机构的建立、转制意义及模式[J].科学学研究(10):1744-1751.

李哲,苏楠,2014.社会主义市场经济条件下科技创新的新型举国体制研究[J].中国科技论坛(2):5-10.

李振兴,2015.创新驱动发展:英国创新政策五大着力点及具体举措剖析[J].全球科技经济瞭望(4):17-21.

李志军,2008.新中国科技发展战略的分析与研究[D].昆明:昆明理工大学.

李中,2019.改革开放 40 年我国高新技术产业发展实践与反思[J].经济体制改革(1):103-109.

梁云凤,綦鲁明,2017.创新驱动与人才发展[J].经济研究参考(26):37-44.

林敏,张艺民,王帅,等,2015.发达国家支持企业技术创新政策研究[J].中国科技论坛(11):139-145.

林毅夫,2012.新结构经济学:反思经济发展和政策的理论框架[M].苏剑,译.北京:北京大学出版社.

刘畅,王蒲生,2020."十四五"时期新兴产业发展:问题、趋势及政策建议[J].经济纵横(7):77-83.

刘凤朝,马荣康,2012.公共科技政策对创新产出的影响——基于印度的模型构建与实证分析[J].科学学与科学技术管理(5):5-14.

刘国岩,吴冲,卜国庆,2009.基于 DEA 的创新型大企业创新效率的评价研究[J].现代管理科学(6):20-21.

刘海兵,许庆瑞,吕佩师,2020.从驱动到引领:"创新引领"的概念和过程——基于海尔集团的纵向案例研究(1984-2019)[J].广西财经学院学报(1):127-142.

刘海兵,杨磊,许庆瑞,2020.后发企业技术创新能力路径如何演化?——基于华为公司 1987—2018 年的纵向案例研究[J].科学学研究(6):1096-1107.

刘鹤,2020.加快构建以国内大循环为主体、国内国际双循环相互促进的新发展格局[N].人民日报,2020-11-25(6).

刘吉,2007.论创新型企业[J].中国软科学(2):4-7.

刘戒骄,张小筠,2018.改革开放 40 年我国产业技术政策回顾与创新

［J］.经济问题(12):1-7.

刘明,2020.面向创新型国家建设的中国创新政策研究［D］.长春:吉林大学.

刘楠,杜跃平,2005.政府补贴方式选择对企业研发创新的激励效应研究［J］.科技进步与对策(11):18-19.

刘娅,2019.英国国家战略科技力量建设研究［J］.中国科技资源导刊(4):42-49.

刘玉,2007.中国区域政策［M］.北京:经济日报出版社.

刘志彪,2019.产业链现代化的产业经济学分析［J］.经济学家(12):5-13.

刘志彪,孔令池,2020.双循环格局下的链长制:地方主导型产业政策的新形态和功能探索［J］.山东大学学报(哲学社会科学版)(1):110-118.

柳思维,陈薇,张俊英,2020.把握机遇突出重点——努力推动形成双循环新发展格局［J］.湖南社会科学(6):26-34.

柳学信,曹晓芳,2019.混合所有制改革态势及其取向观察［J］.改革(1):141-149.

陆大道,2009.关于我国区域发展战略与方针的若干问题［J］.经济地理(1):2-7.

陆铭,向宽虎,2014.破解效率与平衡的冲突——论中国的区域发展战略［J］.经济社会体制比较(4):1-16.

陆园园,2020.加快培育创新型领军企业［J］.企业观察家(8):90-91.

吕一博,蓝清,韩少杰,2015.开放式创新生态系统的成长基因——基于 iOS、Android 和 Symbian 的多案例研究［J］.中国工业经济(5):148-160.

马欣员,2014.美国科技政策及效应研究［D］.长春:吉林大学.

孟维站,2019.科技政策对我国高技术产业技术效率的影响研究［D］.

长春:东北师范大学.

穆红莉,王仕卿,2017.京津冀协同发展进程中河北省产业承接的特点研究[J].现代经济信息(5):461-463.

穆荣平,樊永刚,文皓,2017.中国创新发展:迈向世界科技强国之路[J].中国科学院院刊(5):512-520.

年猛,2021."十四五"时期中国四大板块发展战略定位探讨[J].当代经济管理(1):1-6.

牛志伟,邹昭晞,卫平东,2020.全球价值链的发展变化与中国产业国内国际双循环战略选择[J].改革(12):28-47.

诺斯,1998.国家经济角色的昨天、今天与明天[M]//斯蒂格利茨.政府为什么干预经济.郑秉文,译.北京:中国物资出版社.

平力群,2020.日本借力"第四次产业革命"构筑"超智能社会"[J].黑龙江社会学(2):71-75.

任思儒,李郇,陈婷婷,2017.改革开放以来粤港澳经济关系的回顾与展望[J].国际城市规划(3):21-27.

任正非,2010.任正非:管理的灰度[J].商界(评论)(4):48-50.

任志宽,2019.新型研发机构产学研合作模式及机制研究[J].中国科技论坛(10):16-23.

芮明杰,2005.产业经济学[M].上海:上海财经大学出版社.

沈坤荣,赵倩,2020.以双循环新发展格局推动"十四五"时期经济高质量发展[J].经济纵横(10):18-25.

沈旺,张旭,李贺,2013.科技政策与产业政策比较分析及配套对策研究[J].工业技术经济(1):127-133.

舒丽慧,陈工,陈政融,2020.后发企业原始性创新能力形成的创新范式——基于华为公司的案例研究[J].广西财经学院学报(3):47-58.

宋宏,2019.长三角创新一体化呼唤区域共同政策[J].安徽科技(11):5-8.

孙斌栋,郑燕,2014.我国区域发展战略的回顾、评价与启示[J].人文地理(5):1-7.

孙浩林,2018.德国"高技术战略 2025"勾画未来科技创新发展之路[J].科技中国(11):75-77.

孙久文,2019.自主创新推动区域高质量发展:从战略到路径[J].人民论坛·学术前沿(13):16-22.

锁箭,汤瑞丰,2020.粤港澳大湾区高质量创新协同发展研究[J].科技进步与对策(24):46-53.

万君康,梅志敏,彭华涛,2003.企业技术创新模式选择的博弈分析[J].科技管理研究(4):39-41.

王春杨,2015.中国区域创新差异的研究现状与展望[J].区域经济评论(5):110-118.

王雎,2009.开放式创新下的知识治理——基于认知视角的跨案例研究[J].南开管理评论(3):45-53.

王俊峰,李振伟,陈晓莉,2013.安徽省骨干企业科技创新人才队伍现状研究[J].科技进步与对策(2):153-156.

王炼,2018.美国企业基础研究投入情况分析[J].全球科技经济瞭望(Z1):59-64.

王宁,2019.中国区域发展的新特征与新思路[J].区域经济评论(4):45-53.

王钦,张雀,2018.中国工业企业技术创新 40 年:制度环境与企业行为的共同演进[J].经济管理(11):5-20.

王雪,宋瑶瑶,刘慧晖,等,2018.法国科技计划及其对我国的启示[J].世界科技研究与发展(3):261-269.

王业强,魏后凯,2015."十三五"时期国家区域发展战略调整与应对[J].中国软科学(5):83-91.

王云平,2017.我国产业政策实践回顾:差异化表现与阶段性特征[J].改革(2):46-56.

魏后凯,2008.中国国家区域政策的调整与展望[J].西南民族大学学报(人文社科版)(10):56-64.

魏后凯,2012.中国区域协调发展研究[M].北京:中国社会科学出版社.

魏后凯,年猛,李玏,2020."十四五"时期中国区域发展战略与政策[J].中国工业经济(5):5-22.

魏江,2008.执着人生写就中国特色创新管理理论——我国著名管理学家许庆瑞教授学术思想回顾[J].管理工程学报(1):1-4.

魏江,王丁,刘洋,2020.来源国劣势与合法化战略——新兴经济企业跨国并购的案例研究[J].管理世界(3):116-135.

文余源,2017.区域科技合作:推动京津冀协同发展研究[M].北京:经济管理出版社.

吴良镛,2000.面向新世纪建设"大北京"——京津冀北地区建设战略探索[J].科技文萃(11):162-166.

吴晓波,聂品,2008.技术系统演化与相应的知识演化理论综述[J].科研管理(2):103-114.

伍山林,2020."双循环"新发展格局的战略涵义[J].求索(6):90-99.

武亚军,2013."战略框架式思考""悖论整合"与企业竞争优势——任正非的认知模式分析及管理启示[J].管理世界(4):150-167.

武义青,2019.京津冀协同发展的历史意义[N].光明日报,2019-08-19(7).

习近平,2017.习近平谈治国理政:第2卷[M].北京:外文出版社.

肖红军,黄速建,王欣,2020.竞争中性的逻辑建构[J].经济学动态(5):65-84.

肖红军,阳镇,2020.平台企业社会责任:逻辑起点与实践范式[J].经济管理(4):37-53.

谢守红,甘晨,于海影,2017.长三角城市群创新能力评价及其空间差异分析[J].城市问题(8):92-95.

邢以群,1988.企业在技术引进中的行为分析[J].科学管理研究(1):60-65.

徐宁,谢凡,饶悦,2020.长三角产业创新发展报告[R].上海:2020长三角高校智库峰会.

许庆瑞,2007.全面创新管理:理论与实践[M].北京:科学出版社.

许庆瑞,郭斌,王毅,2000.中国企业技术创新——基于核心能力的组合创新[J].管理工程学报(S1):1-9.

许庆瑞,谢章澍,杨志蓉,2004.全面创新管理(TIM):以战略为主导的创新管理新范式[J].研究与发展管理(6):1-8.

许庆瑞,郑刚,喻子达,等,2003.全面创新管理(TIM):企业创新管理的新趋势——基于海尔集团的案例研究[J].科研管理(5):1-7.

许庆瑞,朱凌,郑刚,等,2004.全面创新之道——海尔集团技术创新管理案例分析[J].大连理工大学学报(社会科学版)(1):6-10.

薛凤旋,杨春,1997.外资:发展中国家城市化的新动力:珠江三角洲个案研究[J].地理学报(3):193-206.

阳镇,陈劲,2020.数智化时代下企业社会责任的创新与治理[J].上海财经大学学报(6):33-51.

阳镇,尹西明,陈劲,2019.共益企业——使命驱动的第四代组织管理模式[J].清华管理评论(11):26-34.

杨瑞龙,侯方宇,2019.产业政策的有效性边界——基于不完全契约的视角[J].管理世界(10):82-94.

杨思莹,2020.政府推动关键核心技术创新:理论基础与实践方案[J].

经济学家(9):85-94.

杨荫凯,2015.我国区域发展战略演进与下一步选择[J].改革(5):88-93.

杨忠泰,白菊玲,2020.基于建设世界科技强国的我国建国70年创新文化演进脉络和战略进路[J].科技管理研究(9):244-250.

叶伟巍,梅亮,李文,等,2014.协同创新的动态机制与激励政策——基于复杂系统理论视角[J].管理世界(6):79-91.

于良,2020.进一步完善产学研深度融合组织机制[J].中国科技论坛(7):8-9.

余东华,2020."十四五"期间我国未来产业的培育与发展研究[J].天津社会科学(3):12-22.

袁永,陈丽佳,王子丹,2018.英国2017产业振兴战略主要科技创新政策研究[J].科技管理研究(13):53-58.

约翰·阿利克,刘易斯·布兰斯科姆,1999.美国21世纪科技政策[M].华宏勋,译.北京:国防工业出版社.

曾宪奎,2019.公平竞争环境的构建与我国产业技术政策转型问题研究——兼论"竞争中性"与公平竞争原则的差异[J].湖北社会科学(4):67-73.

曾宪奎,2020a."十四五"我国产业技术政策转型问题研究[J].青海社会科学(2):37-43.

曾宪奎,2020b.我国构建关键核心技术攻关新型举国体制研究[J].湖北社会科学(3):26-33.

张钢,张灿泉,2010.基于组织认知的组织变革模型[J].情报杂志(5):6-11.

张海丰,王琳,2020.第四次工业革命与政策范式转型:从产业政策到创新政策[J].经济体制改革(3):109-115.

张宏洲,史志东,唐旭东,等,2020.2020 长三角城市创新生态指数[J].华东科技(8):20-39.

张继国,施国洪,宦娟,2014.常州:苏南自主创新示范区的重要板块[J].宏观经济管理(9):76-78.

张杰,2016.中国产业结构转型升级中的障碍、困局与改革展望[J].中国人民大学学报(5):29-37.

张杰,2020.中国关键核心技术创新的机制体制障碍与改革突破方向[J].南通大学学报(社会科学版)(4):108-116.

张杰,吉振霖,高德步,2017.中国创新链"国进民进"新格局的形成、障碍与突破路径[J].经济理论与经济管理(6):5-18.

张杰,李荣,2018.政府主导与市场决定的有机融合——基于对中国产业政策和创新政策的反思[J].江苏行政学院学报(3):45-53.

张杰,宣璐,2016.中国的产业政策:站在何处? 走向何方? [J].探索与争鸣(11):97-103.

张良,2000.创新型企业发展的成功经验及其启示[J].华东理工大学学报(社会科学版)(3):33-40.

张其仔,许明,2020.中国参与全球价值链与创新链、产业链的协同升级[J].改革(6):58-70.

张艺,许治,朱桂龙,2018.协同创新的内涵、层次与框架[J].科技进步与对策(18):26-34.

张毅荣,2017.德国如何确保创新强国地位[EB/OL].(2017-08-04)[2020-06-05].http://www.hao123.com/mid/6301414978513007428.

张翼燕,2017.脱欧后英国的科技与创新政策动向[J].全球科技经济瞭望(1):1-6.

张永凯,2019.改革开放 40 年中国科技政策演变分析[J].当代中国史研究(3):152-153.

张永亮,2020."双循环"新发展格局:事关全局的系统性深层次变革[J].价格理论与实践(7):4-7.

张振刚,李云健,陈志明,2014.双向开放式创新与企业竞争优势的关系[J].管理学报(8):1184-1190.

赵弘,2014.京津冀协同发展的核心和关键问题[J].中国流通经济(28):20-24.

赵弘,2018.京津冀协同创新的战略与路径[M].北京:北京教育出版社.

赵金楼,刘国岩,2008.基于模拟退火遗传算法的我国创新型大企业的构建研究[J].科技管理研究(6):353-354.

赵金楼,刘国岩,2009.创新型大企业评价体系中评价指标筛选的阶段式综合算法[J].科技进步与对策(1):124-126.

赵俊杰,2016.国外政府促进大众创新创业的政策措施[J].全球科技经济瞭望(1):31-37.

赵婷,刘兴国,2015.欧美工业振兴战略及其对我国工业发展的启示[J].中国经贸导刊(3):46-50.

赵婉颖,赵志耘,高芳,等,2020.我国主要区域创新绩效评价研究[J].情报工程(5):66-77.

甄峰,顾朝林,沈建法,等,2000.改革开放以来广东省空间极化研究[J].地理科学(5):403-410.

郑刚,2006.全面协同创新:迈向创新型企业之路[M].北京:科学出版社.

郑世林,2016.项目体制与产业政策的泛滥[J].财政经济评论(2):166-169.

郑蔚,陈越,杨永辉,2019.新中国70年科技创新的政策演进与经验借鉴[J].经济研究参考(17):34-44.

中国社会科学院工业经济研究所课题组,2020."十四五"时期我国区域创新体系建设的重点任务和政策思路[J].经济管理(8):5-16.

中国社会科学院经济研究所课题组,2020."十四五"时期深化工业化进程的产业政策和竞争政策研究[J].经济研究参考(11):5-12.

中国社会科学院经济研究所课题组,2020."十四五"时期我国所有制结构的变化趋势及优化政策研究[J].经济学动态(3):3-21.

周利敏,钟海欣,2019.社会 5.0、超智能社会及未来图景[J].社会科学研究(6):1-9.

周雅恬,饶晔,刘润生,2015.德国出台新的高技术战略[J].科学中国人(1):22-24.

祝合良,叶堂林,张贵祥,2018.京津冀发展报告(2018)协同发展的新机制与新模式[M].北京:社会科学文献出版社.

Arundel A, Lorenz E, Lundvall B, et al. , 2007. How Europe's economies learn:A comparison of work organization and innovation mode for the EU-15[J]. Industrial and Corporate Change,16(6):1175-1210.

Barney J B,1991. Firm resources and sustained competitive advantage [J]. Journal of Management,17(1):99-120.

Bennett N, Lemoine G J, 2014. What a difference a word makes: Understanding threats to performance in a VUCA World [J]. Business Horizons,57(3):311-317.

Bush V, 1945. Science:The Endless Frontier[M]. Washington DC: US Government Printing Office.

Chesbrough H, 2003. Open Innovation:The New Imperative for Creating and Profiting from Technology[M]. Boston:Harvard Business School Press.

Chesbrough H, Crowther A K, 2006. Beyond high tech: Early

adopters of open innovation in other industries[J]. R&D Management, 36 (3): 229-236.

Christensen C M, Bower J L, 1996. Customer power, strategic investment, and the failure of leading firms[J]. Strategic Management Journal, 17(3): 197-218.

Csaszar F A, Siggelkow N, 2010. How much to copy? Determinants of effective imitation breadth[J]. Organization Science, 21(3): 661-676.

Drucker P F, 1985. Innovation and Entrepreneurship: Practice and Principles[M]. Oxford: Butterworth-Heinemann Ltd.

Foss K, Foss N J, 2002. Authority in the context of distributed knowledge[J]. DRUID Working Paper No 03-08.

Freitas I M B, von Tunzelmann N, 2007. Mapping Public Support for Innovation: A National Science Foundation. Science of Science and Innovation Policy Program Solicitation[EB/OL]. (2007-05-22) [2020-06-07]. https://www.nsf.gov/pubs/2007/nsf07547/nsf07547.htm.

Freitas I M B, von Tunzelmann N, 2008. Mapping Public support for innovatim: A comparison of policy alignment in the UK and France[J]. Research Policy, 37(9): 1446-1464.

Hall R, 1993. A framework linking intangible resources and capabiliites to sustainable competitive advantage [J]. Strategic Management Journal, 14(8): 607-618.

Hambrick D C, Mason P A, 1984. Upper echelons[J]. Automatic Control & Computer Sciences, 41: 39-43.

Hobday M, Rush H, Joe T, 2000. Innovation in complex products and systems[J]. Research Policy, 29(7-8): 793-804.

Hortinha P, Lages C, Lages L F, 2011. The trade-off between customer and technology orientations: Impact on innovation capabilities and export performance[J]. Journal of International Marketing,19(3):36-58.

Iansiti M,Levien R,2004. Strategy as ecology[J]. Harvard Business Review,82(3):68-78.

Kim L,1991. Pros and Cons of International Technology Transfer:A Developing Country View [M]. New York:Oxford University Press.

Lee D H,1991. The impact of research sponsorship upon research effectiveness[J]. Technovation,11(1):39-57.

Lee Jeong-Dong,Park C,2006. Research and development linkages in a national innovation system:Factors affecting success and failure in korea [J]. Technovation,26 (9):1045-1054.

Leifer R, McDermott C M, O´Connor G C, et al. , 2000. Radical Innovation:How Mature Companies Can Outsmart Upstarts(Hardcover) [M]. Brighton,MA:Harvard Business School Press.

Leonard-Barton D, 1992. Core capabilities and core rigidities: A paradox in managing new product development[J]. Strategic Management Journal,13(Summer Special Issue):111-125.

Miller D,Chen M J,1994. Sources and consequences of competitive inertia:A study of the US airline industry[J]. Administrative Science Quarterly,39(1):1-23.

Nonaka I, 1994. A dynamic theory of organizational knowledge creation [J]. Organization Science,5(1):14-37.

OECD, 1988. Sience Policy [M]. Paris:Organization for Economic Co-operction and Development.

OECD,2003. OECD Science,Technology and Industry Scoreboard [M]. Paris:Organization for Economic Co-operation and Development.

Popoli P，2017. Corporate social innovation in comparison with corporate social responsibility：Integration, development or replacement? [J]. International Business Research,10(10):148-155.

Rohrbeck R，Hlzle K，Gemünden H G，2009. Opening up for competitive advantage：How Deutsche Telekom creates an open innovation ecosystem[J]. R&D Management,39(4):420-430.

Rosenberg N，1974. Science, invention and economic growth[J]. Economic Journal,84(333):51-77.

Schmookler J，1966. Invention and Economic Growth [M]. Cambridge：Harvard University Press.

Schumpeter J A,1934. Theory of Economic Development：An Inquiry into Profits, Capital, Credit, Interest, and the Business Cycle [M]. Cambridge,MA：Harvard University Press.

Selmi N，Chaney D，2018. A measure of revenue management orientation and its mediating role in the relationship between market orientation and performance [J]. Journal of Business Research,89:99-109.

Shane S,2000. Prior knowledge and the discovery of entrepreneurship opportunities[J]. Organization Science,11(4):448-469.

Teece D J，2007. Explicating dynamic capabilities：The nature and microfoundations of(sustainable) enterprise performance [J]. Southern Medical Journal,28(13):1319-1350.

Teece D J，Pisano G P，Shuen A，1997. Dynamic capabilities and strategic management[J]. Strategic Management Journal,18(7):509-533.

Van De Vrande V,De Jong J P J,Vanhaverbeke W,et al.,2009. Open innovation in SMEs：Trends, motives and management challenges[J]. Technovation,29(6):423-437.

Wernerfelt B,1984. A resource-based view of the firm[J]. Strategic Management Journal,5(2):171-180.

Woodman R W,Sawyer J E,Griffin R W,1993. Toward a theory of originzational creativity[J]. Academy of Management Review,18(2): 293-321.

Wu J,Ma Z,Liu Z,2019. The moderated mediating effect of international diversification,technological capability,and market orientation on emerging market firms' new product performance[J]. Journal of Business Research,99: 524-533.

Zahra S A,1993. Environment,corporate entrepreneurship,and financial performance:A taxonomic approach[J]. Journal of Business Venturing,8(4):319-340.